Fais descendre le Polonais

Du même auteur :

Cash-cache, 1987
Tempête de neige et nuit noire à Snavoïe, 1993
D'un sang bleu assez froid, 2000
Tirs, 2006
La honte de Max Pélissier, 2007
L'argent du Bon Dieu, 2012

Jean-Louis du Roy

Fais descendre le Polonais

Roman

LE CRI
EDITION

www.lecri.be

Pour Laura

Dans la vengeance et en amour,
la femme est plus barbare que l'homme.
Friedrich Nietzsche

1

Chaque être, fût-il un parasite, vit dans le biotope qui lui convient, le ver dans la pomme, la mite dans la laine et la vrillette dans le bois. Ce n'est pas le fruit du hasard, mais celui de la nécessité. La survie de chaque espèce est conditionnée par son maintien dans un environnement adapté à sa nature. L'être humain n'échappe pas à ce sort. Si, se croyant libre de ses choix, tenté par des aventures improbables, il s'écarte de son environnement naturel, il prend des risques, parfois de grands risques.

Ce fut mon cas lorsque j'ai rencontré Élise.

Je vis à Bruxelles, dans ce que l'on appelle le bas de la ville, entre le boulevard Anspach et le canal de Willebroek, plus précisément rue Locquenghien (le nom d'un bourgmestre de Bruxelles qui donna en 1550 le premier coup de pelle pour le creusement du canal). Comme le ver, la mite ou la vrillette, je me suis incrusté dans mon habitat et, normalement, rien ne devrait m'en déloger.

Mon appartement est au troisième étage à pied, comme l'aurait dit Émile Ajar, d'une maison délabrée, une unifamiliale à mouflets, maigre héritage de mon père, chauffeur d'autobus, et de ma mère, lingère à l'hôtel Métropole, à deux pas de là. Pour survivre, j'ai dû vendre à la découpe les deux premiers étages à des familles d'immigrés un rien envahissantes. Je partage mon palier avec une petite vieille tranquille qui a beaucoup de peine à monter les escaliers.

Je n'ai pas eu le choix. Grand bénéfice de ces opérations, je ne me sens jamais seul. Journaliste à la pige, romancier sans succès et collectionneur de flops d'édition, mes moyens limités me contraignent à cet environnement minable. En me penchant par la fenêtre de ma chambre, j'ai une vue latérale sur un panorama déprimant : le large trait grisâtre dessiné par le canal, ma promenade quotidienne.

Depuis vingt ans, le quartier s'est transformé de manière contrastée. Vers le sud, la rue Antoine Dansaert, jadis populaire, qui s'arrête au palais de la bourse, s'est embourgeoisée. Cela se traduit par une floraison d'enseignes de mode qui ont remplacé les poussiéreuses boutiques du coin toutes tombées en faillite faute de chalands. Colonisée par des *bobos* flamands appréciant l'exotisme, l'artère s'est modernisée et tournée vers le commerce de luxe. Le Flamand est conformiste dans la prospérité. Cela s'observe au premier coup d'œil sur les opulentes vitrines.

Quand j'ai le sou – c'est plutôt rare – je fraie avec ces branchés plus nantis que moi à l'Archiduc, chez Bonsoir Clara ou au Pain quotidien. Parfois, je traîne jusqu'à la bourse, mais, depuis la transformation du boulevard Anspach en piétonnier, il n'est plus que son ombre. On se croirait dans les années soixante au cœur d'une ville d'Allemagne de l'Est. Inatteignables, les cafés et les commerces ferment les uns après les autres. Sourd aux récriminations de ses administrés, le politicien plein de lui-même, un Ceausescu de pacotille qui a édicté cet ukase, s'obstine dans l'erreur. Le boulevard couvert de détritus est envahi de traîne-misère, de drogués et d'ivrognes, mais aussi de touristes médusés qui s'interrogent : sont-ils vraiment dans la capitale de l'Europe ? Un mobilier urbain sommaire fait de troncs d'arbres pourris servant de jardinières désertiques semble provenir d'un village retiré de Roumanie. Ce décor miteux défigure le centre de ma ville.

Vers le nord, l'Europe s'arrête à la barrière du canal. Après l'avoir traversée, on pénètre dans Molenbeek par la chaussée de Gand. Un autre monde s'étale là : c'est l'Orient, le Maghreb, Marrakech sans soleil ni chergui. D'une casbah, tout y est : les éventaires saturés de fruits et légumes, les shawarmas parfumés, le cumin omniprésent, les boutiques de vêtements présentant gandouras, caftans et djellabas. Des femmes en hijab, des barbus coiffés de chéchia en tricot, arpentent les trottoirs. On y rencontre aussi des Africaines en boubou et quelques Albanais à l'air sombre dont les biscoteaux tatoués émergent de misérables singlets troués et souillés.

Les ombres furtives de quelques niqabs frôlent les façades. De petits groupes d'hommes vêtus de kamis s'engouffrent dans des impasses barrées de portes métalliques qui conduisent à des salles de prière où des imams rigoristes prêchent une parole de combat. Comme des pieuvres, ces religieux déroulent leurs tentacules mortifères autour de jeunes désœuvrés pour leur parler d'Allah. Les passants détournent craintivement le regard : les barbus méfiants surveillent de près les curieux.

Je ne m'inquiète pas de cette évolution. Je trouve même un certain plaisir à ce dépaysement et ne me refuse pas de fréquentes incursions dans cet Orient de proximité. Au fil des années, j'ai appris à décoder son langage et ses différences. J'en connais les mœurs et les usages ; pour ma tranquillité, je les respecte tant que cela ne me contraint pas. Sans me l'avouer, je collabore par mon silence à ce nouvel ordre insidieux.

Pendant la journée, la chaussée de Gand vaque à ses activités. Les trottoirs grouillent d'un monde qui parle une langue où domine l'arabesque chantante. J'y fais mes courses dans la supérette d'Omar Laouedj, au supermarché Soussi, à la Halle Halal ou au Paki-Kebab où s'agglutine une foule métissée. Les petits vendeurs me servent avec un air insolent et interrogateur. Je ne me sens plus au pays de mon enfance, mais ce dépaysement local m'épargne trois heures d'avion pour m'enivrer d'exotisme.

Depuis les attentats islamistes, l'atmosphère du coin s'est alourdie. Il faut éviter les regards trop directs. Ce n'est pas la guerre, mais l'enracinement communautaire fourbit ses armes. Une gangue rigidifie insidieusement ce quartier autrefois pittoresque et accueillant. Un malaise s'est installé. Sourires figés, yeux fuyants et conversations subitement abrégées témoignent de l'ombre néfaste qui recouvre le nord de Bruxelles. La règle de Dieu pour tout un chacun s'impose peu à peu.

Molenbeek se transforme en territoire oublié. En cas de problèmes, la police s'abstient d'y paraître pour éviter des affrontements avec une population rétive. Un minuscule incident dégénère vite en émeute.

À la tombée de la nuit, il est préférable de ne pas se balader dans les environs pour esquiver les petites bandes de dealers, saoulés de kif ou d'autres substances, tous aux limites de la psychose, qui agressent à coups de boule ou de spray au poivre les passants trop bien nippés qui ont le culot de se trouver là et de s'indigner d'être rançonnés. Mieux vaut changer de trottoir en douce pour ne pas attirer l'attention de violents prédateurs.

La cohabitation devient difficile, mais quelques exceptions contredisent la règle : des retraités, incapables de se reloger ailleurs, des artistes squattant des ateliers abandonnés, des étudiants sans le sou ou des gars qui vivent à gauche de la société doivent s'en accommoder et faire bonne figure : ils n'ont pas le choix. Je suis de ceux-là. Les *Bisounours* de la politique qualifient ce comportement exemplaire de *vivre ensemble*, description hypocrite d'un état d'hostilité larvée.

Au petit matin, je vais me promener le long du canal en direction de la place de l'Yser. Sur les pavés couverts de détritus, je passe devant le Petit Château, une caserne désaffectée qui porte mal son nom, où, regroupés en grappes éparses, des demandeurs d'asile, la clope au bec et la cannette de bière en main attendent d'improbables sésames pour améliorer leur sort incertain. Des Érythréens, des Soudanais, des Afghans, des Syriens, des Irakiens en quête d'un hypothétique avenir s'y agglutinent. Une morne résignation marque leurs visages las. Parfois, ils lèvent leurs yeux battus vers le ciel plombé. Le mirage de l'Eldorado promis de longue date se dissout dans les brumes du canal. Lorsqu'une fille passe sur le trottoir, ils sifflent un petit coup fluet, rêvant un instant d'une brève étreinte ou d'un coït furtif.

2

Seuls les pays du Nord peuvent asséner un ciel aussi bas au début du printemps. Un décor sinistre qui m'annonce une journée de déprime. Une de plus.

Dans mon esprit embrumé, les interrogations métaphysiques s'entrechoquent comme des particules affolées sans générer la moindre étincelle de solution. Qu'ai-je fait pour mériter ce mal-être, cette mélancolie, ce perpétuel questionnement qui ne mène à rien ? Je traverse un épisode sartrien.

Je n'ai jamais été heureux. Je ne suis pas fait pour cela. Le rire m'a toujours fait l'effet d'une grimace. Je ne sais pourquoi, le ressort qui le déclenche s'est grippé en moi dès la naissance, faisant place à un grincement permanent. Cette nature acariâtre a fait de moi une personne introvertie, réfléchie et méfiante. Seul dérivatif à ce mal-être, je baise beaucoup, mais cela ne change rien à ma mélancolie. *Animal triste post coïtum…*

Après une soirée arrosée, j'avais passé la nuit avec une fille croisée à l'Archiduc, un bar qui se trouve près de chez moi, où traînaient des *bobos*, des marginaux et des artistes à la recherche d'improbables rencontres. Installé du côté opposé au comptoir, j'avais poursuivi une passagère de la nuit d'un regard insistant. Elle était jolie. Ses traits réguliers dessinaient une moue fatiguée et triste. On aurait même pu dire désespérée. J'avais pris un air implorant. Au début, elle avait fait semblant de ne pas remarquer mes manœuvres, mais elle ne s'était pas obstinée longtemps dans cette attitude. Elle a fini par s'intéresser à mes mimiques de dragueur un peu lourd. Je me suis approché d'elle et lui ai proposé abruptement un plan cul. Elle a d'abord grimacé, puis ses sourcils circonflexes se sont faits interrogateurs ; finalement, elle m'a servi un sourire. « Tous pareils ! » a-t-elle lâché sur un ton désabusé, puis elle m'a dit tout de go qu'elle était là pour la même raison que moi. Je me demandais si j'avais affaire à une pute, mais la suite a infirmé l'hypothèse.

Après avoir éclusé ensemble quelques verres et échangé des banalités de comptoir, elle m'a suivi jusqu'à mon appartement avec l'enthousiasme d'une brebis que l'on mène à l'abattoir. Elle s'est dénudée et est allée pisser dans ma salle de bains sans aucune pudeur (elle avait laissé la porte grande ouverte), puis elle s'est jetée sur moi et s'est offerte avec un acharnement pathétique, comme si elle voulait effacer dans la quête de ce plaisir éphémère tout ce qui avait précédé cet instant dans son existence. Un deuil, une rupture, une vengeance ? Après s'être fait sauter à deux reprises, elle m'a quitté au petit matin sans me réveiller. J'ai vérifié qu'elle n'avait rien emporté. J'étais soulagé de son départ, car je n'avais aucune envie d'épiloguer sur cette passade. Qu'aurais-je eu à lui dire ? J'avais même oublié son prénom. Elle n'avait pas laissé le moindre mot sur la table de chevet. Pas même un string au fond de mon lit en guise de souvenir. Je ne me souvenais que de ses yeux bruns dont la profondeur semblait implorer quelqu'un que je ne connaissais pas, des seins lourds, d'un sexe épilé façon ticket de métro et d'un parfum capiteux bon marché derrière l'oreille que j'avais mordillée. Sa voix rauque de noceuse résonnait dans ma mémoire.

Dans deux jours, cette étreinte passagère sera oubliée. Une ligne de plus s'effacera de mon déprimant palmarès de *sex addict*. Ce genre de rencontre ne m'apporte que honte, remords et culpabilité auxquels s'ajoute la hantise d'une MST.

En longeant le canal nimbé d'une brume qui venait s'échouer sur les quais encombrés de détritus – plastiques lacérés, bouteilles, bouts de corde et bois vermoulu –, je croise un couple de jeunes qui se tiennent par la main. Ils ont l'air heureux. Je dévisage la fille : une blonde aux yeux verts avec des dents très blanches qui lui font un sourire lumineux. Ce bref rayon de soleil dissipe un instant mon vague à l'âme. Ils me dépassent sans me regarder, comme si j'étais un zombi. Ils bavardent joyeusement et semblent vivre le début d'une idylle. Leur démarche est assurée.

Pourquoi n'ai-je jamais connu ne fût-ce que l'ébauche d'un tel bonheur ? Je ne peux m'empêcher de me retourner pour observer le joli cul de la fille, ses fesses rebondies, moulées dans un jeans en stretch. Le couple s'éloigne en riant. Le temps de me demander pourquoi le corps des femmes m'obsède tant, sa silhouette s'estompe dans un fin brouillard.

Qui est donc cette femme que je cherche compulsivement ? D'où me vient cette fringale ? Je n'ai qu'une hypothèse pour expliquer cela : la lingère du Métropole qui m'a donné la vie n'avait aucun talent maternel. J'ai dû être la conséquence d'un accouplement furtif et mal calculé. Aussi loin que remontent mes souvenirs, je n'y trouve aucune trace d'affection. L'enfant non désiré que je suis a-t-il désespérément tenté de combler ce vide par le sexe ? Je chasse rapidement cette question.

J'erre dans la vie comme j'arpente ce quai humide. J'essaye de me justifier, de me trouver d'autres raisons que ma paresse à traîner là ; je me promène pour m'aérer l'esprit avant de m'installer à ma table de travail.

Je n'ai pas la tentation de sauter dans les flots brunâtres du canal, les poches lestées de pierres pour en finir comme Virginia Woolf. M'enfoncer en me débattant dans ses eaux sales, étouffer en ingurgitant une soupe d'algues dégoûtante et disparaître en nourrissant la poiscaille avant que l'on retrouve mon cadavre bouffi, échoué contre un pilier de pont plus lointain. Ce n'est que le fantasme morbide d'un désespéré, pas encore décidé à larguer les amarres.

Mes idées noires me poursuivent. J'accompagne un cygne esseulé qui remonte le courant avec la lenteur saccadée de ses petits sursauts réguliers, traçant dans l'onde des vaguelettes irisées. Il a l'air digne d'un idiot bien élevé et semble suivre une destination programmée. Je poursuis mon chemin, droit devant moi, vers le pont de la place de l'Yser.

Il ne m'arrive jamais rien. Ma vie se déroule comme glisse l'eau trouble du canal. Sans choix, sans définir sa progression, parfois un peu plus paresseusement, parfois plus vite, mais toujours guidée par son lit, sur des rails comme un train sans conducteur. Elle défile dans la ville le long des quartiers industriels, puis repart vers le pont suivant, ignorant ce que sera son périple vers des campagnes plus lointaines.

Le travail m'appelle et je n'ai pas envie de lui répondre. Le roman que je suis en train d'écrire s'éternise. Le seul bénéfice que j'y trouve est l'imaginaire dont les sinuosités sont plus passionnantes que ma vie dans le réel : une thérapie pour m'évader de ma vie déprimante.

Plutôt que l'effet d'une névrose bien ancrée, cette dépression s'apparente à un incommensurable ennui. Depuis l'enfance, je m'emmerde dans la vie. L'écriture est pour moi le moyen d'échapper à cette lassitude permanente. Certains lisent, vont au cinéma, regardent la télévision, jouent aux cartes, perdent du temps sur internet ou collectionnent les timbres pour meubler le vide ; moi, j'écris. Les psychanalystes appellent cela du travail névrotique.

Plombé par mon *blues*, j'ai de la peine à faire bouger mes personnages suspendus comme des marionnettes inertes au bout de leurs ficelles. Je suis devenu un metteur en scène incapable de diriger ses acteurs. Mon imagination crée des idées, des destins, des crimes, du sexe ou des amours, sans que je puisse leur donner un sens et une cohérence. Je n'arrive plus qu'à laisser cheminer sur le papier des phrases sans grâce, sorties comme pétrifiées de la mine de mon crayon. J'ai honte des pages misérables que j'écris. Sitôt achevées, je suis tenté de les déchirer. Ce n'est pas le doute devant la feuille blanche. Mes pages sont couvertes de brouillons et de graffitis qui s'envolent dans toutes les directions. Trop d'idées éparses, sans dessein ni plan. Du bavardage inutile. Pas de destins qui méritent une quelconque attention. Le ressort de mon écriture est grippé.

Je me trouve au début d'un livre, moment pénible s'il en est, où l'ampleur de la tâche à accomplir paraît telle qu'elle dissuade de s'y atteler. Je suis effrayé par l'effort à fournir, impuissant comme un Sisyphe au pied d'un Everest de pages immaculées. Au premier camp de base, trois mille caractères seulement ont surgi, alors qu'il en faudrait trois cent cinquante mille pour atteindre le sommet. Pourquoi un pareil acharnement ? Ai-je encore quelque chose à dire ?

Je déteste ma vie et ma seule échappatoire est d'en inventer une différente. Il me faut créer cette fiction pour me distraire de l'absurdité de mon sort. C'est cela ou me désagréger à petit feu dans la banalité d'un quotidien morose. Je n'ai pas d'autre choix : ma maigre pension de retraite ne me suffit pas pour survivre. Mes droits d'auteur doivent combler la différence entre une pauvreté indigne et une vie ordinaire.

3

Je suis assis à ma place habituelle à l'entresol du café l'Archiduc. Jusqu'à midi trente, le garçon me réserve ma table. À l'intérieur, les rayons du soleil qui inondent la façade sont adoucis par les vitraux des fenêtres. Ils déversent une lumière kaléidoscopique aux reflets multicolores. De la galerie qui surplombe la salle, je peux voir ce qui se passe au rez-de-chaussée.

Perdu dans mes pensées où surgissent dans le désordre des préoccupations ordinaires, ennuis d'argent, querelles avec mon éditeur, bagarres de voisinage et soucis d'écriture, mon attention s'est fixée sur ma chope de bière blonde, un petit bonheur quotidien. Elle m'a été versée avec soin. Sa couronne de mousse se résorbe avec lenteur. Des gouttelettes de condensation perlent le long de la paroi. L'air est suffocant. De temps en temps, je prends le verre entre mes mains pour me saisir de sa fraîcheur, puis j'en avale une goulée. Une douce euphorie m'envahit petit à petit et réduit mes tracas à des ombres imprécises qui s'estompent sous l'effet de l'alcool.

C'est au moment où je me suis souvenu qu'un auteur – un certain Delerm – avait écrit un livre à propos d'une gorgée de bière, que je les ai vus s'encadrer dans l'entrée. J'ignore pour quelle raison mon attention est attirée par ce jeune couple qui pénètre dans le café. Une dizaine de clients a passé la porte depuis que je suis attablé sans que j'y attache de l'importance. Est-ce parce que la fille est d'une beauté assez rare ? Une brune d'une vingtaine d'années au teint mat – indice d'une origine méridionale ? – des traits réguliers, des lèvres charnues et sensuelles, et surtout de grands yeux noirs qui lui dévorent le visage.

Au premier abord, j'ai toujours été attiré par le regard des femmes plus que par telle ou telle autre particularité de leur anatomie. Elle est habillée d'un jean et d'un tee-shirt. Ils laissent deviner des rondeurs bien réparties. Je ne suis pas convaincu que ce soit cette vision féminine séduisante qui attire mon attention sur le duo. Il s'agit d'autre chose : la façon volontaire, presque violente, avec laquelle l'homme a poussé la porte, la démarche du couple soudé par un objectif commun, leurs regards déterminés balayant la pièce et la tension qui émane d'eux. Ils semblent nerveux. J'ai l'intuition qu'ils ne sont pas seulement venus ici pour boire un verre et deviser tranquillement. Leur comportement me paraît sortir de l'ordinaire : ils donnent l'impression de fomenter quelque chose de suspect. Si je m'étais trouvé dans la salle des guichets d'une banque ou dans une bijouterie, je n'aurais pas eu de doutes sur leurs intentions et je me serais tiré rapidement. L'homme qui précède la créature idyllique de deux pas lui est bien assorti : il semble aussi originaire des bords de la Méditerranée. Il est un peu plus âgé qu'elle. Trop vieux pour être un loubard, mais trop jeune pour un truand aguerri, il a le mauvais genre d'une petite frappe à laquelle il vaut mieux ne pas se frotter. Le cheveu gominé d'un matador des faubourgs. Il porte un blouson de daim et un jeans moulant qui recouvre des santiags de croco. Une montre en or tapageuse lui décore le poignet. Beau mec, mais ordinaire : un Alain Delon de banlieue au style surfait. Un détail : une tache lie-de-vin lui macule le cou sous l'oreille gauche. Le sourcil froncé, il a l'air plus tendu que sa compagne. Elle lui semble soumise et répète machinalement ses gestes comme un apprenti imite son maître pour parfaire l'exécution d'un mouvement. Elle a tiré sa chaise et s'est assise en même temps que lui, comme dans un scénario répété à l'avance.

Mon regard croise un bref instant celui de la fille. Il me paraît allumé par je ne sais quelle exaltation. À son tour, elle me fixe comme si elle voulait me défier. Gêné, je détourne aussitôt les yeux.

Ils s'installent à une table près de la fenêtre et orientent délibérément leurs chaises vers la salle, ce qui me confirme l'étrangeté de leur comportement. Leurs voisins, absorbés dans leurs conversations, ne semblent pas les avoir remarqués. Le duo commande de l'eau minérale.

Je me raisonne : ma propension à imaginer de sombres desseins frise la paranoïa. Je fais signe au garçon pour demander une autre bière, puis, comme beaucoup de gens à qui rien n'arrive jamais, j'espère tromper mon ennui en entamant la lecture de mon quotidien. La rengaine des sempiternelles rivalités gauche droite, des clivages sur la crise des migrants, des perspectives économiques désastreuses me lasse vite. Je sens la torpeur me gagner.

Quelques signes – bâillements répétés, paupières lourdes, bras engourdis – précèdent l'assoupissement. Mon journal flotte un instant dans le vide, reste en suspension, puis atterrit sur mes genoux.

Soudain, derrière la cacophonie du bar – une musique de jazz tonitruante –, les coups de gueule des serveurs, le caquetage des clients attablés, les bruits de verres qui s'entrechoquent, les sifflements de la machine à café, une voix un peu forcée émerge.

– Bonjour.

Je sors de mes rêveries en sursautant, ébahi. La fille est plantée devant moi. Je me redresse brusquement en reprenant mes esprits. Je n'hallucine pas : c'est bien elle. Un corps, un visage et une voix, des gestes. Elle est séduisante en diable.

– Pardonnez-moi, je me suis assoupi.

Elle désigne la chaise qui me fait face.

– Puis-je ? demande-t-elle sans embarras. Ses yeux noirs brillent, fiévreux.

– Faites, dis-je, en hésitant sur l'attitude à tenir devant son sans-gêne. Je me sens un peu secoué. Mon visage brûle. Je dois être cramoisi. Je suis gêné comme si elle avait été nue en face de moi. En me levant, je lui tends la main :

– Antoine, Antoine Maudet. Aussitôt, ces civilités me paraissent surréelles dans une situation aussi inédite. On ne s'affranchit pas de sa politesse, pensai-je. La fille me sourit et se présente à son tour.

– Élise de Marcossay, puis elle précise : deux s, a, y.

Une aristo ? Se fout-elle de moi ? Vrai qu'elle a une allure hors du commun, une sorte d'élégance naturelle. Un long silence plane. Abasourdi, je cherche à comprendre. En bredouillant, je tente :

– On se connaît ?

– Pas que je sache, on aurait pu, fait-elle, énigmatique, mais, non, je ne crois pas.

Ma question me semble idiote. Si j'avais rencontré une nana pareille, je m'en serais souvenu jusqu'à la fin de mes jours.

– Puis-je vous offrir ? Ma voix tremble un peu.

– Non, merci beaucoup, je dois faire vite.

– Pourrais-je connaître la raison… ?

– Rien de spécial, je voulais simplement m'attabler avec vous.

– Mais…

Puis, sans rien me demander, elle saisit ma bière et en boit une gorgée.

– Mummm, fait-elle, avec une mimique amusante en déposant le verre. Eh bien ! Voilà, poursuit-elle en se levant, enchantée de vous avoir rencontré ! Elle me salue d'un mouvement de tête et tourne les talons avec un air espiègle.

J'ai à peine le temps d'admirer l'objet de mes fantasmes serré dans son jean moulant. Elle descend l'escalier pour rejoindre le bellâtre gominé à la tache de vin. Ils semblent s'amuser de ce qui s'est passé.

Le garçon la félicite. Il lui tend un petit paquet – une enveloppe de papier blanc – sur lequel elle se rue. Je me sens ridicule comme le dindon d'une farce dont le sens m'échappe. Ils payent leur addition et s'en vont bras dessus bras dessous. Avant de sortir, l'arsouille me décoche un regard ironique. La fille ne se retourne pas.

Une trace de son rouge à lèvres sur ma chope me sourit. Je n'ai pas rêvé. J'entends sonner une heure à l'horloge du café. Machinalement, je vérifie sur ma montre. Il est temps d'aller travailler à mon roman. En repliant mon journal, je découvre la carte publicitaire d'un bar de nuit sur la table. Est-ce la fille qui l'a mise là ?

Sur le chemin de mon domicile, les yeux dans le vide, je me pose mille questions. Je suis loin de me douter que cette rencontre insolite changera ma vie.

4

J'ai aujourd'hui une corvée dont je me serais volontiers passé : une semaine plus tôt, le coup de fil inattendu d'un condisciple d'université m'a rappelé son existence. Edgard Brandt. Si je ne l'avais plus vu depuis trente ans, je lisais de temps à autre ses exploits dans les journaux. Ténor du barreau, ancien bâtonnier, il était unanimement reconnu et respecté. Avocat d'assises, brillant plaideur, pénaliste de renom, il avait pris avec succès la défense de criminels dans des affaires de grand banditisme, de mœurs et de crimes sanglants. Quelques fameux procès lui avaient assuré la notoriété et une fortune que l'on disait très importante.

Hors des prétoires, sa voix de stentor retentissait dans tous les débats de société. Il se répandait volontiers dans la presse. On l'invitait sans cesse sur les plateaux de télévision. Il m'avait fallu quelques instants pour le reconnaître au téléphone. Au fil des années s'érige une muraille de plus en plus élevée entre nos souvenirs et le présent. Le timbre très particulier de sa voix finit par resurgir du passé comme je l'entendais quand nous partagions les bancs de la faculté. Edgard Brandt ! Le bâtonnier Brandt. Le plus doué d'entre nous : vif, intelligent, travailleur, il réussissait ses examens en narguant ses professeurs. Nous étions condisciples sans plus. Pas vraiment amis. Brandt n'en avait d'ailleurs pas. C'était un fauve solitaire qui représentait tout ce que je détestais : grande gueule, sûr de lui, ne doutant de rien, bousculant ses proches, dévorant la vie comme un ogre sans se préoccuper des autres.

Il y avait eu entre nous l'épisode d'Hannah, une réfugiée hongroise qui cumulait tout ce qu'une femme pouvait avoir comme atouts : la beauté vénéneuse d'une diablesse, un charme fou et une intelligence comme du vif argent. Elle envoûtait tous ceux qui l'approchaient et ils étaient nombreux. Brandt avait succombé sans vouloir se l'avouer – bien qu'il l'eût vite compris – que la séductrice trompait ses amants sans vergogne, surtout avec leurs amis. Parmi eux, Grabowski, un autre de nos condisciples, pas trop gêné de le cocufier. Aux yeux de ce dernier, les qualités d'Hannah justifiaient toutes les trahisons, même les plus fourbes. Brandt, comprenant le jeu d'Hannah, finit par la plaquer. Par dépit, elle se consola dans mes bras.

Inespéré, ce bonheur fut bref. Naïvement, j'avais cru trouver en elle les qualités de la femme dont j'avais toujours rêvé. Outre une maîtresse plus qu'ardente, j'appréciais sa complicité intellectuelle, son humour et sa liberté de pensée. Nous partagions les mêmes goûts littéraires et cinématographiques. Il y avait cependant une ombre au tableau. Je percevais chez elle un détachement aux antipodes de la passion qui m'animait. Cela la rendait plus désirable encore. En clair, sans oser me l'avouer, je me soupçonnais de n'avoir pas l'exclusivité de son amour. Jamais il n'avait été question de former un couple ou même de vivre ensemble. Elle n'avait de cesse de me rappeler l'intérêt d'une relation libre et ouverte. Je suis moderne, fanfaronnait-elle.

Très rapidement, elle m'annonça qu'elle était enceinte. J'avais la quasi-certitude qu'elle ne l'était pas de mes œuvres : je sortais d'habitude couvert. Avais-je dérogé à cet impératif lors de nos premiers ébats ? Je n'en avais pas le souvenir. *Lex Durex, dura lex sed lex,* comme nous disions à la faculté de droit. Le vrai géniteur se maintint dans l'ombre.

Hannah choisit alors l'option de la sécurité en se casant. Je le lui avais reproché, car je l'aimais, mais peut-être pas assez pour prendre des responsabilités qui apparemment ne m'incombaient pas. Il m'était resté en tête que Brandt ou Grabowski, qui rôdaient encore dans les parages, pouvaient être les auteurs de sa grossesse. Nos chemins s'écartèrent. Hannah fit donc une fin en épousant un aristocrate de province que nous ne connaissions pas. Elle s'assurait un avenir. À l'époque, cela se passait souvent ainsi. Tout était rentré dans l'ordre. Je n'en avais plus jamais eu de nouvelles.

Après cet épisode courtelinesque, Brandt et Grabowski se réconcilièrent. « On ne rompt pas une amitié pour une bonne femme », avaient-ils tous deux convenu dans un pacte machiste. L'amitié qui liait les deux compères m'avait toujours interpellé. Outre le fait que cette complicité était une des rares dérogations que Brandt octroyait à sa solitude revendiquée, leur manière de penser, leurs caractères et leurs modes de vie différaient complètement. Brandt était un étudiant sérieux, Grabowski un bambochard impénitent. Brandt avait de l'ambition, Grabowski négligeait le lendemain. Ils avaient certes une passion commune pour la musique, mais cela ne justifiait pas à mes yeux une profonde amitié.

Brandt fréquentait des cercles sulfureux d'extrême droite tandis que je militais avec mes camarades dans un groupuscule trotskiste. À chaque manifestation, nous nous trouvions face à face quand les gendarmes s'interposaient. Il était fidèle à ses convictions. Moi aussi. Aucun pont n'aurait pu rejoindre les rives sur lesquelles nous campions en positions figées. C'était Verdun sans morts inutiles, mais sans trêves ni victoires.

Il avait grandi dans la bourgeoisie nantie de la ville. J'étais d'extraction modeste. C'était un fils de famille, j'étais un plouc. Dans ces années-là, les milieux sociaux ne se mélangeaient qu'exceptionnellement. À ses yeux, ses origines justifiaient une condescendance jumelle de l'arrogance. Après des années de silence, nous nous étions revus à l'époque où j'écrivais des piges pour la chronique judiciaire de plusieurs quotidiens, mais les brillants débuts de sa carrière contrastaient trop avec l'ombre dans laquelle je survivais. Par jalousie ou rancune, je l'avais écarté de mon chemin. Il me regardait de haut et je n'avais rien à en attendre.

Avec candeur, je lui avais envoyé dès leur parution certains de mes romans assortis de dédicaces assez formelles. Jamais je n'en avais obtenu le moindre retour : ni remerciements ni critiques. Malgré tout, piqué par la curiosité ou intéressé par le pressentiment d'y trouver un quelconque intérêt, j'avais accepté son invitation. En consultant mon agenda ce matin-là, je n'avais déjà plus envie de le voir.

5

Lorsque j'entre dans la salle du restaurant, je le repère sans peine. Comme beaucoup de nos contemporains, il a subi la prise de poids que l'âge inflige, mais sa stature le rend reconnaissable entre tous. Massif, la tête enfoncée dans les épaules, le dos voûté, on aurait dit un taureau prêt à charger, mais épuisé par les banderilles de l'existence.

Quand j'arrive à sa hauteur, il ne se lève pas. Ce qui m'étonne car, bien que brutal dans ses propos, je le connaissais plutôt comme un homme de façade lisse et courtoise. Ce style paradoxal compliquait son décryptage. Ce jeu de contrastes lui avait été utile dans les prétoires. Un rôle dont il ne s'est jamais départi. Il s'excuse en désignant des béquilles posées par terre.

– J'ai de la peine à me mouvoir, fait-il sur un ton sec qui écarte toute éventuelle question. Il s'adoucit aussitôt.

– Je suis content que tu sois venu.

– Ravi de te revoir, moi aussi, dis-je, sans avoir l'air d'y croire.

Je tente de masquer mon étonnement en le dévisageant. Son regard jadis si perçant s'est flouté d'un filtre trouble. J'ai l'intuition que ce ne sont pas seulement les années qui l'ont transformé. La robustesse de l'édifice s'est fissurée comme la façade d'un immeuble sous l'effet d'un séisme. La statue du commandeur vacille. En m'asseyant en face de lui, j'observe que les traits de son visage couleur citron, imberbe et gonflé se sont amollis. Son crâne est glabre. Où est passée l'épaisse crinière blanche qui le faisait surnommer le lion des prétoires ? De ses yeux vitreux aux reflets de citrine, il suit mon regard.

– Chimiothérapie pour la calvitie et cortisone pour l'enflure, me précise-t-il avec un rictus amer.

Sa perspicacité anticipe les questions de son interlocuteur. Il est un intuitif à qui on ne la fait pas.

Le garçon vient nous distraire en nous proposant un apéritif et la carte. Brandt ne me laisse pas le temps de réagir.

– On prendra une bouteille de bordeaux, un Haut-Médoc. La Lagune 2000 et le menu, ça te convient ?

– Bien sûr, lui dis-je.

Je n'ai pas le choix. La partition est écrite d'avance. Du pur Brandt.

– Parfait !

Il congédie brusquement le serveur, puis il poursuit : le vin ne me vaut rien, mais, au point où j'en suis… Comme la cigarette, je n'ai aucune raison de cesser de fumer. Cela ne changera plus rien à mon sort.

Je ne suis pas étonné de sa remarque. Brandt a toujours été un homme direct, je sais qu'il ne faudra qu'un deuxième verre pour comprendre ce qu'il attend de moi.

– Tu as dû te demander pourquoi, après tant d'années, j'ai cherché à te revoir.

– On ne peut rien te cacher.

Le garçon apporte la bouteille et la présente cérémonieusement. Cela crée une brève diversion.

– C'est bien ! fait Brandt concentré, après une petite inspiration suivie d'un gargouillis peu ragoûtant, puis il reprend :

– Bien entendu, je me doutais de ta surprise, mais le temps presse.

– Explique-moi.

– Oui, comme tu peux le remarquer, je suis en piètre état.

– Nous vieillissons tous.

– Il ne s'agit pas de vieillir, mais d'aller bientôt brouter les pissenlits par la racine.

L'avocat coupe sa phrase d'un court silence, comme s'il cherchait par pudeur une expression moins brutale de sa pensée. Les mots chimio et cortisone m'ont alarmé. Pour le reste, j'attends d'en savoir plus sur la raison d'être de notre déjeuner.

Il continue :

– Je suis foutu, mon vieux. Une saleté de crabe se balade dans ma caboche et me dévore systématiquement les méninges. Heureusement, il m'en reste encore un peu ! Il affiche un sourire désappointé. Plus moyen de freiner la croissance de cette bestiole. Cela a commencé avec un petit pois qui s'est transformé en cerise, puis en abricot. On a tout essayé : chirurgie, laser, rayons, chimio, mais rien n'y fait, la bête s'engraisse et s'obstine dans son travail de destruction. Je n'en ai plus pour longtemps, un mois ou deux, six semaines, peut-être moins, avec une fin épouvantable en perspective… je ne te dis pas. Au mieux, un coma prolongé. J'ai donc décidé d'en finir moi-même avant que cela n'arrive. J'ai pris mes dispositions. Dommage, j'aurais bien aimé profiter de ma retraite ! Mais abrégeons, si j'ose dire.

Il esquisse un geste vif de l'avant-bras qui semble vouloir repousser un lourd nuage et l'orage qui l'accompagne.

– Mon pauvre vieux !

– S'il te plaît, épargne-moi ta pitié ! Si j'ai souhaité te voir, c'est pour te demander un service. Bien que je ne me sois plus manifesté depuis longtemps, tu m'en excuseras, j'ai reçu tes romans quand tu me les as envoyés, mais pour te le dire franchement, je ne les ai jamais lus.

Et vlan ! Je retrouve là le Brandt décomplexé et rugueux qui vous fout droit dans la gueule ce qu'il a envie d'exprimer. Impossible pour moi d'en faire autant et de riposter sur le même ton. Ce n'est pas mon genre.

Il affiche un air pensif.

– Laisser derrière soi quelque chose qui restera… Avant de m'en aller, je mesure plus que jamais l'importance de déposer une trace sur cette terre, fût-elle infime. Ces derniers mois, sachant que je n'en ai plus pour longtemps, j'ai pris la plume comme toi, mais il ne s'agit pas d'un roman. Encore que… Je t'ai parfois envié.

Et cela sonne comme un aveu.

Je tente :

– Eh bien voilà, tu vois que…

Il m'interrompt :

– Mais comme tu le sais probablement, l'on n'écrit pas seulement pour soi, mais aussi pour être lu.

– Bien d'accord, encore que tu ne te sois jamais donné trop de peine pour me lire.

Celle-là, il fallait que je la lui serve. Pour répondre à ma vanne, il m'assène :

– Je ne t'ai pas invité pour te parler de tes bouquins, mais de ton éditeur.

– Mon éditeur ?

– Oui, je me demandais si mon manuscrit pourrait l'intéresser.

– De quoi s'agit-il ?

– J'ai rassemblé dans un ouvrage tous les grands procès que j'ai plaidés. Ou plutôt leurs souvenirs qui m'ont le plus marqué. Bien entendu, je ne voulais pas mettre mes plaidoiries en valeur, mais décrire mon rôle vis-à-vis des différents acteurs de ces procès. C'est très subjectif. Il y a, dans ce que j'ai écrit, le côté anecdotique des affaires élucidées ou non, mais aussi des considérations plus générales sur le rapport entre l'avocat et les prévenus, innocents ou coupables, les criminels, les victimes, leurs familles et les juges. Dans certaines affaires, je me suis concentré sur les portraits des protagonistes. Le métier de pénaliste s'apparente à celui du romancier : il réécrit à sa manière des épisodes scabreux de l'existence de ses clients dans ce qu'ils expriment, en acceptant d'assumer une version tronquée de leur vie – celle qui les arrange – et les empêche de se retrouver en taule jusqu'à la fin de leurs jours ou, pire encore, la tête sur un billot ou le corps se balançant au bout d'une corde. J'ai raconté cela comme autant de nouvelles. J'aimerais que ces textes soient publiés, mais j'ai besoin d'un éditeur. Comme je te l'ai dit, je suis pressé et je voudrais régler cela avant qu'il ne soit trop tard, car personne ne s'en chargera après moi.

Il affiche un sourire désabusé. Brandt demandeur ! Un petit parfum de revanche me réjouit. Je prends un air docte et condescendant.

– Ton sujet est intéressant et, si le livre est bon, je pense que ta notoriété pourra convaincre un éditeur. Je suis d'accord pour le présenter au mien, mais j'aimerais d'abord le lire avant de lui en parler ; après quoi, on organisera une rencontre.

Je vois son visage se détendre, comme soulagé de pouvoir éviter la fatalité de l'oubli éternel. Pour qu'il ne se fasse pas trop d'illusions, je lui précise :

– Je te préviens quand même : se faire éditer aujourd'hui n'est pas une sinécure. Malgré les rentrées littéraires qui s'apparentent à un tsunami de bouquins sans intérêt, le secteur va mal. Les éditeurs reçoivent tous les jours des dizaines de manuscrits qu'ils ne lisent parfois même pas. Je l'ai souvent vérifié moi-même en posant un petit point de colle entre quelques pages d'un tapuscrit.

Il m'interrompt :

– Quel vilain mot !

– Oui, très laid. Quand les manuscrits, si tu préfères, me revenaient avec des avis négatifs, je constatais que les pages en question collaient toujours entre elles. Ils n'avaient même pas été ouverts ! La plupart des livres se vendent très mal ou pas du tout, alors, tu comprends... Mais, je te le répète, ta notoriété pourrait rassurer un éditeur. Peut-être le mien.

Il se penche sur le côté et dépose sur la table un porte-documents.

– Voilà l'enfant, fait-il en me tendant son tapuscrit.

Pour un nouveau-né, il est dodu, quatre cents pages. En le saisissant, j'imagine y trouver de la substance pour un futur roman. Un pillage en règle serait le prix de mon intervention.

À la fin du déjeuner, nous convenons de nous retrouver dès que j'aurai lu son texte. En serrant sa main moite et fiévreuse, je me dis que je ne l'aime vraiment pas. Je déteste Brandt et sa manière d'être et de penser. Son manuscrit m'intéresse par pure curiosité. Peut-être en apprendrai-je plus sur lui. Sa sollicitation ne me déplaît pas. Un juste retour des choses. Une petite revanche sur le passé.

6

J'ai mon amour propre. Je ne peux accepter que Brandt m'invite une fois encore à déjeuner. Malgré mes maigres moyens, je dois lui rendre la pareille. Il faut jouer le jeu.

La lecture de son manuscrit n'a pas été inutile. J'y ai trouvé des histoires criminelles décrites avec précision. C'est le travail d'un observateur qui les a décortiquées pour en partager tous les ressorts. Pas trop de détails, mais un fil que j'ai déroulé avec curiosité et intérêt, j'oserais dire avec passion, comme si j'avais dévoré un Hadley Chase ou un Simenon. J'y ai consacré deux nuits et je ne le regrette pas. Comme je l'avais imaginé, j'aurais pu écrire un roman à partir de chacune de ses histoires. Le choix est large. Tout ce qui fait un bon récit s'y trouve : des personnages hors du commun à la psychologie complexe, des destins étonnants, des univers et des décors peu banals et, surtout, presque chaque fois, un moment où tout bascule dans la vie d'un être et lui fait commettre l'irréparable. Pour appuyer son plaidoyer, Brandt se saisit de ce point de rupture. Avec une habileté proche de la perversion, il met en doute la capacité de l'inculpé à éviter son geste fatal. Cette jonglerie intellectuelle amorale, frisant la mauvaise foi, est brillamment démonstrative et a souvent fait pencher la balance de Thémis en sa faveur. Dans son ouvrage, Brandt a sélectionné ses procès avec soin et mis de côté les crimes dont la trivialité n'a pas servi son orgueil. Il a probablement écarté les affaires où il aura dû mordre la poussière face à un procureur mieux armé que lui.

Le narcissisme de Brandt transpire à chaque page et ce n'est pas sans agacement que j'ai pris mon téléphone pour l'inviter à déjeuner, commenter son travail et organiser une rencontre avec mon éditeur. Certain qu'après mon diagnostic, il se rengorgerait une fois de plus avec un air satisfait, mon pouce hésite un instant sur le clavier de mon portable.

Un détail me pousse cependant à me faire violence : le manuscrit comporte une vingtaine d'affaires classées en chapitres, mais, curieusement, il en manque un : le dixième. Il s'agit soit de l'erreur d'une dactylo soit d'un fait exprès puisque la pagination a été maintenue et témoigne de la disparition d'une quarantaine de feuillets au milieu du livre. À la place du chapitre disparu ne se trouvent plus que quelques pages décrivant avec précision l'intérieur d'un bar à entraîneuses. Elles sont intitulées du nom d'une personne : Cléo.

Je veux tirer cela au clair.

7

Cléo

Jusqu'à mes quarante ans, j'ai été entraîneuse de bar. J'étais plutôt pas mal et j'avais du métier. Je faisais rentrer plein de sous dans la caisse de mes patrons. J'ai travaillé au Velvet et au Sycomore bleu, puis j'ai fini ma carrière ici.

Un soir, le patron m'a appelée pour me dire en clair ce que mon miroir m'avait déjà dit : picoler du mauvais champagne toutes les nuits pendant vingt-cinq ans finit par vous amocher le physique et il faut à ce moment-là se ranger des voitures. C'est alors qu'il m'a proposé de diriger la boîte. « Tu vas passer de l'autre côté du bar », précisa-t-il. Je n'avais pas le choix. Jusque-là, tout s'était bien passé, je faisais le taf et le patron était satisfait. C'était avant l'arrivée de la nouvelle.

Il est onze heures du soir. Comme des grues sur la rive d'un étang guettant le fretin de passage, les entraîneuses poireautent dans le cabaret. On n'en est qu'au début de la nuit et aucun chaland n'a encore poussé la porte de la boîte de nuit.

Au bout du comptoir, près d'un juke-box, la bande de filles de l'Est attend le client. Éva, l'Ukrainienne longiligne à la peau très blanche et aux cheveux noir jais, très maigre, avec des jambes aussi interminables que son cou, arbore des seins siliconés, en chute libre, comme on dit. Elle dirige le groupe : Amalia, Ivanka, deux Russes, et Georgina, une Bulgare peroxydée dont une narine enflée est sertie d'un brillant minuscule. À l'exception d'Éva, elles portent toutes des noms d'emprunt qui fleurent un exotisme slave. La girafe fait une réflexion à propos d'une débutante qui vient d'arriver dans la salle.

– Elle se prend pour Nomi Malone, la nouvelle taxi-girl !

Elles s'esclaffent toutes à gorge déployée. Des rires rauques et ordinaires dans lesquels on peut percevoir la rudesse de l'existence, l'inculture, la brutalité et même une certaine cruauté.

Vautrées dans un canapé près de l'entrée dans l'espoir de voler le premier regard concupiscent des clients à leurs concurrentes, Gloria et Paola, des latinas *couvertes de tatouages et de piercings, aux rondeurs opulentes et à la peau couleur café, jacassent. Elles affichent une vulgarité clinquante. Une grêle de locutions hispaniques crépite sans répit. Elles évoquent leurs existences hors d'ici, la vraie vie : l'enfant resté au pays, le garçon rencontré la veille, leurs règles qui n'arrivaient pas et, surtout, les ennuis d'argent, les permis de travail et les autorisations de séjour ; bref, la précarité du quotidien qui les taraude.*

Le bustier de la robe de Paola ne semble tenir que par ses tétons dressés sous le tissu. Une guirlande multicolore de lianes tatouées lui descend de l'épaule jusqu'au coude. Plus loin, – on les appelle les jumelles tant elles se ressemblent –, deux beautés du Maghreb à la peau mate qui viennent, l'une, des contreforts du Rif, l'autre, de Tanger, Salma et Soraya boudinées dans des mini-jupes en écailles métalliques – souvenirs de Paco Rabane – qui reflètent par intermittence la boule à facettes du plafond, sont assises les jambes écartées au bord de la piste de lap dance. *Nimbées d'une odeur de cumin, elles sont hilares sous l'effet de l'herbe qu'elles ont fumée pour se donner du courage avant de se lancer dans le négoce de leurs charmes. En catimini, Salma se vernit les ongles qu'elle a très longs et qui se terminent par des pointes noires. Certains clients apprécient ce léger parfum* BDSM. Black nails are dangerous.

Bien que liées par le destin commun de la mauvaise vie, ces filles d'origines diverses ne se mêlent que par intermittence. Elles forment un univers cloisonné par la langue, le mode de vie et les mœurs. Pour des broutilles, des jalousies exaspérées ou des histoires de fric, elles en viennent parfois à des affrontements hystériques avec gueulantes et pugilats au programme. Les groupes se surveillent et se partagent les lieux suivant des frontières invisibles, mais rigoureusement dessinées comme celles des bandes de racailles dans leurs territoires de banlieue. Des amitiés transversales se créent parfois, mais ne durent pas, les brebis égarées retrouvent vite leur pré carré. Les filles ont en commun d'afficher un sourire commercial. Pas une ne l'a sincère.

La sono hurle Stop looking over your shoulder *de Chroméo, un duo d'*electrofunk. *Une musique inaudible pour un être doté d'une ouïe sensible à Mozart. Soudain, Soraya, une des deux Marocaines, à bout de nerfs, s'emporte. Ses yeux globuleux lui sortent de la tête.*

– Moins fort le zinzin, on ne s'entend plus ici.

Derrière le bar, je ne bronche pas. Je jette un regard interrogateur vers le bas du comptoir où se dissimule le nain Jérôme, l'homme à tout faire du patron. Vrai que j'en ai marre des jérémiades de mes pensionnaires qui me rappellent trop ma carrière. J'ai passé l'âge et ne peux plus servir qu'à faire la conversation aux pochtrons agglutinés le long du bar, à déboucher les bouteilles de champagne, à clôturer les caisses – l'officielle et la noire – et à faire respecter le règlement de la maison par les filles, comme la mère supérieure d'un couvent fait observer la règle de l'ordre.

Je crie.

– Soraya, tu la fermes s'il te plaît !

La Tangéroise grince sous cape des injures qui me sont destinées. Je n'en ai rien à faire, je suis habituée. L'autre Marocaine tente de la calmer.

– T'énerve pas, Soraya, ça sert à rien de râler, si tu as envie de te retrouver à jouer la pute sur l'avenue Louise à trente euros la passe, continue comme ça, fait l'autre, encline à tout accepter en début de soirée avant

d'avoir éclusé ses premiers piccolos. Plus tard, sous l'effet de l'alcool, elle se laissera aller et alors gare à eux, elle n'épargnera plus personne.

Soraya ne semble pas vouloir me lâcher.

– Madame Cléo, vous n'avez aucune parole, vous m'aviez promis que mes papiers seraient en ordre et je n'ai toujours rien reçu. Mon proprio profite de la situation et n'arrête pas d'augmenter mon loyer. Tous les mois, vingt euros de plus. Il trouve chaque fois un prétexte différent. Tous des salauds à se faire du pognon avec notre cul. « Si tu n'es pas contente ici, t'as qu'à rentrer chez toi et aller faire la danse du ventre chez les Mustapha, *tu comprendras vite que tu n'es pas si mal traitée », qu'il m'a fait. Raciste, en plus. Il n'y a que lorsqu'ils veulent nous grimper dessus qu'ils ne le sont plus. J'ai pas gagné un balle cette semaine. La crise, la crise, les clients n'ont plus que ce mot à la bouche. Tous fauchés, ils ne pensent qu'à discuter les prix. Négocier qu'ils disent ! Comme si on était de la viande à l'étal. En plus, vous avez vu la nana qui vient d'arriver ? Tous vont se jeter dessus comme des mouches sur une charogne, mais je dois avouer qu'elle est franchement classe.*

– Si tu cessais de faire la gueule et d'éructer tes conneries à la mords-moi le zob, les clients s'occuperaient peut-être de toi. T'es pas mal non plus quand tu souris, mais c'est pas souvent que ça t'arrive, je lui réponds.

– Vous avez bien raison, madame Cléo, fait Salma, sa compatriote.

– Non, mais, tu ne vas pas commencer à me faire chier toi aussi.

– T'as tes ragnagnas ou quoi ? rugit l'autre.

Soraya lui lance un regard haineux, prête à la gifler et à se jeter sur elle pour la faire taire.

Derrière le bar, je suis la scène. On se croirait dans une cour de récréation.

– Allons, les filles, vous vous calmez s'il vous plaît sinon je fais descendre le Polonais.

Vieille expression dans les claques, « faire descendre le Polonais » signifie je vais appeler le portier, *généralement un pauvre hère qui habite dans les combles et fait régner l'ordre chez les pensionnaires.*

Après avoir entendu cela, la Tangéroise pense riposter, mais se ravise. Ce n'est pas le moment de se prendre une tarte ou de passer à la caisse pour mauvaise conduite. Elle est fauchée comme les blés. Pire encore, au moindre incident, on peut la virer du jour au lendemain : elle n'a pas de contrat. Et comme la boîte ne marche déjà plus que sur une jambe…

Elle se lève et va s'asseoir au bar à côté de la nouvelle. Celle-ci, mutique, pianote, le nez sur son portable. Elle ne tourne pas la tête vers elle.

– Elle se prend pour qui ? s'exaspère la Marocaine.

Du côté des filles de l'Est, ça continue à dégoiser.

– Vous l'avez vue ? Elle a l'air complètement stone, *elle plane, fait Éva, la pâlichonne de Kiev au cou de girafe.*

– Je crois plutôt qu'elle a dû sniffer un rail, rectifie Irina, mais ça n'empêche, c'est un vrai canon. Elle va nous piquer nos bons clients. Elle est top classe : un avion de chasse ! Curieuse de la voir s'enrouler autour de la barre. Fichue comme un mannequin et tout du naturel, pas un gramme de silicone…

– J'admets, concéda Georgina, la Bulgare, avec un air piteux qui lui fait tomber la lippe jusqu'au menton, déjà que ce n'est pas facile pour le moment, on ne se fait plus un rond.

Pamela, la nouvelle, se redresse brusquement sur son tabouret comme une biche aux aguets en lisière de forêt. Elle trône droite et raide dans une robe noire moulante très décolletée. Un port de reine. Elle balaie la salle d'un regard hautain que l'on pourrait prendre pour de la provocation. Puis, elle semble désappointée, comme si elle ne trouvait pas ce qu'elle cherchait. Elle détonne dans ce décor glauque : elle a trop d'allure pour traîner ici.

L'Ukrainienne m'a dit qu'en enfilant sa robe au vestiaire la nouvelle s'est regardée dans le miroir, puis s'en est brusquement détournée comme honteuse. Elle n'a pas lâché un mot aux autres filles et à peine répondu à leurs saluts. Elle s'est réfugiée dans les toilettes, de toute évidence pour sniffer un rail. Résultat, elle se paye un coup de chaleur. La stridence de la musique lui darde le cerveau. Sa peau mate luit sous les spots. Son cœur joue du tambour. L'œil brillant, la pupille dilatée, elle semble sous haute tension. Nimbée d'une aura particulière, comme une Vierge auréolée d'un effet de grâce, elle irradie. Son maintien fige les autres filles dans l'ombre de leur banalité. Neutres, inexistantes et grises. Je l'observe du coin de l'œil... Quelle allure ! Qu'est-ce qu'une fille si élégante vient faire ici ? J'en ai connu quelques-unes comme cela : des originales un peu piquées en quête d'expérience, de jeunes bourgeoises fauchées ou plaquées par leurs maris qui pensent se refaire en peu de temps, des femmes maquées par des loubards, des droguées prêtes à tout pour acheter leur came, des nymphomanes aussi – des vicieuses qui aiment se défoncer au sexe. Cela se termine souvent mal parce que ces électrisées de la zigounette sont à la masse. Des cinglées du cul. Avec ces motivations malsaines, elles ne sont pas assez solides pour résister longtemps à ce travail ingrat. Les vraies, les professionnelles, sont des dures qui font la part des choses et savent ce qu'elles veulent : de l'argent, rien que de l'argent et toujours de l'argent. Prêtes à tout pour en ramasser. Celles-là négligent le tout-venant et se concentrent sur des bourgeois encanaillés qui transpirent la fortune, ses bénéfices et ses dividendes.

L'argent facile qui circule ici est le témoin muet de fraudes, de trafics et de vices en tous genres. Il est celui qui brûle les doigts en passant de mains en mains. Les filles le claquent aussitôt dans des dépenses inutiles qui compensent l'image qu'elles ont d'elles-mêmes : vêtements de marque, escarpins Louboutin, sacs Vuitton, bijoux et colifichets onéreux. Belles bagnoles aussi pour les vraies gagneuses. En vacances, elles voyagent en business au bout du monde, logent dans des hôtels 5 étoiles, puis reviennent à contrecœur, fauchées et contraintes de se remettre à leur dégradante besogne.

Je m'interroge sur ce que cette beauté rare vient faire ici. Est-elle là de son plein gré ? Quand elle s'est présentée, elle n'a pipé mot et n'a fait qu'acquiescer à ma description de son boulot. C'est assez inédit. Elle s'est aussi foutue à poil avant même que je le lui demande. Elle s'est passé une main voluptueuse des seins vers ses cuisses pour me vanter la marchandise. Une vraie pro ! Faut croire qu'elle était prête à tout pour être engagée.

Généralement, les débutantes sont timides, anxieuses ou gênées et les questions fusent. Jusqu'où peut-on aller ? Est-on obligée de finir sa bouteille de champagne, voire plusieurs ? Comment faire pour ne pas être complètement saoule après cela ? Combien pour moi, combien pour la boîte ? Peut-on accepter des pourboires ? Que faire si un client se conduit mal ? Est-on contrainte de baiser avec un type si on ne veut pas ? Que faire s'ils deviennent violents ? Peut-on les voir en dehors de l'établissement ? Que se passe-t-il si l'on est fatiguée, malade ou empêchée par ses règles ? Comment se comporter avec les collègues ? Que faire si l'habitué d'une fille en choisit une autre ? Peut-on s'occuper d'un client à deux, lui offrir un petit show lesbien pour l'émoustiller ? Et à quel tarif ?

Comme si elle connaissait d'avance les réponses, Pamela ne posa aucune question et accepta nos conditions sans discuter. J'étais prête à faire des concessions : il était clair qu'elle allait faire tourner les têtes, ouvrir les portefeuilles et faire tinter le tiroir-caisse…

Notre commerce frôle en permanence la faillite. Internet nous tue à petit feu : seuls quelques imbéciles acceptent encore de dépenser mille euros pour d'hypothétiques rapports alors qu'il leur aurait suffi de quelques centaines d'euros pour trouver une pute sur des sites mieux achalandés que notre trou à rats. Peu à peu, les enseignes des bars de la rue de Livourne s'éteignent pour ne plus se rallumer. Nous sommes sur la liste des condamnés. Ce n'est plus qu'une question de temps.

Irina choisit un disque sur le juke-box. Sworn to the Black *de Morbid Angel. Du rock* heavy metal *qui tape fort dans les murs. De la musique pourrie, canaille, pour secouer le public aviné. Elle augmente le volume rien que pour faire enrager Soraya qui lui a piqué un client la veille. « Une sale pute, jugeait-elle. Pour me doubler, elle lui a sifflé à l'oreille que j'avais choppé le sida. Un serpent à sonnettes, cette fille. Une vraie salope ! Si elle m'emmerde encore, je l'attends à la sortie et, là, elle va déguster. »*

8

La bévue des pages manquantes qui aurait pu ressembler à une broutille de relecture attise ma curiosité. Le diable se cache parfois dans les détails, me dis-je en composant le numéro de Brandt sur le clavier de mon portable. Je perçois une fragilité dans sa voix, mais l'enthousiasme pour son projet reste entier.

– Alors, l'as-tu lu ? fait-il d'emblée. Qu'en as-tu pensé ?

Je ne cède pas à son impatience. Je veux surtout tirer au clair l'énigme du chapitre manquant.

– Intéressant, dis-je sans plus.

– Mais encore ? On aurait dit qu'il mendiait un compliment, mais je ne souhaitais pas lui faire ce cadeau.

– Je crois qu'il serait mieux que nous nous rencontrions pour évoquer tout cela de vive voix. À mon tour de t'inviter à déjeuner.

– Je ne suis pas sûr d'en avoir la force.

– Si, si, tu verras, ça en vaut la peine.

Appâté, il cède.

– Bon, si cela te convient, on pourrait se donner rendez-vous au Piccolo Mondo, rue Jourdan, pas loin du Palais de justice.

– Je connais, mais je te signale qu'il y a longtemps que je ne vais plus au Palais. D'accord, mon chauffeur m'y conduira. Demain vers 13 heures ?

– J'y serai.

En raccrochant, je me demande comment je payerai l'addition.

Je le retrouve au restaurant. Il m'y attend.

– Et alors ? dit-il en me saluant à peine, incapable de masquer sa curiosité. Je prends place face à lui, dos à la salle. Il insiste :

– Qu'as-tu pensé de mon manuscrit ?

Je ne supporte pas les gens impatients, moins encore les enfants gâtés. Je reste de marbre et prends mes aises. J'observe les doigts de sa main droite tapotant la nappe avec nervosité. Le garçon s'approche.

– Je n'ai ni faim ni soif, mais je dois me forcer, précise-t-il après avoir jeté son dévolu sur un risotto aux truffes et un verre de Brunello.

En peu de jours, il a beaucoup changé. Mon souvenir ne me trompe pas : il a fort maigri depuis notre dernière rencontre. Comment peut-on perdre une telle masse en si peu de temps ? J'en suis abasourdi. Compatissant, je regrette presque ma manière de le traiter.

Mon père est mort d'un cancer généralisé. Quand il a commencé à beaucoup maigrir, le médecin m'a annoncé que c'était la fin. C'était le funeste signal, une question de quelques semaines. Il ne s'était pas trompé. Brandt dérape sur la même pente. Son visage s'est tellement creusé qu'on devine l'ossature de son crâne. Sa mâchoire fait penser à celle d'un écorché. Sa peau jaunâtre est fine et transparente. Ses gestes sont ralentis et sa voix de stentor n'est plus qu'un filet un peu rauque qu'il semble chercher au fond de lui-même au prix de gros efforts.

Le restaurant cossu compte quelques tables occupées par des avocats et des hommes d'affaires, certains accompagnés. Les sons sont étouffés par l'étoffe damassée qui recouvre les murs. Le patron, Léo, un Italien affable que ses clients fidèles appellent par son prénom, virevolte. Une serviette sur la manche, il veille au grain. Il est assisté par ses fils, d'élégants jeunes gens. Nous avons une table tranquille à l'arrière de la salle.

– Franchement, dis-je enfin à Brandt, sans vouloir te flatter, ton manuscrit est excellent. Je l'ai lu sans peine de bout en bout. Mieux que cela, il m'a passionné. J'y ai même sacrifié quelques heures de sommeil. À part deux ou trois petits défauts d'écriture faciles à corriger que l'on trouve souvent chez les débutants, je n'ai rien à redire. Je pense que ce texte est parfaitement publiable. Sans rien te promettre, cela devrait l'intéresser.

Brandt paraît soulagé. Son visage se détend. Sa main droite squelettique s'est calmement reposée sur la table. Ses ongles sont parfaitement manucurés. Je ne sais pourquoi ce détail me frappe. Je pense à la toilette d'un mort. Pour lui, l'affaire est pliée : j'apprécie son manuscrit, je le transmets à mon éditeur qui le publiera illico. Du Brandt tout craché. Rien ne peut lui résister. Sans me laisser le temps de l'interroger sur les pages manquantes, il change subitement de sujet.

– Voyant ma fin prochaine, je n'ai plus d'intérêt que pour ce livre. Pour le reste, je lis des ouvrages qui traitent de la mort pour tenter de comprendre ce qui m'arrive. L'expérience des autres peut aider. As-tu lu *Le monde d'hier. Souvenirs d'un Européen* de Stefan Zweig ?

– Oui, bien évidemment, il y a des années. En lui répondant, je me demande en quoi cela pouvait être si évident.

– Eh bien ! fait-il, ce livre reflète mon état d'esprit d'aujourd'hui. Je n'arrive pas à m'ôter de la tête qu'en Europe nous vivons les derniers moments d'un monde qui va disparaître. J'ai le sentiment que je ne veux pas voir cela se produire. Cette crasse qui ne me laisse aucune chance est peut-être opportune : elle me permet de tirer ma révérence sans avoir à le décider moi-même puisque je n'ai que le choix de l'instant. Contre toute attente, l'annonce de ce cancer m'a à peine troublé. Toute ma vie, j'ai vécu dans la crainte, voire l'obsession de la maladie ; lorsque mon médecin m'a fait part de son diagnostic, je me suis senti en phase avec cette réalité sans plus la redouter : elle ne représentait qu'un épisode prévu de mon existence. Le fantasme est devenu une évidence dont je dois tenir compte, sans plus. Bon, revenons-en à Zweig.

C'est du Brandt tout craché : il vous lâche une énormité sans vous laisser le choix du dialogue. Je décide de m'abstenir de tout commentaire et de ne pas l'interrompre. Ses confidences m'étonnent autant qu'elles me troublent. Nous ne sommes pas assez intimes pour que je puisse m'attendre à un tel déshabillage.

– Oui, dis-je, soulagé, revenons-en à Zweig et à ce monde qui, d'après toi, s'en va.

Comme un poisson sorti de l'eau, Brandt doit sans cesse rattraper son souffle qu'il a très court. Il boit une gorgée de vin dans son verre qui tremble, se redresse lentement et reprend :

– Je n'aime presque plus rien de ce monde dans lequel nous vivons si mal. Sa vulgarité, son manque de rigueur, sa fascination pour l'argent et la réussite me font horreur. L'érosion des normes au profit du laisser-aller et de la facilité ne m'inspire plus que dégoût. Le règne autocratique d'une pensée unique dont le seul objectif est de faire de tous un troupeau d'abrutis m'accable. Le politiquement correct au nom duquel nos libertés individuelles s'effacent systématiquement une à une sans que rien ni personne ne s'y oppose m'écœure. La morale des faibles et des froussards s'installe. Nul ne s'émeut de cette évolution délétère. Je ne supporte pas l'agitation obsessionnelle induite par la technologie, nouveau paradigme de ce monde imbécile érigé sur des idées minuscules. Comment distinguer l'essentiel de l'accessoire dans la masse d'informations qui nous est servie à jet continu dans une langue de primates par des médias décérébrés ? Les cinquante dernières années auraient pu nous faire imaginer que l'humanité allait progresser : jamais nous n'avons vécu une si longue période de paix et de prospérité, jamais nous n'avons été plus libres, jamais les techniques n'ont tant assisté l'intelligence. Eh bien ! Non, nous n'en avons pas profité et nous avons forgé nos propres chaînes. Où sont aujourd'hui les hommes d'État capables d'ouvrir des chemins d'avenir sans verser dans la démagogie ? Combien osent s'affranchir de la tyrannie de leur audimat ?

Il y a pire encore. Zweig avait vu arriver à l'horizon des années 30 les lourds nuages de la guerre et le cortège des horreurs qu'elle entraînerait. Nous sommes dans la même configuration. Les planètes sont alignées comme à cette époque-là. On dirait que personne n'a tiré les leçons de l'Histoire. C'est effarant.

Sur un arrière-fond de crise économique et de pusillanimité, des islamistes illuminés s'en prennent à dessein à notre civilisation. Par lâcheté et démagogie, nos politiciens ont laissé s'installer une cinquième colonne de musulmans radicaux dans nos murs. Au nom d'une morale primaire qui confond islamophobie et racisme, leur haine de notre société est passée au bleu. Ils sont blanchis avant même de perpétrer leurs crimes. Cela finira par une guerre civile. Je ne la verrai pas, mais toi, sans doute. Une spirale insidieuse s'est enclenchée. Le terrorisme nous inspire une crainte qui se traduit par le rejet de tous les musulmans installés chez nous. Leur différence instille une méfiance, voire une haine larvée. Il faudrait être niais pour ne pas comprendre que ce nouveau regard porté sur eux engendrera à son tour une animosité grandissante. Ces attentats qui se répètent seront le carburant de leur ressentiment. Il ne suffira plus « d'être Charlie », d'allumer des bougies ou de répandre des roses pour réconcilier les cultures. Tout cela au nom d'une religion ! N'oublions jamais que les guerres de religion ont été cruelles et interminables puisqu'au nom des idées et des convictions aucune victoire définitive ne peut s'imposer. Je pense qu'un mécanisme fatal est enclenché et que rien ne pourra en arrêter le cours. Partout, en Europe comme ailleurs, on voit de petits Führers se lever et mener des troupeaux d'imbéciles à la catastrophe.

Brandt continue à proférer sa diatribe quand, à une table voisine, la sonnerie stridente d'un portable – la mélodie numérisée du *Troisième Homme,* réglée en puissance maximale – se met à retentir. Sans aucune gêne, la propriétaire du téléphone, une quadra blonde, s'engage à tue-tête dans une conversation qu'elle semble vouloir faire partager à tout le restaurant. D'une voix de stentor retrouvée pour la cause, Brandt lui lance :

– Madame, ce que vous racontez n'intéresse que vous ! S'il vous plaît…

La bourgeoise stupéfaite en lâche presque son portable, baisse le ton et, en sourdine, promet à son interlocuteur de le rappeler. Elle adresse des regards apeurés en direction de notre table. Je suis gêné par l'attitude de Brandt, mais puis-je vraiment lui donner tort ? Malgré son épuisement, il garde la tête haute. Revenu à lui, il m'interroge :

– Où en étions-nous ? fait-il comme si rien ne s'était passé. Il réfléchit un instant en silence. M'offrant un peu de répit, j'en profite pour goûter le risotto qui refroidit dans mon assiette.

– Ah, oui ! Voilà cette technologie envahissante dont nous venons d'observer un édifiant exemple… Ce nouveau Graal qui asservit nos contemporains infantilisés à leurs coûteux joujoux. Ils y cherchent des réponses immédiates à leurs problèmes minables et à leurs minuscules angoisses. Ils s'en satisfont sans réfléchir ni prendre le temps de résoudre autre chose que des questions binaires.

Dans un pauvre univers d'idées courtes jetées sur internet au gré des réactions épidermiques d'intervenants frustrés par une réalité trop complexe pour qu'ils puissent la comprendre, le rôle de l'avocat défenseur est honni. Le principe de l'État de droit paraît obsolète. Dans l'esprit obtus d'une certaine opinion publique, il est remplacé par une morale revancharde à laquelle une presse subsidiée fait un écho disproportionné. L'émotion a pris le dessus. Le politique, effrayé par la foule en colère, lui emboîte le pas. C'est l'effet de meute, un réflexe animal, que des siècles de culture et de civilisation ne sont pas parvenus à éradiquer. Grâce à internet, la vindicte populaire a retrouvé une voie royale. Qu'un avocat puisse défendre un homme déjà condamné par la vox populi paraît impensable aux idiots qui sèment leurs commentaires haineux sur les réseaux sociaux. Ces ignares ne cessent d'injurier, voire de menacer anonymement mes confrères sur cette sacro-sainte toile : Dupond-Moretti lorsqu'il prend la défense d'Abdelkader Merah, Henri Leclerc, celle de Strauss-Kahn, ou encore Marc Bonnant, celle de Ramadan. Les simples d'esprit ne peuvent pas comprendre que l'on ne défend pas quelqu'un parce que l'on pense comme lui ou que l'on pourrait agir comme lui, mais parce qu'un inculpé, même s'il incarne le salaud absolu, en a le droit. Souhaitent-ils interdire l'État de droit au nom des instincts les plus bas ? Comme le dit Dupond-Moretti, les réseaux sociaux, c'est devenu le café du commerce puissance mille. Cette évolution désastreuse me rend plus acceptable l'idée de devoir quitter bientôt cette société.

La logorrhée que Brandt m'inflige l'épuise. Quelques gouttes perlent sur son front. Il est pâle comme la mort qui l'attend au tournant. Il respire bruyamment. Je ne vois pas où il veut en venir, mais je sais qu'avant de placer un mot il faut le laisser finir son interminable tirade. Je joue la patience, mais il ne semble pas se calmer.

– Évidemment, tu pourrais te demander si ce n'est pas mon état qui me dicte des idées aussi noires. Je ne le crois pas. Il y a heureusement encore quelques intellectuels qui s'insurgent contre cette évolution. Nabe, Denis Tillinac qui s'enorgueillit d'être réactionnaire ou Philippe Murray, disparu maintenant, qui de sa voix acide tournait en dérision ce monde dont la pensée s'effiloche. Jean Clair aussi, dans le domaine de l'art, fait un constat ravageur de l'ineptie de la création contemporaine où plus personne n'ose montrer que le roi est nu de peur de se ridiculiser. Ces aristocrates de l'intellect sont considérés comme des imprécateurs un peu fous qui crient dans le désert du courant dominant, le *mainstream,* comme disent les Anglo-Saxons. Depuis Mai-68, au nom de je ne sais quelle libération, la femme s'est émancipée (pour y gagner quoi ?), les homosexuels s'affichent avec indécence et obtiennent le droit de se marier alors que les hétéros ne respectent plus l'institution du mariage. Finalement, à l'instar de Zweig – tu me pardonneras l'audace de cette identification –, je serai moins triste de quitter ce système inepte que de voir encore *Le monde d'hier* se déliter.

J'ai l'intuition qu'en faisant encore une fois référence à Zweig il allait conclure son envolée théâtrale et me laisser la parole.

Du bout de sa fourchette, il se met à chipoter dans son riz, le nez dans son assiette. Je prends une gorgée de vin pour me donner du courage. Je n'ai aucune envie d'entamer un débat : il n'est pas entièrement dans l'erreur, mais, comme il en avait lui-même souligné l'hypothèse, je suis persuadé que le délabrement de son état obscurcit sa vision des choses. Son pessimisme de conservateur grincheux m'exaspère. En associant son propre déclin à la décrépitude du monde qui l'entoure, il ne fait que donner des gages à sa mégalomanie.

Inutile d'argumenter. Avec Brandt, on a toujours tort si l'on n'est pas de son avis. Il m'importe seulement de savoir ce que renferment les pages manquantes de son manuscrit et à quoi se rattache la description du bar à entraîneuses que j'ai lue. C'est pour cela que j'accepte de subir son pensum.

Ces feuilles absentes m'obsèdent, me taraudent et me tourmentent. Je tente de me raisonner, sans succès. Ne s'agit-il que d'une erreur de pagination due à une secrétaire distraite ? Peut-être n'est-ce qu'un chapitre sans intérêt, retiré in extremis ? J'ai beau chercher des subterfuges pour oublier ce vide dans le manuscrit de Brandt, étrangement, mon intuition – ou mon imagination – me le rappelle sans cesse. Ai-je trouvé un défaut dans la cuirasse de Brandt ? Une zone d'ombre de sa vie qu'il aurait tenté de masquer ? L'élucidation de ce mystère représente-t-elle pour moi comme un défi à Brandt ? Il n'est pas homme à répondre facilement à des questions trop directes. Combien de juges d'instruction se sont cassé les dents sur son obstination à ne dire que ce qu'il voulait ? Je devrai ruser pour satisfaire ma curiosité.

Brandt finit son déjeuner en silence, comme retiré en lui-même, sans se soucier de ma présence. Maintenant qu'il croit avoir obtenu l'édition de son manuscrit et qu'il m'a infligé son discours alarmiste, je suis devenu inutile et transparent à ses yeux. Il n'a même plus la courtoisie de meubler la conversation. Je ressens ce silence comme une agression et m'enhardis en avançant un pied dans la porte.

– J'ai remarqué qu'il manquait une quarantaine de pages à hauteur du dixième chapitre de ton manuscrit. Puis j'y ai trouvé la description d'un bar où j'irais bien passer une soirée. Je suppose qu'il s'agit d'une erreur de ta secrétaire ?

Il sursaute, relève la tête, change de couleur et me toise. D'un coup, je retrouve le Brandt combatif que j'ai toujours connu. À l'hostilité de son regard, je comprends que je ne me suis pas trompé : l'absence de ces pages n'est pas anodine. Elle cache quelque chose qui le dérange. Coutumier de la dissimulation dans le prétoire, il n'aurait pas réagi si ma question avait été sans intérêt. J'ai tapé dans le mille. Je laisse planer quelques instants de silence, puis je tente :

– Ce chapitre était-il donc important ?

Il hésite avant de répondre. Je le sens enfin ébranlé.

– J'ai dû le supprimer. Par précaution, j'avais demandé au bâtonnier l'autorisation de publier ce manuscrit, il me l'a accordée sans difficulté à condition que je ne cite pas les noms des protagonistes. Comme tu l'as remarqué, j'ai respecté cette exigence.

– Et alors ?

– Pour le chapitre disparu, même en acceptant cette contrainte, les personnages étaient trop reconnaissables et j'ai préféré le retirer car l'un d'eux m'était proche.

Puis il ajoute, l'air ennuyé, à voix basse :

– De toi aussi d'ailleurs.

– Proche de moi ?

– Eh bien oui : Grabowski.

– Grabowski, Georges, le Polonais ?

– Oui, le nôtre, le Polonais.

– Et la description du bar ?

Ma question renforce sa surprise ; pris de court, il hésite un instant et ne me répond pas. Il baisse la tête, un peu gêné.

Georges Grabowski avait été notre condisciple à l'université. Pas très longtemps. L'homme était aussi tourmenté que l'histoire de son pays. Sa famille, des aristocrates, riches propriétaires terriens, avait dû quitter la Pologne en 1952 au moment de la création de la République populaire et de la mainmise des Soviétiques, sous la férule de Staline. Pour échapper au risque d'une déportation en URSS, le père, la mère, trois garçons et une fille avaient émigré en Belgique. Ils s'y étaient retrouvés sans toit ni ressources. Grâce à la solidarité de la noblesse locale, les enfants avaient pu survivre et poursuivre leurs études. Georges fut l'exception.

Il n'avait pas supporté le déracinement et la rupture de l'exil. Incapable de se maintenir sur les rails, sauvage, violent, caractériel, il s'était mis à boire et à enfreindre toutes les règles ; finalement, après quelques sommations, il se fit mettre à la porte de l'université. Il était intelligent et cultivé, mais perturbé. On racontait qu'il souffrait d'une étrange maladie de la vue qui pouvait expliquer son inadaptation. Je ne me souviens plus de quoi il s'agissait. Je le rencontrais parfois en boîte de nuit dans des états qui ne lui laissaient aucun souvenir le lendemain. J'avais de temps à autre de ses nouvelles par tel ou tel ancien de l'université. Il aimait à l'excès les femmes, l'alcool et la musique classique. Rien qui ne rapporte un sou.

Je m'enquiers :

– Mais que venait faire Grabowski dans ton manuscrit ? Dans quelle affaire ?

Brandt ne desserre plus les dents. Il est au bord de la syncope. Son front perle de sueur et il est saisi de tremblements. Je n'insiste pas. Je lui promets de le recommander à mon éditeur et lui appelle un taxi. Sur le trottoir, misérablement appuyé sur ses béquilles, Brandt me fait pitié. Même si ses idées de réactionnaire aigri m'ont exaspéré, je m'en veux d'avoir joué dans cette pièce. Je me demande si je le reverrai un jour vivant.

9

Je tente de me remettre à la tâche, mais, comme un vieux canasson fatigué qui bute sur une pierre, je m'arrête à chaque mot de mon roman. Trop d'idées s'accumulent, ajoutant à ma confusion d'auteur en panne. Je me pose des questions métaphysiques sur ma vocation d'écrivain. Je n'arrive à rien de concret et me sens impuissant et démotivé. Impossible de progresser d'une ligne. Je ne dors plus. Je n'ai plus un rond et je crains qu'utilisant le prétexte du manuscrit de Brandt mon éditeur ne me houspille et me menace de me lâcher définitivement si je ne lui prouve pas ma bonne volonté. Je ponds tout au plus cinq cents caractères par jour, que je déchire aussitôt, alors qu'il faudrait en aligner deux mille au minimum. Dans ce contexte, demander la moindre avance à mon bourreau activerait le mécanisme du couperet.

Le chapitre manquant ne me sort pas de la tête. La réaction de Brandt m'a intrigué et j'imagine que ce vide cache quelque chose de plus important que les autres histoires développées dans son livre. Cette idée s'est ancrée en moi. Finalement, j'ai envoyé le manuscrit de Brandt à mon éditeur avec une recommandation, pensant ainsi avoir réglé cette affaire. Je ne lui ai pas signalé les pages manquantes.

En quittant mon appartement, je vois un pli qui dépasse de l'ouverture de ma boîte aux lettres. Une enveloppe A4 en papier kraft sort de la fente et semble me tirer la langue. J'imagine une réclamation du fisc ou une amende de roulage impayée : une fraction de la réalité que je déteste par-dessus tout. Après un détour par la boulangerie et le marchand de journaux, je dois, à mon corps défendant, ouvrir cette boîte qui ne m'annonce jamais rien de bon et en extraire le pli suspect. L'enveloppe ne trahit pas le nom de son expéditeur et mon adresse est rédigée à la main. Une écriture raide qui semble volontairement transformée. En déchirant l'enveloppe, je reconnais la mise en page, les interlignes et les caractères – du Times New Roman 12 – du manuscrit de Brandt. Malgré ses réticences, Brandt m'aurait-il envoyé lui-même tout le chapitre 10 ? Je ressens une appréhension. J'ai la prémonition que cette lecture va m'attirer des ennuis. Je cède à la curiosité et fais l'impasse sur mon petit-déjeuner pour en découvrir le contenu.

10

Rafaela

Comme tous les matins, vers dix heures – pas plus tôt, car il y avait parfois des filles qui prolongeaient leur turbin jusqu'à neuf heures –, je m'apprêtais à introduire la clef dans la serrure de la porte d'entrée du Medusa. Je m'étonne d'abord, puis m'agace : même en insistant avec force, la clef refuse de pénétrer dans le cylindre. Il est obstrué. De la colle ? Une aiguille ? Un chewing-gum ? J'abandonne en poussant un juron : « Hija de puta ! »

Un bref instant, j'ai eu envie de tout envoyer balader et de quitter définitivement ce travail de merde.

… Marre de ramasser les morceaux de verre des flûtes brisées, les mégots de clopes, les capotes gluantes de foutre et parfois des seringues. Marre de passer l'aspirateur sur une moquette trempée du champagne versé par terre par les filles pendant que leurs porcs de clients vont pisser leur trop-plein d'alcool. Marre de récurer des toilettes dégueulasses où les bites de ces hébétés insatisfaits n'arrivent même plus à viser le milieu de la lunette tant ils sont bourrés. Marre de la puanteur de ces lieux où se mêlent tabac froid, vinasse aigre, sperme, transpiration et parfum bon marché. Rien qu'à y penser, j'ai la nausée à en gerber. Marre de faire le ménage dans ce putain de boxon. J'abandonne, je me casse ! Ni les filles ni la tenancière n'ont le moindre respect. Suffit de voir le foutoir qu'elles me laissent en sortant d'ici au petit matin. Oui, je laisse tomber et je me casse. Tout cela pour gagner des clopinettes aussitôt dépensées pour vivre comme un

paria. On est le 15 et j'ai déjà plus un rond, pendant que les entraîneuses s'achètent des Louboutin, des foulards Hermès, des sacs Vuitton et des bijoux de Cartier. Marre…

Plantée sous la pluie, devant la serrure bloquée, je ressasse mes déconvenues. Voilà l'Eldorado européen que m'a promis un bellâtre de Bogota qui n'était qu'un siccario *au service de trafiquants ! Un marchand de chair fraîche. Un petit maquereau. Pas un jour, pas une nuit, pas une heure, ni une minute où je n'ai regretté ma naïveté. Deux ans déjà ! Je siphonnais un verre avec Gloria, ma cousine, dans un café du Chapinero lorsqu'un type était venu se poser à la table d'à côté. Un sosie de Falcao Garcia, l'empereur du foot colombien. L'Adonis avait géré son approche en nous payant à boire. Quand il entama la conversation, je détournai la tête, mais cette sotte de Gloria n'avait pu résister au bonimenteur. Dans bonimenteur, il y a menteur. Sale menteur. L'idiote l'ignorait. Le phraseur était éloquent et jouait de son charme. Gloria était éblouie. La dinde ! « Une fille aussi jolie que vous ne reste pas moisir ici à crever la dalle. » Il observait avec cynisme le regard illuminé de la simplette. Le poisson était ferré. Il n'avait plus qu'à rembobiner la ligne. « Une star comme toi trouve sans peine du travail en Europe. Mannequin, danseuse, actrice peut-être ? Elle peut gagner des cents et des mille à ne rien faire, rien que se montrer, car là-bas ils adorent les jolies* latinas *comme toi, ma poule… » Elle allait gagner plein d'argent en montrant son minois et son anatomie si bien roulée. « Tu devras peut-être un peu te trémousser sur une piste de danse, mais je suis certain qu'une fille comme toi le fera très bien », avait ajouté le joli cœur au regard troublant. Trois mois plus tard, un nain, un nabot, un minuscule, un rétréci, un vrai, comme on en voit dans les cirques et les foires, vint nous accueillir à l'aéroport de Bruxelles. Gloria n'était pas seule, parce que ses parents avaient exigé que je l'accompagne, moi, Rafaela, la cousine sérieuse et bienveillante. Mauvais plan s'il en était. Gloria avait été recrutée comme danseuse, moi comme rien du tout, car j'étais moche, petite, grosse et la face constellée d'acné. « Impossible de se faire un rond avec un thon dans son genre », m'avaient-ils asséné en me voyant arriver. Pour finir, j'avais bien dû accepter de nettoyer leur porcherie pour cinq cents euros par mois. Aussi naïve que ma cousine Gloria. Ou plutôt complètement idiote.*

Cette saleté de clef ne veut toujours pas entrer dans la serrure !

Je lève les yeux au ciel. Il est en deuil, bas et gris. J'ai envie de pleurer. Je n'ai plus de quoi me payer un billet retour pour Bogota. Je ne peux même pas vendre mes fesses comme Gloria : je suis trop moche, jamais un type ne me regarde sauf pour se foutre de ma gueule. Ma cousine ne me prêtera jamais un rond pour me tirer d'ici : elle a la frousse de rester seule en Belgique. Je pourrais lui piquer la somme nécessaire dans la boîte à biscuits où elle planque son argent. C'est la solution ! Je vais me tirer, c'est décidé.

Je soulève le couvercle d'une poubelle qui traîne sur le trottoir pour y jeter la clef. Un rat de la taille d'un chaton en surgit en couinant. Je pousse un cri et laisse tomber le couvercle qui rebondit sur les pavés dans un vacarme de final de symphonie. Un clochard qui glane son petit-déjeuner dans les ordures sursaute, puis il éclate de rire en me voyant m'enfuir tandis que le rat s'engouffre dans un soupirail.

« Encore une immigrée ! Qu'elle rentre chez elle, et en courant ! » Je m'arrête net et reprends mes esprits… Piégée, je suis piégée comme ce rat. Je dois rester ici et trouver un autre boulot. Je ne peux pas abandonner Gloria…

En m'engageant, le propriétaire de la boîte, un gros porc que l'on surnomme le vicomte, m'a précisé : « Au moindre incident ou en cas de problème, vous appelez Jérôme sans tarder. Voici son numéro de portable. » Jérôme, c'était le nain à tout faire, le domestique qui courait entre les jambes du gros, le minus qui était venu nous chercher à l'avion. Je regarde ma montre, puis fais le numéro sur le clavier du vieux Nokia pourri que l'on m'a prêté. Dix sonneries. Il finit par décrocher : « Allô », répond-il d'une voix d'outre-tombe. Zut, je l'ai réveillé, je m'effraye. Je crains sa réaction.

– Monsieur Jérôme, il y a un problème au Medusa.

– Un problème au Medusa ? répète-t-il, incrédule.

Un long silence me fait comprendre qu'il ne m'a pas reconnue.

– Oui, c'est Rafaelita. Le nain m'appelle ainsi. Je déteste sa condescendance. La serrure du Medusa est bloquée et je ne peux pas entrer pour faire le ménage.

Quelques minutes plus tard, monsieur Jérôme est sur place. D'une humeur de dogue, la mâchoire serrée, il m'a à peine saluée d'un coup de menton rageur. Il inspecte la serrure d'un air perplexe, puis conclut : « C'est de la colle. Un client qui râlait, sans doute. Toujours la même chose en fin de soirée. Ces crétins se laissent aguicher par une paire de fesses et de nibards, commandent trois bouteilles de champagne à la queue leu leu – c'est le cas de le dire ! – puis piquent une crise quand ils reçoivent la douloureuse. Au mieux, ils ont obtenu une petite branlette, s'ils arrivent encore à bander dans un tel état. Alors, les vengeances minables sont légion. »

Je n'aime pas qu'il parle ainsi sans respect des collègues de ma cousine. Ce sont peut-être des filles de joie, mais quand même… c'est leur travail.

– Je vais appeler un serrurier. Il sort un portable de sa poche.

– Patiente un peu, on viendra t'ouvrir.

– Et je fais quoi, après mon travail ?

– L'ouvrier changera le cylindre et te filera les clefs, tu m'en donneras une ce soir, à l'ouverture, dit-il en tournant les talons.

Je regarde le nain s'éloigner avec soulagement. Au contraire des filles du bar, sans trop savoir pourquoi, je n'aime pas ce type, son air de faux jeton, peut-être.

Après avoir lubrifié la serrure, l'homme de métier actionne deux ou trois fois la clef. Cela fonctionne parfaitement.

– Voilà, fait-il, c'est fait. Je vous laisse le trousseau ?

Dans un geste théâtral, l'ouvrier soulève sa casquette comme s'il saluait une grande dame avec insolence :

– Au revoir, Madame et bonne journée ! Je pense : Connard *!*

Je hausse les épaules et pénètre dans la maison : une habitation bourgeoise transformée en bar à filles avec les restes d'un passé plus fastueux. Un large escalier de marbre avec deux rampes de cuivre poli mène à l'entresol. Sur le palier, à droite, s'ouvre le bar et, à gauche, se découpe le guichet du vestiaire et une petite loge où pend à un crochet une casquette galonnée. Le plafonnier est allumé. Je m'en étonne. Je pousse la porte où une autre surprise m'attend : la sono diffuse en sourdine un air de Rhythm and blues *et la piste de* lap dance *scintille des rayons multicolores de la boule à facettes disco. J'imagine qu'une des filles prolonge son service avec un client généreux, car les tentures d'un des* privés *sont fermées. Je demande prudemment : « Y a quelqu'un ? » Pas de réponse, la salle et ses annexes semblent vides. J'ai un pressentiment. Ça pue les ennuis.*

Rien n'est normal ce matin : la serrure bloquée, le judas ouvert, la lumière allumée et la musique, cela fait beaucoup. Je pense rappeler le nain, mais chasse l'idée. Pas seule avec lui, ici ! Je me méfie de ses petites mains baladeuses qui ne demandent qu'à me peloter. Ses propositions graveleuses me gênent. Gloria m'a bien prévenue de faire gaffe.

Je passe derrière le comptoir et coupe la sono. Aux spots criards de la fête succède la lumière blanche et glaciale des néons d'un plafonnier de commissariat. Plus aucun détail sordide n'échappe au regard, ni les verres à moitié pleins qui encombrent le bar ni les cendriers qui débordent de mégots. Les nombreux culs de bouteille dans les seaux à champagne témoignent d'une soirée animée. Étonnant, car les affaires ne marchent plus trop bien ces derniers temps.

L'inquiétude me tenaille. Je prolonge mon exploration de la boîte de nuit, lâche un petit « Hé! » discret qui reste sans réponse, puis me dirige vers les privés *: des alcôves tendues de velours grenat.*

Là, d'un geste, je fais glisser l'épais rideau sur sa tringle sans trop faire attention. Mon regard se fige sur le tableau que je découvre. J'essaie de crier, mais demeure sans voix.

Une masse sanguinolente tassée dans un canapé, restes de ce qui a été un corps… il y a comme une pastèque rougeâtre percée d'orifices indistincts qui figure ce qui a dû être une tête. Mais le visage est méconnaissable. Cette tête s'est effondrée sur un bloc ensanglanté qui fait penser à un tronc dont les branches mutilées ont été tailladées comme des bois mal équarris. On aurait dit une bête dépecée sur un pré, comme on en voit parfois chez nous dans les campagnes quand les voleurs de chevaux sont surpris en pleine action. Sous cet amas d'os et de chairs, des viscères s'étaient répandus sur l'étoffe du canapé. L'ensemble dégage une odeur insupportable. À première vue, il est impossible d'identifier ne fût-ce que le sexe du cadavre.

Sous le choc, je reste figée quelques instants, puis, comme prise d'un mouvement de réflexe, je me détourne brusquement de cette monstruosité. Pourtant, à Bogota, j'en avais vu des cadavres mutilés qui jalonnaient les guerres entre trafiquants, mais une horreur pareille, jamais…

S'il ne s'était pas agi d'un corps humain, j'aurais plutôt pensé à des restes d'une salle de découpe d'un abattoir. Je ne peux réprimer le puissant spasme qui me tord le ventre et je vomis sur la moquette.

11

En lisant les lignes inspirées par Rafaela, j'ai de la peine à réprimer un haut-le-cœur. La description de ce cadavre est vraiment dégueulasse. Je reste quelques instants, figé sur ma chaise, les pages étalées sur ma table de cuisine. Mon regard erre sur les murs à la recherche de repères apaisants pour me distraire de cet épisode sordide. Je connais ces endroits glauques – peut-être même celui-là – pour les avoir fréquentés de temps à autre et je peux en valider l'évocation, mais la découverte brutale de cette scène sanglante m'a secoué. Elle me rappelle une phrase de Sade : « Ce n'est pas assez de tuer, il faut tuer d'une manière horrible ; et, presque toujours, sans qu'on s'en doute, le sentiment de lubricité dirige ces matières. »

Apparemment, la scène a dû se passer dans le bar dont la description figure – sans doute par erreur – dans le manuscrit de Brandt au chapitre intitulé Cloé.

Outre l'étonnement que suscite ce récit, je ressens une gêne qui tient à sa forme : il sonne faux. L'histoire est crédible, mais le style de la narration ne correspond en rien au langage qu'aurait pu utiliser une immigrée colombienne égarée dans cette boîte.

Logiquement, Rafaela n'aurait pu aligner que quelques rares mots de français et émettre quelques onomatopées. Le texte avait sans doute été écrit par Brandt avec une complaisance qui mettait mal à l'aise. Il s'apparente au style de Cloé qui décrivait le bar.

Je regrette presque d'avoir insisté pour obtenir ces pages manquantes. Le chapitre 10 ne s'arrête pas là puisque, d'après la numérotation, on en a escamoté plus que cela. Qu'a voulu signifier Brandt – si c'est lui – en se limitant à m'envoyer les récits de Cloé et Rafaela ? Je suis convaincu qu'il tente de me manipuler en m'aguichant de la sorte.

C'est la scène d'un crime qui fait démarrer un polar dont je ne pourrai connaître la suite qu'en la mendiant à Brandt. Or, il va mourir sous peu. Cette complaisance dans la froide description de l'horreur ressemble bien au cynisme de Brandt. Même à la veille du grand saut, le manipulateur est resté égal à lui-même.

La lecture de ces quelques pages aboutit à un flot de questions. Il a attisé mon intérêt en me parlant de Grabowski. Pas un mot sur celui-ci. À moins que « le vieil obèse que l'on surnomme le vicomte » ne soit son portrait.

Seule une curiosité malsaine sur les rôles respectifs de Grabowski et de Brandt dans cette histoire m'empêche de clore ce chapitre et de me débarrasser de ces feuillets dans la corbeille à papier.

Je n'y résiste pas. Il me faut la suite. J'oublie mes réticences et téléphone à Brandt. Après quelques sonneries dans le vide, je raccroche. Je regarde ma montre : il est soit trop tôt soit trop tard pour appeler un mourant.

Je reste longtemps penché sur ces pages à me perdre en conjectures. Devant l'ébauche de mon propre roman, je suis en panne. Une panne totale. Je n'arrive pas à aligner deux lignes qui tiennent la route. Dans mon parcours d'écrivain, j'ai souvent connu ces moments où la mécanique est bloquée, mais, cette fois-ci, le blocage est absolu.

Je me lève et j'arpente mon appartement. Comme un élève dissipé, j'abandonne mon ouvrage. Je meuble mes atermoiements de manœuvres de contournement : me verser un café, griller une cigarette, affuter mes crayons qui n'en ont nul besoin, nettoyer mes lunettes déjà propres, me limer les ongles jusqu'au coude, allumer la radio puis la faire taire, lire les e-mails sur mon ordinateur, puis les messages sur mon portable, jeter un coup d'œil oblique sur les titres du journal, éplucher plus qu'il ne le faut le dictionnaire sur un mot qui me vient à l'esprit.

Je n'avance pas d'un pouce. Tous ces petits stratagèmes ne servent qu'à m'éviter de répondre à la question dangereuse : pourquoi cette obstination d'écriture ? Pourquoi ai-je cette tendance à m'enfermer dans un blocage systématique ?

D'expérience, j'ai appris que dans cette situation, il faut rester devant mon cahier, le stylo en main, et attendre que surgisse l'étincelle pour allumer le feu. Laisser venir les idées, prendre des notes, peaufiner des portraits, réviser mon plan et, surtout, ne pas me crisper sur la tâche.

Chaque fois que je reviens à mon ouvrage, les pages de Brandt réapparaissent en filigrane et les images violentes du Medusa me prennent la tête. J'ai passé deux heures stériles à ma table de travail. Pas une lettre, pas un mot, pas une phrase, pas une ligne ne sont sortis de ma plume.

Pour me distraire, je décide de rappeler Brandt et décroche le téléphone. Par miracle, une voix féminine me répond sur un ton cassant.

– Maître Brandt n'est pas chez lui.

– Est-il possible de le joindre ?

Quelques points de suspension plus tard, la voix désagréable me répond.

– Je n'en sais absolument rien.

– Je suis l'un de ses amis, n'aurait-il pas un numéro de portable ?

– Maître Brandt n'a pas de téléphone portable, monsieur. De toute manière…

Je perçois un ton désabusé, craignant le pire, je répète.

– De toute manière ?

– Maître Brandt est entré en clinique hier et je ne crois pas qu'il en sortira de sitôt.

Je m'en doutais. J'imagine Brandt dans le coma, gisant dans une salle de soins intensifs, relié à la vie par un faisceau de tuyaux intrusifs. Autour de lui, des machines émettant en écho des bips aigrelets, des écrans dessinant des courbes irrégulières et des infirmiers masqués, en tablier vert pâle, l'air préoccupé. Peu de chances de le revoir vivant, me dis-je.

– Je vous remercie.

Je raccroche. Cela confirme mes appréhensions, Brandt a un pied dans la tombe et je ne peux plus que joindre les mains et prier pour le repos de son âme. Je ressens un certain soulagement à l'idée de quitter la piste de cette histoire sordide et de retrouver mon roman, pour le moment impossible à écrire.

Mais il n'y a que dans la littérature que les choses se passent comme l'on veut. Dans la vie ce n'est pas ainsi que ça marche. Vraiment pas.

12

Je suis allé dîner seul dans le haut de la ville. J'ai arrosé mon repas d'une bouteille de vin et je suis sorti saoul du restaurant. Après un dernier verre offert par le patron, je n'ai pas eu envie de me coucher. En cherchant les clefs de ma voiture, je retrouve dans ma poche la carte publicitaire du bar de nuit que la fille avait glissée sous mon journal à l'Archiduc. Je décide donc – pour peu que l'on décide encore quelque chose dans cet état – de peaufiner ma cuite rue de Livourne où pullulent les boîtes à entraîneuses : le Funny Horse, l'Interdit, le Péplum et j'en passe. Des endroits un peu glauques dont on sort plus déprimé qu'en y entrant. Et surtout plus pauvre.

Je trouve le bar.

Je connais par cœur le rituel de ces maisons malfamées. Mon impécuniosité aurait dû m'empêcher d'y mettre les pieds. Le pigeon de client s'y fait émoustiller par des dames en très petite tenue qui leur dispensent, moyennant finance, privautés et attouchements salaces. Cela coûte cher pour d'infimes résultats génitaux. Une arnaque caractérisée, basée sur l'imbécillité de soulards confrontés aux manœuvres aguichantes de femelles rouées et âpres au gain. Il faut être dans un état second pour se prêter à cette mascarade. Pourtant, sans être dupe, pour meubler ma solitude, je vais parfois jeter un coup d'œil distrait sur des spectacles de strip-tease consternants de vulgarité, peut-être pour y combler des manques affectifs. La sensualité factice de ces filles ravive une frustration profonde. Une conversation avec une de ces femmes suffit à enflammer mes fantasmes. À la dérive, je cherche de la tendresse dans ces lieux sordides.

En gravissant les marches qui mènent au bar, j'ai l'impression diffuse de connaître l'endroit, d'avoir déjà vu cet escalier avec ses rampes de cuivre poli, la porte à droite du palier qui s'ouvre sur le bar et, à gauche, le guichet du vestiaire et sa petite loge. L'effet de l'alcool sans doute. En l'absence du portier dont la casquette galonnée est accrochée dans le fond – encore un détail précis qui m'évoque quelque chose –, il faut sonner pour entrer.

Quand j'y pénètre, l'impression persiste : la piste de *lap dance* qui vibrionne des feux d'une boule à facettes en mouvement, la sono qui diffuse du *Rhythm and blues* à tue-tête, les filles lasses qui tapissent les canapés ne me sont pas inconnues. Je suis pourtant certain de n'avoir jamais fréquenté cet endroit.

À peine ai-je fait trois pas dans la pièce que, comme un essaim de mouches sur un morceau de viande au soleil, les danseuses se ruent sur moi en agitant leurs seins et leurs arrière-trains de façon suggestive. Elles m'interpellent lourdement. « Tu viens chéri ? Tu m'offres un piccolo, bébé ? Comment tu t'appelles, mon trésor ? Tu es d'ici ? T'es beau gosse, tu sais… » Ritournelles bien rodées. Attrape-nigauds. Piège à cons.

Il est tôt et je suis le seul client dans la boîte. Les filles veulent à tout prix accrocher un chaland. La politesse m'empêche de les rembarrer avec brusquerie pour les faire déguerpir. Je finis par y arriver. Ma passivité y suffit. De guerre lasse, elles lèvent le siège en grimaçant, sifflant des injures à voix basse : « Connard ! Radin ! Pauvre mec ! Voyeur ! »

Je m'installe au bar et commande une vodka tonic en attendant que le spectacle de *pole dance* commence. Noyé dans mes pensées, concentré sur la glace qui fond dans mon verre, je songe au roman qui patiente sur mon bureau. Je me sens coupable.

En tournant la tête vers le fond de la pièce où les tentures des salons privés de la *back room* sont encore ouvertes, je la vois. Elle se tient droite, perchée sur un tabouret au coin du comptoir, le regard orienté vers la piste de danse. Par un effet d'optique, sa robe noire moulante se détache à peine dans l'obscurité. Éclairé par les bougies qui balisent le bar, on distingue la moitié d'un visage d'une grande beauté. Son profil vibrionne au rythme vacillant de la lumière. Son maintien hiératique dégage une dignité aux antipodes de la vulgarité des autres filles. Son élégance naturelle détonne et sa grâce ne laisse aucun espace à ses collègues.

Comment ne l'ai-je pas repérée en entrant ? Je suis certain qu'elle ne faisait pas partie de l'essaim qui s'est rué sur moi. Elle n'a pas besoin de gesticulations suggestives pour attirer les regards. Dissimulée dans l'ombre, elle avait échappé au mien. Comme un souvenir qui vous revient de loin, je n'ai plus aucun doute : je connais ce visage. La sensation de déjà vu qui m'a surpris en entrant dans la pièce se confirme. Impassible, elle tourne la tête vers moi et nos yeux se croisent. Pas un seul de ses traits ne bouge, puis elle affiche un sourire teinté d'ironie et se détourne. Dans ce genre de maisons, je n'hésite pas à aborder franchement une fille qui me plaît, pourtant, une appréhension s'est emparée de moi. Où donc l'ai-je rencontrée ? Est-ce une belle-de-jour croisée ailleurs ? D'où vient ce regard étrange et déroutant ? Je pense : fatale, danger, perdition en vue. Chamboulement de tous mes sens.

Petit à petit, la salle se remplit.

Je ne me suis pas aperçu que la fille s'était rapprochée de moi. Pas comme les autres qui se sont accrochées à moi sans retenue, mais en glissant discrètement sur le sol comme une chatte qui vous frôle et s'enfuit aussitôt qu'on tend la main vers elle. Au moment où je me résous à l'aborder retentit la voix éraillée de la tenancière.

– Séréna en piste, ton numéro !

Elle dit cela comme on donne un ordre à un cheval de cirque. Entre ses dents, Séréna – c'est sûrement un pseudonyme – susurre :

– *Votre* numéro.

La tenancière précise :

– Et n'oublie pas la glace.

Séréna passe le bras de l'autre côté du bar et plonge la main dans un seau à champagne dont elle sort un glaçon. Elle descend son corsage et tripote ses tétons. À mon adresse :

– C'est le règlement, soupire-t-elle d'un air navré, je dois vous quitter quelques instants.

J'ai l'intuition d'une manigance que la maquerelle me joue : veut-elle m'en écarter ?

Très lentement, trop lentement, avec une mauvaise volonté évidente, Séréna s'avance vers le podium en se déhanchant lascivement comme un mannequin qui défile. En passant devant moi, elle me fait une œillade appuyée sans se départir de son air énigmatique.

La sono s'est mise au diapason des goûts des gens de mon âge. *Strangers in the night* de Frank Sinatra : un slow langoureux des sixties, résurgence des émois de mes quinze ans. Quand elle pénètre dans le halo de la scène, les regards des filles se sont tournés vers elle. Elles interrompent leur caquetage. La tenancière la fixe aussi avec attention.

À ce moment-là, je remarque qu'un homme est entré dans le bar. Il observe la piste de danse. Je le reconnais et tout s'éclaire. L'étrange séquence de l'Archiduc réapparait. La fille au patronyme aristocratique qui s'était présentée à moi sans raison, le bellâtre qui l'accompagnait. C'est eux. Nul doute. Élise de Marcossay s'appelle ici Séréna.

Je n'arrive pas à en détacher mes yeux. Elle me le rend bien. Elle monte avec grâce sur le podium.

Strangers in the night exchanging glances wondering in the night what were the chances we'd be sharing love before the night was through...

Ce jeu de regards croisés me fait penser à une phrase de Wolinski : « Quand une femme écarte les jambes, ce sont ses yeux que je regarde. »

Séréna ne me lâche pas, mais son visage n'est qu'un masque inexpressif. Dans un ondoiement lascif, elle sort les épaules de sa robe qu'elle laisse glisser le long de son corps, puis, de la pointe de ses *stilettos*, elle l'écarte dans ma direction. J'observe que le bas de son dos est marqué d'un tatouage qui représente un rapace.

D'un geste souple, elle dégrafe son soutien-gorge sans avoir l'air de se tordre le bras. La chorégraphie est au point. Elle continue de danser au rythme de la chanson de Sinatra. On pourrait imaginer que ses seins ont été refaits tant leur plastique est parfaite. Ses tétons se sont dressés sous l'effet du glaçon. Un ventre plat, des jambes au galbe joliment dessiné achèvent le portrait. J'ai vu assez de numéros de ce genre pour ne plus m'en émouvoir, mais il y a une telle justesse dans cette prestation que j'en reste pantois. Elle déploie ses charmes avec un détachement difficile à décrire. Comme si elle flottait à dix centimètres du sol, avec parfois un regard absent, sous influence. Elle est là sans être présente. Rien à comparer avec les exercices de commande – de vulgaires contorsions pornographiques – auxquels se livrent ses collègues avec leurs gestes las et affectés, banals et surjoués. Séréna s'amuse de l'effet de son charme.

De temps à autre, elle sort d'elle-même et envoie un clin d'œil à l'homme qui vient d'entrer dans le bar, elle a l'air de l'interroger sur sa prestation. D'un mouvement de tête, le don Juan de l'Archiduc acquiesce et l'encourage. Le visage de Séréna se détend alors, comme apaisé.

Mon verre à la main, je me suis instinctivement rapproché de la piste de danse. Au moment où elle passe son index dans l'élastique de son string pour s'en défaire, elle me lance une œillade qui aurait fait l'effet d'une déclaration d'amour à un adolescent. Je rappelle mes fantasmes à l'ordre. Séréna exécute sa démarche commerciale avec brio. De la séduction de carton-pâte. Tout cela aurait pu me sembler banal s'il n'y avait eu la mystérieuse rencontre de l'Archiduc.

Il y a souvent dans la vie des coïncidences qu'un romancier n'oserait inventer, mais, à y bien réfléchir, l'enchaînement des faits peut facilement s'expliquer. L'homme qui est entré dans le bar n'est probablement qu'un racoleur au service du propriétaire de la boîte et la scène de l'Archiduc, un exercice imposé à la fille pour tester son culot. En échange, il lui fournit la drogue dont elle semble dépendante. Elle est incontestablement sous l'effet de quelque substance.

Je crois comprendre ce qui se passe. J'ai été choisi par le Casanova de banlieue à l'Archiduc parce que j'y étais seul à ma table et la situation se répétait ici. Pur hasard. La fille m'a reconnu. Ce qui explique son sourire entendu. Tout rentrerait dans l'ordre à la fin de son numéro. Elle enfilera son string et, en échange d'une caresse ou d'un baiser factice, quémandera un billet pour l'accrocher à ses dessous ou le glisser entre ses seins, comme d'habitude dans ce genre d'endroit. C'était le rituel. Une autre fille – moins douée –, puis une autre et encore une autre, monteront sur scène et le spectacle se prolongera jusqu'au petit matin. J'ai la possibilité de lui offrir un verre ou une bouteille d'un champagne de pacotille que nous irons boire cachés derrière les rideaux de velours amarante d'un des *privés*. Si Séréna avait été banale et sans intérêt, je ne m'y serais pas risqué, sachant que cela se terminait toujours par une addition pharaonique, une gueule de bois et une infime et hâtive satisfaction. Je connais trop ces épilogues déprimants pour y céder.

Si ma mémoire avait pu résoudre sans peine l'énigme de la rencontre de ce couple improbable, un mystère subsistait : l'impression diffuse que cet endroit ne m'était pas inconnu me poursuivait.

Je veux en avoir le cœur net et décide de rester. Je reviens au bar et commande une autre vodka tonic. Séréna se rapproche de moi en se déhanchant. Elle oscille comme si elle avait trop bu. Elle m'effleure et me demande d'une voix lascive :

– Ai-je mérité un petit cadeau ?

J'ai déjà la main à la poche pour sortir un billet et le glisser dans l'élastique de son string.

– Évidemment, lui dis-je, en m'exécutant de bonne grâce. Elle vacille un peu. J'ai l'impression qu'elle va me tomber dans les bras. Dans la pénombre, je ne vois plus que le blanc de ses yeux révulsés. Elle pose un baiser du poids d'une plume sur ma joue sans s'y attarder.

Le petit mac de l'autre côté du bar a l'air de s'inquiéter de la tournure des événements. Il m'agace. Je lui mettrais volontiers mon poing dans la figure. Cela m'arrive parfois quand j'ai trop bu. Élise devine mes pensées belliqueuses :

– Si vous souhaitez être seul avec moi, je pourrais danser en privé pour vous, il suffit de commander une bouteille.

Je ne suis pas dupe. Sa proposition n'a rien de personnel : c'est le modèle économique de l'entreprise. Si je cède, je n'en resterai pas là et je passerai la nuit avec elle. Mon boulier compteur s'agite à la recherche d'un chiffre positif : les avances de mon éditeur pour le roman que je n'ai qu'esquissé comptent pour zéro, les droits de mon dernier livre sont déjà avalés par mes dépenses fixes et valent un zéro de plus. Si quelques piges me sont dues, cela fait à peine le prix de deux bouteilles de champagne. Seule issue : je n'ai pas encore entamé le crédit de ma Visa, elle ne sera pas refusée.

D'une voix sucrée, Élise insiste :

– Je ne vous plais donc pas ?

Le connard dans le fond du bar n'a vraiment pas besoin de l'encourager.

– Bien au contraire, dis-je un peu benoîtement, mais…

– Mais ?

– Cela pourrait nous entraîner tard. Je dois travailler demain.

– Pourquoi êtes-vous venu alors ?

– Boire un verre, me distraire.

– Vous me cherchiez ?

Elle m'a reconnu. Je suis pris de court.

– Pas vraiment, c'est le hasard. Qui fait bien les choses, esquivé-je, en souriant.

– Le hasard n'existe pas.

Elle dit cela sur un ton péremptoire. Elle ne me croit pas. Elle ajoute avec un air mystérieux :

– Était-ce voulu ? Au Medusa, rien n'arrive sans raison. Ici tout le monde sait tout et voit tout, mais personne ne dit rien. Cela vaut mieux pour chacun. Et si vous posez une question sur ce qui a pu se passer dans cette maison, on ne vous répondra jamais. Si par hasard vous découvrez la vérité, on la niera mordicus, les yeux dans les yeux, sans ciller. Il faut être prudent dans cette atmosphère empoisonnée. Si vous voulez survivre dans ces eaux troubles, il s'agira d'être vigilant.

Sa phrase résonne comme une mise en garde. Je la prends comme telle. Je trouve l'ambiance des lieux malsaine ; j'aurais pu m'en aller, mais la tournure des événements me pousse à rester. J'aime me repaître de ces atmosphères venimeuses, de ces nuits où les êtres se révèlent dans ce qu'ils ont de plus sordide. Vénalité, alcool, stupre et violence. Cela ressemble au décor des romans que j'écris. Mais ici, c'est la vie, la vraie vie, pas de la littérature.

Outre son indéniable beauté, cette fille m'intéresse. Elle est plus captivante que celles qu'on rencontre dans ces bars. Que signifient ses manœuvres et ses propos énigmatiques ? Je cède et lui commande un *piccolo*. Elle insiste :

– Ne croyez-vous pas que nous serions plus à l'aise seuls dans un *privé* avec une bouteille ?

J'ai toujours été pusillanime dans ces circonstances. Je suis tiraillé entre mon désir de mieux connaître cette fille et la crainte d'être embarqué contre mon gré dans une aventure improbable. J'ai l'intuition d'une séquence menaçante à venir. Je n'ignore pas le règlement frustrant de la boîte : elle peut me toucher, moi pas. C'est ruineux et peu satisfaisant. Je tiens bon : nous resterons devant le bar.

Je crois encore que cette rencontre n'est que le fruit du hasard. Elle est persuadée que je ne suis pas là sans dessein. Sa mise en garde en accrédite l'hypothèse. Je suis entré dans cette boîte avec le seul projet de me distraire d'une fin de soirée cafardeuse. Pourtant, j'ai l'intuition d'être entraîné malgré moi dans un piège. Dans le fond de mon cerveau, une petite voix insistante me crie de déguerpir le plus vite possible. J'y résiste par attirance pour Séréna.

Elle s'est installée au bar sur le tabouret voisin du mien. Sa jambe dénudée, qui apparait sous la fente de sa robe, est collée contre la mienne. Je hume son parfum qui me rappelle des souvenirs imprécis. On est loin des parfums lourds de musc qui se répandent dans la salle. Je commande un piccolo et une vodka tonic. La troisième de la soirée. Comme toujours, incorrigible, je faiblis.

– Parlons d'abord un peu, nous verrons ensuite si l'on prolonge.

Séréna arbore une moue de déception, puis acquiesce d'un mouvement de tête. Par intermittence, son corps tremble comme si une fièvre mystérieuse s'emparait d'elle, puis elle se calme. L'effet d'un stupéfiant ?

– Vous n'étiez donc pas à ma recherche ?

– Non, je vous le répète : je suis ici par hasard. Encore que… Si j'avais su que vous travailliez ici, je serais probablement venu.

Elle m'adresse un sourire qui me liquéfie.

– Voilà qui est fait !

– J'aimerais comprendre…

– Il n'y a pas grand-chose à comprendre, mais je suis prête à répondre à vos questions, toutes vos questions.

Elle appuie ostensiblement sa jambe contre la mienne et pose sa main sur ma cuisse. Les verres d'alcool que j'ai ingurgités m'ont plongé dans une ivresse molle, proche de la torpeur. Je pourrais m'endormir si je n'étais pas tant attiré par elle. Ma méfiance s'estompe. Les barrières tombent. Son regard se révulse une fois de plus. L'effet de la coke, j'en suis maintenant sûr. Elle paraît absente pendant quelques instants, comme privée d'elle-même, livrée à un démon intérieur, puis elle se redresse brusquement comme quelqu'un qui sort d'un cauchemar.

– Oui, vos questions ? fait-elle en émergeant.

Sa main reste posée sur ma cuisse. Elle exprime de la douceur dans ce geste, presque de la tendresse. Cela n'a rien à voir avec les attouchements provocants de ses collègues. Je perçois la chaleur de son corps, comme l'effet d'un magnétisme.

La boîte se remplit. Des ivrognes qui vacillent, des hommes d'affaires en costume cravate qui viennent s'encanailler pour fêter de juteux contrats, des gars à la mine patibulaire et au crâne rasé qui parlent des sabirs des pays de l'Est, quelques jeunes dealers qui dépensent sans compter le fruit de leurs magouilles mimant des postures de durs à cuire, d'autres malfrats qui brassent des combines troubles avec des poulets faisandés et aussi quelques égarés comme moi qui traînent leur mal-être et détonnent comme des pères nobles dans une partouze.

Dans le fond de la salle, le bellâtre à la dégaine hispanique change de place de temps à autre pour ne pas perdre sa protégée de vue. L'ambiance s'est réchauffée. La sono hurle et couvre le brouhaha des voix et des rires des entraîneuses excitées par la perspective de gains substantiels. Des couples improbables se sont formés et dansent lascivement en traçant des gestes obscènes. Une des filles de l'Est se dénude sur le podium sous les ricanements des dealers qui la traitent de pute. Des mains se baladent allègrement sous les jupes et dans les corsages offerts à la promenade sur les chemins de l'amour vénal. Un des *privés* est déjà occupé.

Séréna observe l'assemblée qui l'entoure avec un détachement éthéré. Elle toise le public d'un air méprisant. La petite frappe la surveille toujours.

– Vos questions ? fait-elle en insistant.

– Pourquoi êtes-vous venue à ma table l'autre jour à l'Archiduc ? Cela m'a surpris…

– Vous m'avez tapé dans l'œil, j'ai commis l'erreur de m'en ouvrir à mon ami. Elle fait un mouvement de tête en direction du gars qui la surveille. Elle reprend.

Et il m'a répondu d'aller vous le dire. Quand je vous ai approché, je n'en ai pas été capable…

Son explication ne tient pas la route.

Le bar est décoré d'une série de vases soliflores garnis de roses. Elle en cueille une et me la tend.

– Gardez-la bien.

– Je suis habitué à offrir des fleurs, pas à en recevoir.

– Il faut parfois changer ses habitudes.

– Je m'y applique, dis-je en fixant la rose à la boutonnière de ma veste.

– Et voilà, il n'y a rien à ajouter. D'autres questions ?

– Pourquoi croyez-vous que je suis venu vous trouver ici ? Pourquoi cette rencontre ne serait-elle pas simplement le fruit du hasard ?

– Comme j'avais constaté un certain… intérêt dans votre attitude, je me suis dit que je vous plaisais et que vous chercheriez à me retrouver. Bruxelles n'est pas grande.

– Vous me plaisez, car vous êtes très différente des filles que l'on voit traîner dans cette boîte, mais jamais je n'aurais pu imaginer…

– Vous aussi. Vous détonnez parmi tous ces porcs qui m'écœurent.

Le ton est juste, la nuance pathétique. Autre chose que ce que l'on entend d'habitude ici. Les filles du cru s'ingénient à manipuler le désir de leurs clients pour arriver à vider leur portefeuille et accessoirement leurs roubignoles sans l'ombre d'un questionnement.

Elle ajoute :

– Il vaudrait mieux que la directrice ignore mon point de vue.

Je suis perplexe. Changer de sujet n'est pas une mauvaise idée pour me donner un peu de répit. Je suis trop saoul pour argumenter. Ma tête pèse une tonne.

– Qui est ce type qui vous suit comme un petit chien ?

Elle se redresse avec brusquerie comme si je l'avais insultée et me répond sèchement.

– Quelqu'un qui me veut du bien.

Je comprends qu'il ne faut pas insister. Pour me faire pardonner, je cède :

– Je commande une bouteille de champagne dans un *privé* ?

Me cacher derrière le rideau de velours de la *back room* pour faire la nique à son escorteur m'amuse. Cette fille est vraiment superbe. Je ne dois pas me forcer.

– Cela me paraît la suite logique de cette conversation un rien… hésitante.

– Cela m'agace de devoir débourser tant d'argent pour parler avec une jolie femme. Fort jolie.

Elle sourit.

– Ici, c'est la règle du jeu.

– Vous ne trichez jamais à ce jeu ?

– Cela m'arrive quand cela vaut la peine. Avez-vous de la mémoire ?

– À cette heure-là et dans mon état, non.

– Essayez, je n'ai pas le droit de vous donner mon numéro de portable, mais je vous le refile quand même.

Je suis tellement étonné qu'elle doit me le répéter trois fois pour que je l'enregistre. Gêné de ma gaucherie, je finis par sortir mon agenda, en arrache une page et note le numéro. Je l'empoche, puis ajoute :

– Le temps que la patronne vienne prendre la commande de notre bouteille au *privé*, je vais vite fumer une clope dehors.

– On se défile ?

– Comment le pourrais-je ?

Je sors de la boîte.

Ma cigarette est un demi-prétexte. Je ressens l'impérieux besoin de quitter l'atmosphère glauque de ce boxon et d'échapper au charme vénéneux de cette fille qui me subjugue. J'ai la sensation d'être une souris figée devant un boa constrictor.

L'air frais de la rue me dégrise un peu. Perplexe, j'arpente le trottoir devant la boîte. En tirant sur ma cigarette à m'en irriter la langue, je me pose mille questions.

D'où me vient cette impression de déjà-vu à l'intérieur de ce bar ? À quoi jouent cette fille et son comparse ? Est-elle sincère ? Cherche-t-elle quelqu'un pour l'aider à sortir de là ? Que signifie son étrange mise en garde ? Pourquoi m'a-t-elle donné son numéro de portable sans que je le lui demande ?

J'allume une autre cigarette quand j'entends la porte qui claque derrière moi. À son tour, le surveillant de Séréna quitte la boîte pour prendre l'air. Il grille aussi une clope. Il vient probablement voir si je suis parti. Sans un mot, il traverse la rue et se poste sur le trottoir d'en face. Il m'observe ostensiblement. Cherche-t-il à me provoquer ? Pour éviter de croiser son regard, je me retourne vers la façade du bar. Y clignotait en grésillant le néon fatigué d'une enseigne.

Ceux qui prétendent que l'alcool détruit les neurones ont raison. Il a fallu du temps pour que je comprenne : le *New Medusa* est évidemment le lieu du crime que décrivait la femme de ménage colombienne. D'un coup, il me revient en mémoire.

Si vous voulez survivre dans ces eaux troubles, il faudra être vigilant…

Je ne l'avais pas été.

Si j'avais été prudent, j'aurais dû m'enfuir à toutes jambes, mais je trouve des raisons de rester : je dois payer mon addition et Séréna m'attend dans le *privé*. Je ne peux me défiler. Je rentre dans la boîte. Intuitivement, je sais que je commets une erreur.

En passant la porte, j'entends la mélodie. Mon cœur se met à battre : je devine ce qui va arriver. Cadencée par un piano, un synthétiseur et une batterie, liée par la résonance cuivrée des instruments à vent et les voix du chœur, la rengaine du blues *You can leave your hat on* de Joe Cocker fait vibrer la salle du New Medusa. Le bar est en fusion, le public envoûté. Je dépasse la colonne qui masque la piste de danse. Mon intuition se vérifie. Tous les regards sont rivés sur la scène où Séréna s'exhibe. Couverte d'un manteau et coiffée d'un panama, perchée sur des talons qui auraient fait perdre l'équilibre à un alpiniste chevronné, elle donne une leçon de séduction à l'assistance éberluée. Ses concurrentes ont baissé pavillon. Un ivrogne, vite rappelé à l'ordre par ses voisins, trouble le spectacle en frappant le bar du plat de la main. Séréna joue le *remake* de la scène culte du striptease de Kim Basinger devant Mickey Rourke dans *9 semaines*

1/2. Elle dépasse le modèle de deux têtes en intensité. Elle le sublime en exécutant son numéro d'effeuilleuse avec un brio désinvolte.

Baby take off your coat
Real slow
Take off your shoes
Baby take off your dress

De ce qui l'habillait ne reste qu'une nuisette et des dessous qu'elle ne tardera plus à jeter à son public subjugué. Un spot indiscret sculpte son anatomie en transparence. Avec une lenteur étudiée, rythmée par les basses, elle lâche sa nuisette du bout des doigts. Elle atterrit dans une forêt de bras tendus. Négligemment, elle dégrafe son soutien-gorge, le maintient contre elle quelques secondes pour entretenir le suspense puis le lance dans ma direction. Au moment où elle aurait dû entièrement se dénuder et, dans un dernier geste, se débarrasser de son string, son regard croise le mien. J'y devine une sorte de connivence. L'espace d'une seconde qui me paraît durer des siècles tellement la tension du public est grande, elle hésite. Elle semble perplexe et troublée. Elle se retourne alors brusquement et quitte la scène sous les lazzis des spectateurs frustrés. Elle passe à côté de moi et me susurre : « Devant vous, je ne pourrais pas… »

La réaction de la tenancière ne se fait pas attendre, elle la hèle d'un ton rogue.

– Séréna, venez ici !

Elle feint de ne pas l'entendre et ne bronche pas. Elle entame son tour de salle pour recueillir les fruits de son exercice. En échange de baisers factices, des mains baladeuses lui glissent des billets dans l'élastique du string. Malgré l'interruption abrupte de sa prestation, il y en a pour une petite fortune. Un jeune goujat lui pelote un sein par surprise en l'interpellant : « Toi t'es une vraie salope, hein ! T'es bonne, hein ! » D'un geste vif, elle s'en écarte, son regard se durcit et elle lui réplique du tac au tac : « Bas les pattes, gamin ! Ce ne sont pas des jouets pour ton âge. » Le marlou hispanique s'approche d'elle pour s'interposer. Les yeux baissés, un jeune homme timide lui susurre, en lui glissant un billet de vingt euros : « Vous me plaisez, mademoiselle. » Il a droit à l'ébauche d'un sourire attendri. Pour le reste, entre : « T'as un beau cul » et « Tes nibards me font bander », une kyrielle de grossièretés n'atteignent pas la déesse. Une fleur sur du fumier.

13

Accoudée au bar, l'objet de mes fantasmes m'attend. Vêtue seulement d'un string et d'une nuisette transparente qui ne cache pas grand-chose de son anatomie, elle plane, comme en extase. Les mâles qu'elle a déchaînés et mis en rut l'ont transfigurée. Séréna est-elle une exhibitionniste qui prend là son plaisir ? Est-ce le mépris qu'elle affiche pour son public qui l'excite ?

Elle s'intéresse à moi. Il y a évidemment l'argent qu'elle est certaine de me soutirer, mais son attitude indique qu'il ne s'agit pas que de cela. Sa pudeur dans les derniers instants du show m'a étonné. Plus encore, ses mises en garde, bien qu'énigmatiques, s'adressent à moi comme si elle tentait de me faire comprendre quelque chose sans vraiment oser me le dire. Il y a quelque chose d'ambivalent dans sa manière d'être : pour le public, elle joue à la perfection son rôle d'entraîneuse distanciée, celui de Séréna ; avec moi, étonnamment, elle est Élise et elle se comporte de manière plus intime et personnelle.

Elle m'interpelle avec brusquerie.

– À nous deux ! fait-elle. Suivez-moi ! Elle me prend par la main et m'entraîne vers le fond du bar. L'œil rivé sur le tatouage du bas de ses reins qui figure un aigle bicéphale, je lui obéis sans broncher.

Le petit salon privé est décoré à neuf. Des tentures de velours rouge, un canapé profond, une table basse et des miroirs omniprésents qui me renvoient des images dédoublées – effet de l'ivresse – de notre couple de circonstances. La pièce est éclairée par des bougies qui dégagent un parfum de patchouli. Tout ce qui m'entoure flotte dangereusement. J'ai presque oublié où je suis. Perdant l'équilibre, je m'affale dans le canapé. La tenancière surgit et, avec un sourire forcé, me tend la carte pour prendre la commande. Il fait trop sombre pour que je puisse en distinguer une ligne. Je la laisse m'énumérer des marques de champagne dans l'ordre décroissant de leurs prix exorbitants. Grand seigneur, je m'entends lui répondre que tout cela n'a pas d'importance et que mon seul but est de passer un moment avec Séréna. Un éclair de lucidité me rappelle que tout cela va me coûter cher, très cher, bien trop cher, mais, trop tard, la tenancière a déjà tourné les talons en décidant elle-même. Un Dom Pérignon millésimé plutôt qu'un Duval-Leroy à la moitié de son prix. Six cents euros ! Cela m'apprendra à avoir une bite à la place du cerveau et à sacrifier à ce rituel stupide destiné à des gogos qui ne suivent que les injonctions comminatoires de leurs gonades.

En me retournant vers Séréna, la peur de manquer s'étiole. Elle se blottit contre moi. Une vague d'affection comme je n'en ai plus connu depuis longtemps m'emporte. Ce sentiment me paraît singulier.

Si je n'avais pas été complètement bourré, je ne serais pas entré dans ce salon privé. Je n'y suis pas tranquille et cela doit se voir, car Séréna me le fait remarquer.

– Qu'avez-vous donc ? Vous semblez soudain si sérieux, vous êtes pâle, êtes-vous inquiet ? Je vous mets mal à l'aise ? me demande-t-elle en me prenant la main. Je ne sais que lui répondre. Je me ressaisis : je ne vais pas faiblir devant cette rencontre de rêve que le sort a placée sur ma route.

Le champagne arrive ; un peu de calme suit. La tenancière nous quitte, non sans avoir trinqué avec nous – c'était toujours cela de gagné sur la bouteille – et interrogé sa montre. Elle ferme les tentures, me lance un regard graveleux et précise, comme si elle parlait à des enfants :

– Amusez-vous bien tous les deux ! Pour une heure !

Nous sommes dans la pénombre, isolés de l'agitation du bar. Les bougies parfumées sur la table ne parviennent pas à masquer une odeur insistante de désinfectant qui me prend à la gorge.

On ne fréquente pas ce genre d'endroit pour y faire la conversation à des filles qui n'en ont pas. À part quelques sujets sans intérêt comme l'astrologie – tu es de quel signe ? – ou des questions plus précises – comment t'appelles-tu ; est-ce la première fois que tu viens ? – supposées mettre le chaland à l'aise et rompre la glace, il y a ici plus à faire qu'à dire. Je pressens qu'avec cette fille-là ce sera différent. À mon tour, quelques questions me brûlent la langue, mais le contexte, la chape que fait peser son accompagnateur et l'histoire de ces lieux m'incitent à la prudence. Il vaut mieux lui laisser l'initiative. J'espère néanmoins une explication.

Séréna remplit deux coupes de champagne, m'en tend une, puis trinque.

– À notre rencontre, dit-elle avec un sourire enjôleur.

Sans lever le coude, je précise :

– À nos rencontres. Je ne crois pas au hasard, moins encore au destin.

Elle ne relève pas.

– Voulez-vous danser ? propose-t-elle en minaudant.

– Non merci !

Elle ne m'offrira rien de plus qu'une danse nue et je n'en ai pas envie.

– Je ne vous en voudrai pas. Elle sourit.

Je m'enhardis.

– Pouvez-vous m'expliquer ?

– Quoi donc ?

– Notre rencontre au Café de l'Archiduc.

– Je vous l'ai déjà dit. Il n'y a rien à expliquer. Je désirais vous parler, sans plus.

Je n'en tirerai rien. J'insiste cependant :

– Pourquoi m'avez-vous donné votre numéro de portable ? Et que signifient ces propos énigmatiques sur des « menaces » ?

– Oh, ce n'est rien. J'ai dit ça comme ça, simple précaution. Quant au téléphone, cela peut toujours servir. À propos, vous êtes sur WhatsApp ou Viber ?

J'acquiesce, pas peu fier de montrer que, malgré mon âge, je connais les joujoux de sa génération.

– Appelez-moi sur WhatsApp, comme cela j'aurai votre numéro. C'est discret et codé.

Nous tournons en rond. Je n'ai pas envie de prolonger une conversation qui ne mène à rien. Elle se rapproche de moi avec tendresse, comme en quête de protection. Elle semble vouloir me dire quelque chose, mais demeure murée. Je sens sa nervosité. Nous restons figés dans cette posture jusqu'au moment où la patronne vient nous prévenir que l'heure s'est écoulée.

– Je vous remets une bouteille ?

– Non, merci !

Je n'en vois pas l'intérêt et, de toute manière, je n'en ai pas les moyens. Personne n'insiste pour que je reste là. Ni la tenancière ni Séréna.

J'ai son numéro de portable.

14

Au réveil, une manie me caractérise : je lève une paupière, puis l'autre. Jamais les deux en même temps. Je ne sais pourquoi. Ce matin-là, j'ai beaucoup de peine à ouvrir la première. Une ligne de plomb incandescent me barre le front. Je me demande comment j'ai pu rentrer chez moi au petit matin.

Couché tout habillé sur mon lit, je me tourne vers la table de chevet, déclenchant ainsi une douleur insupportable qui se prolonge de la racine de mes cheveux jusqu'à mon cerveau. Un mal de crâne carabiné qui me vrille le cortex. Une torture absolue. Le diagnostic est évident : le cocktail vin-alcool fort-champagne de la veille distille son poison. Se superposant au malaise nauséeux, l'odeur âcre du désinfectant du *privé* imprègne encore mes narines. J'ai la bouche râpeuse et sans doute l'haleine d'un fauve digérant une charogne.

Au-delà de ces maux s'ajoutent les angoisses induites par les aléas de mon flux biliaire. Des pensées noires qui, accumulées, pourraient remplir un dictionnaire des psychoses.

La peur de manquer : le solde de mon compte bancaire est certainement tombé au-dessous de zéro et la ruine est proche. La terreur hypocondriaque : mon foie s'est transformé en chou-fleur turgescent dans lequel viendra sous peu se nourrir une tumeur insatiable. L'impasse professionnelle : mon cerveau endolori sera désormais incapable de produire une seule phrase méritant de figurer dans un roman, fût-il de gare de province. Le spectre furibond de mon éditeur ulcéré surgit dans ce décor désespéré. Pire encore est l'intuition que Séréna s'apparente à un cygne noir qui va bouleverser mon existence. Je ne contrôle plus aucune de mes angoisses.

Coutumier de ce genre de désastre physique et moral, je connais quelques remèdes pour m'en libérer. D'abord, il faut me lever. À la verticale, le sang martèle moins ma boîte crânienne. Ensuite, boire un café serré et tester les antidotes des poivrots d'occasion : l'Alka Selzer, l'Underberg ou, dans les cas extrêmes, une bière glacée. Encore faut-il un estomac complaisant.

À travers une vision floutée, je tente de fixer les contours de mon appartement. Mes yeux s'arrêtent sur ma table de travail où mes pages m'attendent. L'angoisse resurgit, assortie d'une rafale de questions sur mon aventure de la veille.

Séréna ne serait-elle que la comédienne d'un scénario d'entôlage dont je n'aurais jusque-là vécu que les séquences les plus agréables ? Que viens-je faire dans cette histoire située à l'intersection du livre de Brandt – l'effroyable crime du Medusa –, des aléas de ma propre existence – l'étrange rencontre de l'Archiduc – et de la réapparition de ce fou de Grabowski dans ma vie ?

Dans ce magma inquiétant, un point est positif : j'y trouve les ingrédients d'une bonne histoire à raconter, mais cela pose un problème. Soit je démêle seul cet écheveau, avec les risques que cela suppose, soit j'implique Brandt pour y voir plus clair. Son état de santé ne simplifie pas les choses.

Même s'ils s'ancrent dans la réalité, la trame de mes livres précédents est toujours sortie de mon imagination. Ici, je me trouve confronté à une histoire qui s'empare insidieusement de mon existence. Vais-je devenir le sujet de mon propre roman ? Ces questions métaphysiques n'atténuent pas mon mal de crâne. Grâce à Dieu, l'expérience m'a appris que mon supplice se termine toujours au bout de quelques heures. Je n'en mourrai pas.

Cette idée me ramène à Brandt. Je dois me dépêcher de le revoir pour éclaircir cette histoire, mais pour le moment, je n'ai d'autre choix que de me recoucher en espérant que les potions magiques feront leur effet. Après avoir avalé un milligramme de Temesta pour faire taire mes questionnements, je sombre dans un sommeil peuplé de cauchemars.

… Un bordel à l'ancienne dans un lieu indéfinissable. Un mélange de Jack n'a qu'un œil, *de* Twin peaks *et de* L'Apollonide. *Une maison ringarde, luxueusement meublée. Une atmosphère parfumée. On entend sauter les bouchons de champagne et résonner des rires graveleux. Un groupe de dames de mauvaise vie accortes et sophistiquées. Elles chuchotent entre elles d'une voix douce et uniforme. Elles sont nues et se tiennent debout. Malgré mes yeux bandés, je les vois. Elles s'écartent sur mon passage et forment une haie d'honneur. De mes poches tombe une cascade de pièces d'or. Des Napoléon, des Feuilles d'érable, des Vrenelis, des dollars Tête d'Indien à profusion. Je ne tente pas de les ramasser. Cela ne suscite aucun intérêt chez les femmes. Dans le fond du salon, un squelette immobile vêtu d'une toge d'avocat observe la scène en ricanant. Son ricanement se mue en un rire tonitruant qui résonne en écho et couvre les chuchotements. Je me dirige vers lui, car il me demande d'avancer, mais, quoique je progresse, la distance qui nous sépare ne se réduit pas. Pris de panique à l'idée de ne pouvoir lui obéir, j'accélère le pas, puis les bras tendus en avant dans un geste de supplique, je me mets à courir. Rien n'y fait. Les putains devenues vestales m'entourent en pointant leur index vers moi avec des airs menaçants. Elles profèrent : « Comme lui, vous mourrez, car vous n'avez pas le droit de vous trouver ici. » Soudain, leur intonation se module pour ressembler à celle de Brandt : une voix de basse très profonde et vibrante qui m'inquiète. Celle du commandeur dans le* Don Giovanni *de Mozart. Je frissonne, car mes vêtements ont fondu*

comme dans un tableau de Dali. Je suis gêné par ma nudité. Une des vestales, Medusa, s'approche de moi en chancelant. Les yeux révulsés. Elle me susurre : « Cold turkey has got me on the run. » Je ne comprends pas ce qu'elle veut me dire. Elle a la voix de John Lennon. Cela me rappelle vaguement une de ses chansons. Medusa me prend par le bras et m'attire vers elle. J'essaie de me dégager parce qu'elle m'effraie, mais je n'ai plus aucune force. Elle vient se frotter contre moi et mon sexe se dresse. J'en ai honte. Mon désir me pousse à la suivre. Les autres vestales tentent de m'arracher à elle, mais elle leur lance un regard qui les pétrifie toutes. La haie d'honneur des putes s'est transformée en une colonnade de statues hiératiques de marbre blanc. Dans le fond de la pièce, le squelette a pris la pose du Penseur *de Rodin. Medusa me dit : « Je te protège contre le mauvais œil ! » Mis en confiance, je la suis docilement. Elle m'emmène dans un salon tendu de velours rouge avec des miroirs sans tain. Il y règne une odeur pestilentielle de cadavre en décomposition qui me fait vomir…*

Je me réveille en sursaut, trempé de sueur. Mon mal de crâne s'est calmé, mais mon moral s'est effondré. Que signifie ce cauchemar ? En est-ce vraiment un ?

Quelques années de psychanalyse m'ont familiarisé avec la syntaxe des rêves. Je tente de décoder celui-ci. Beaucoup d'éléments de la veille s'y retrouvent : le bordel, la fille dangereuse qui m'attire irrésistiblement. Mon dénuement est évoqué par les pièces d'or que je sème sur mon passage. L'image squelettique de Brandt que je n'arrive pas à approcher s'explique aussi. Est-elle prémonitoire ? Est-il déjà mort ? Quant au message de Medusa, en rapport avec le nom de la boîte, il faudrait que je relise quelques pages de mythologie grecque pour en comprendre la signification. J'ai retenu sa sentence : « Je te protège contre le mauvais œil ! » La dernière impression – la pire – me fait frissonner : l'odeur de putrescence dans le petit salon, celle qui m'a réveillé en sursaut, est probablement la fragrance musquée et tenace d'un cadavre que masquait le Détol qui m'a tant importuné. La réalité sous-jacente de ce cauchemar me saute aux yeux : le *privé* rouge est sans doute la pièce où l'on a retrouvé le corps tailladé. Séréna a tenté de me séduire à l'endroit où cette horreur s'est déroulée.

Mes intestins se tordent. Un spasme irrépressible s'empare de toute ma carcasse. Brûlant de fièvre, je me précipite à la salle de bains pour y délivrer mon estomac d'une sorte de jus verdâtre et visqueux.

Tout étourdi, je me livre ensuite à de méticuleuses ablutions sous ma douche, comme si je voulais me purifier des images qui me tourmentent. Il me faut quelques heures pour me calmer et retrouver mes esprits. En me rhabillant, je trouve un bout de papier dans la poche de mon pantalon : c'est le numéro de téléphone de Séréna. J'hésite à m'en débarrasser en l'envoyant en boulette dans la corbeille, mais ne le fais pas. La rose qu'elle m'a offerte est tombée sur le plancher, fanée. Pensif, je la pose sur mon bureau. Je décide de reprendre contact avec Brandt. Il faut coûte que coûte qu'il me donne des explications.

15

La propriété de Brandt se trouve à Uccle, une banlieue chic de Bruxelles. Les bourgeois nantis du centre de la ville y ont émigré dans les années 60 en quête d'espace et de verdure. Ils ont récemment été rejoints par de riches Français soucieux de mettre leur bas de laine à l'abri de la pompe à finance de leur État désargenté.

Prolongé de haies d'ifs et encadré de colonnes de pierre bleue, le portail s'ouvre sur une allée de tilleuls plantés au cordeau. Du gravier ratissé avec soin, des bordures de rosiers et des pelouses soignées comme des greens de golf dessinent un jardin sans fantaisie. À ses extrémités, il s'éteint sur une déferlante touffue de rhododendrons. L'espace est dompté et sans vie. Sans charme bucolique ni originalité dans le choix des plantes et des couleurs, ce petit clos transpire l'ennui d'une perfection maniaque.

Une importante demeure de style néo-classique, typique du quartier, barre l'allée. Elle témoigne de la réussite de Brandt. Ce décor se trouve à cent lieues – au propre comme au figuré – de mon minable appartement du bas de la ville, un faubourg où il ne met jamais les pieds. Nous ne naviguons pas dans les mêmes eaux. Ce constat me met mal à l'aise, aussi ai-je garé ma guimbarde dans une impasse à quelques dizaines de mètres de chez lui pour ne pas faire tache dans cette ambiance hollywoodienne.

À plusieurs reprises, sous des prétextes variés, j'ai tenté de reprendre contact avec Brandt, mais son personnel m'a chaque fois éconduit avec peu d'égards. J'ai appris par mon éditeur qu'il est rentré chez lui afin d'y passer les derniers jours qui lui restent encore à vivre. Je n'ai donc d'autre option que de forcer sa porte. Brusquer les choses n'est pas dans ma nature, mais, bien que je n'en aie pas envie, je dois le revoir quoi qu'il m'en coûte. L'entendre ressasser ses idées noires et vomir ses imprécations sur le monde qui nous entoure n'a rien pour me plaire. Cependant, trop de questions se posent et je veux y voir clair. Violer le domicile d'un grabataire m'embarrasse, mais l'intuition que lui seul pourra me donner la clé de l'intrigue du New Medusa m'enhardit au-delà de ce que j'aurais pu imaginer.

J'appuie sur le bouton de cuivre de la sonnette scellée dans la colonne de granit du portail. La grille s'ouvre comme par miracle. On a dû me prendre pour un fournisseur. Le gravier de l'allée crisse sous mes pas. Mes pensées se bousculent et les images de mes aventures des derniers jours se superposent dans le désordre : l'appel surprenant de Brandt, l'étrange apparition des pages de son manuscrit, ma visite fortuite au New Medusa, la découverte saisissante du lieu du crime et la rencontre avec la sublime Élise et son avatar Séréna dont le fantasme me poursuit. Tout cela, mis bout à bout, me contraint à dénouer le fil de ces événements.

Parvenu sur le seuil de la maison, ma main tremble avant de sonner. Impossible de reculer. J'ai à peine le temps d'attendre : la porte s'ouvre sur un domestique très âgé – il a dû connaître Brandt en culottes courtes. Grand, maigre et voûté, il est vêtu d'un gilet à carreaux noirs et jaunes, d'une chemise blanche, d'un pantalon gris et est chaussé de souliers vernis. Il ressemble à Nestor de Moulinsart en plus osseux, rouflaquettes comprises. L'homme me toise d'un œil suspicieux en levant ses sourcils broussailleux, l'air interrogateur. Je me présente.

– Antoine Maudet. Je dois rencontrer maître Brandt. Je suis un de ses amis.

L'échalas paraît étonné et, d'une voix très basse, me demande :

– Monsieur vous attend-il ?

Il susurre entre ses dents : il n'est pas dans ses habitudes…

– Je sais, mais je dois le voir.

Pour me mettre au diapason de l'atmosphère mortifère des lieux, j'ai à mon tour baissé le ton.

– Maître Brandt ne reçoit pas pour le moment ! La voix est plus nette, impérative.

– Je me permets d'insister.

Il me laisse pénétrer dans la maison.

– Je vais demander… Patientez un instant, prenez place, dit-il, en me désignant un fauteuil Louis XVI un peu raide dont une paire garnit l'entrée. Il disparait par une porte de côté.

Après que le chuintement de ses semelles sur le marbre s'est estompé, il règne un silence absolu dans la demeure. Je détaille le hall. Le sol est pavé de dalles blanches et parsemé de cabochons noirs, les murs couverts de boiseries anciennes. Des bronzes antiques ferment les angles de la pièce dans des niches éclairées. Deux grands tableaux, des scènes de batailles encadrent une porte à double battant qui doit probablement s'ouvrir sur les salons. L'ensemble est beau, mais d'une rigueur classique assez froide, à l'image de celle du jardin. L'intérieur d'un homme riche et seul. Ce décor fastueux me met mal à l'aise. Je me reproche mon intrusion. Que viens-je donc faire là ?

J'ai la vague impression que l'on m'observe. Je tourne la tête dans la direction d'une porte qui doit s'ouvrir sur un escalier de service. Elle se referme prestement. Le carillon d'un cartel qui marque l'heure me fait sursauter. S'ensuit une attente qui me paraît interminable. Le majordome m'a-t-il oublié ? Je suis transi par le trac. Cela me rappelle mes examens à l'université. J'hésite entre la fuite et le désir de m'expliquer avec Brandt pour tirer cette affaire au clair. J'ai les mains moites. Mon cœur s'emballe. C'est bien le style de Brandt de vous imposer de faire antichambre pour vous mettre mal à l'aise. Le malin a plus d'un tour dans son sac. J'essaie de me raisonner : peut-être n'est-il simplement plus en état de me recevoir. Attendant la suite des événements, je tente de reprendre mon calme en respirant profondément et en fixant mon attention sur une des scènes de bataille qui me fait face. Un beau tableau. J'en compte les guerriers pour passer le temps. Le domestique réapparait enfin par la petite porte de côté et, dans un geste pompeux, ouvre les deux battants de celle des salons.

– Entrez, je vous prie.

Il précise, pour m'annoncer :

– Monsieur Maudet.

À contre-jour, la silhouette de Brandt se dresse devant moi dans une mise en scène qui ne laisse rien au hasard. Son attitude théâtrale est bien dans le genre du personnage. Je suis d'abord étonné : l'homme que j'avais imaginé gisant sur son lit de souffrances, le souffle court, l'œil égaré, le visage délabré, attendant la visite de la grande faucheuse, me fait face avec un large sourire. Depuis notre dernière rencontre, il n'est plus que l'ombre de lui-même, mais il s'efforce de se tenir droit. Rasé de frais, il est habillé d'une veste d'intérieur en velours grenat, le col ouvert sur un foulard de soie. Sa mise soignée explique qu'il m'ait fait poireauter. L'acteur doit se grimer. Il veut sauver les apparences. Malgré ses efforts, je perçois une grande fragilité dans son maintien. Il s'appuie sur une béquille et son domestique le soutient par le coude. Il ne me laisse pas le temps de m'excuser de m'être imposé.

– Entre donc, Antoine, pour tout t'avouer, j'attendais ta visite.

Je ne puis cacher mon étonnement.

– Ah ? fais-je, d'une voix étouffée.

Il se laisse guider vers un canapé dans lequel il s'assied, puis il congédie le majordome.

– Installe-toi, m'ordonne-t-il sur un ton péremptoire, en désignant un fauteuil en face de lui. Il me dévisage d'un air ironique comme un gamin impertinent qui vient de jouer un mauvais tour. Il me sait demandeur et s'amuse de ce petit jeu du chat et de la souris. Comment un homme de son intelligence, dans un état proche de la mort, peut-il encore jouer la comédie ? Tente-t-il de conjurer son sort en se moquant de lui-même ? Prend-il de la morphine dont l'effet peut justifier son attitude ?

Il sort une cigarette d'une boîte en argent ciselé et l'allume sans même m'en proposer une. Il inspire bruyamment sa première bouffée, puis l'expire dans ma direction. Le silence s'installe. Je dois me lancer.

– Edgard, j'ai besoin d'explications.

– À quel sujet ?

L'hypocrite ! Il a sifflé cela fielleusement avec un air d'enfant de chœur.

– Tu le sais très bien. Arrêtons ce jeu !

– Je ne vois pas ce que tu veux dire. S'agirait-il de mon manuscrit ?

– Oui. Et plus précisément du chapitre manquant dont je t'ai déjà parlé. De ces quelques pages que tu m'as envoyées par la bande.

– Que je t'ai envoyées ?

– Mais bon Dieu, Edgard, cesse de me faire tourner en bourrique !

J'ai élevé le ton. En voyant son étonnement, je regrette aussitôt de m'être emporté. Pour atteindre mon but, j'aurais mieux fait de l'amadouer. Inutile de l'agresser. Pour une fois, il paraît sincère. Une ombre d'inquiétude a surgi sur son visage osseux. Ai-je trop vite conclu qu'il était l'expéditeur anonyme des pages manquantes ?

Rien ne le prouve. Qui d'autre que lui aurait pu être en leur possession ?

– À quoi pensais-tu lorsque tu m'as dit que tu attendais ma visite ?

– J'étais persuadé que, comme moi, tu avais apprécié nos retrouvailles et que tu voulais me revoir avant que je ne passe à la trappe. Je n'ai pas beaucoup d'amis, précise-t-il.

Je me demande une fois encore s'il se fout de moi. Il poursuit :

– Comme tu peux le constater, pour le moment, je ne vais pas si mal. C'est étonnant, depuis que j'ai exigé que l'on m'épargne ces traitements barbares qui m'épuisaient, je me sens mieux. Mais je ne me fais pas d'illusions, cette amélioration ne durera pas. Les médecins m'ont prévenu : il ne peut s'agir que d'une rémission très temporaire. La porte du paradis m'est déjà entrouverte. La camarde est en train d'affuter le fil de sa faux. Je pourrais soudainement tomber dans le coma. Je ne pense pas que l'on se reverra.

Il dit probablement la vérité. Sauf pour le paradis… Je l'imagine plutôt en enfer.

– Je suis désolé, fais-je, un peu confus de t'avoir soupçonné de duplicité.

Nous n'avons pas de temps à perdre. Je ne peux plus qu'ouvrir le jeu. Mais par où commencer ? Il me facilite la tâche.

– Il y a, à deux pas d'ici, un joli petit square, garni en son centre d'un parterre de topiaires. Au milieu de la verdure trône la statue d'un magistrat que beaucoup ont oublié. Moi pas. Ce constitutionnaliste, dont les travaux influencèrent la désagrégation de notre pays, a été mon professeur à l'université. Le tien aussi probablement.

Cela ne m'évoque rien et je m'interroge sur le sens de son propos. De fait, j'ai garé ma voiture en bordure d'un petit square, mais je n'avais pas remarqué cette statue.

Il poursuit :

– Eh bien, la tête de cet homme illustre est en permanence souillée par des fientes de pigeons. *Sic transit gloria mundi…* Je ne voudrais pas que cela m'arrive. Je parle au figuré, bien entendu, fait-il. Il sourit en se passant une main sur le crâne.

Je suis perplexe.

– En toute modestie, tu admettras que ma carrière a été brillante. J'ai obtenu toutes les décorations, les honneurs m'ont comblé et la fortune a suivi. J'ai eu toute la réussite possible en ce bas monde. Mes mémoires devaient être le point d'orgue de ce parcours, j'y accordais beaucoup d'importance avant de tirer ma révérence. Ce livre devait être la statue érigée à ma gloriole. Tu semblais l'avoir bien compris. Et voilà qu'une erreur de pagination, une inattention, pourrait remettre tout cela en question ! Une petite méprise pourrait tout faire basculer. Cette bêtise, ta perspicacité l'a relevée. Si tu t'obstines, l'édifice si patiemment construit va chanceler et je me retrouverai la tête couverte de fiente. Comme celle de la statue du square… Dans les affaires criminelles, un détail oublié confond souvent un prévenu. Le grain de sable… Nous y sommes. Le crime parfait n'existe pas.

Il se tait. Par la fenêtre du salon, on entend piailler des oiseaux dans le jardin. Ceux qui iront lâcher leurs déjections sur la tête de l'illustre magistrat. Brandt a laissé tomber le masque et, cette fois, je suis persuadé qu'il dit la vérité, mais cela ne résout rien. Il faut qu'à mon tour je me dévoile. Je me lance.

– Depuis que je m'occupe de faire éditer ton manuscrit, bien des choses curieuses me sont arrivées. Sur ces pages manquantes, tu m'en as trop dit ou pas assez. Quelques jours après t'en avoir parlé, une partie d'entre elles me sont parvenues. Elles décrivent, tu ne peux l'ignorer, une scène atroce ; puis sans l'avoir vraiment cherché, je me suis retrouvé sur les lieux de ce crime, nez à nez avec une personne qui ne semble pas étrangère à cette affaire. Je ne crois ni au hasard ni aux coïncidences à répétition.

Brandt blêmit. Quelques gouttes de sueur perlent sur son front. Je crains qu'il ne fasse un malaise. Il a des difficultés à rassembler ses idées.

– Tu as revu Grabowski ? demande-t-il, sans pouvoir cacher son anxiété.

– Non, il ne s'agit pas de lui.

Je n'ose pas d'emblée lui dire la vérité. Pour la lui faire apparaître, la méthode socratique sera plus efficace : lui poser des questions vaut mieux que de lui asséner des évidences. Dans l'urgence, elle sera pénible à utiliser. Brandt en sait beaucoup plus que moi sur cette histoire, mais il reste sur la défensive. Il inspire profondément comme pour chercher des forces, puis me demande :

– S'agit-il d'une jeune femme ?

– Oui.

– Oh, mon Dieu ! s'exclame-t-il.

Il est saisi d'un tremblement, son regard semble se brouiller, il porte une main à son front, pâlit, puis fait un malaise.

Je dois me rendre à l'évidence : la méthode socratique ne sortira pas ses effets de sitôt. Affolé par la tournure des événements, j'appelle le majordome qui, prenant la direction des opérations, me signifie mon congé avec un air réprobateur et appelle les secours.

En remontant dans ma voiture, je vois, au milieu du petit square, le chef du grand juriste coiffé d'une épaisse couche de fiente. Je me sens responsable de ce qui est arrivé à Brandt. Deux minutes plus tard, la sirène d'une ambulance qui me croise ajoute une touche tragique à la situation. De tout cela, je peux tirer une conclusion : Brandt connaît les tenants et les aboutissants de l'affaire du Medusa, mais il ne me sera plus d'aucun secours. Seule la ténébreuse Élise pourra m'aider dans la recherche de la vérité.

Arrivé chez moi, en quittant ma voiture, je découvre sur le siège du passager une enveloppe de papier kraft. Elle n'est pas parvenue là par hasard. Elle a dû y avoir été déposée pendant ma visite à Brandt. Je ne ferme jamais les portes de ma guimbarde. Je n'ai aucun doute sur son contenu : un nouveau chapitre de l'affaire du Medusa m'attend.

16

Grabowski

Le bureau de Grabowski que l'on surnomme le vicomte, jouxte, en la surplombant d'un peu plus de trois mètres, la salle du Medusa avec laquelle il ne communique pas directement. L'antre du propriétaire est accessible de l'extérieur par un monte-escalier électrique. La porte vitrée du bureau est précédée d'une autre, capitonnée.

La pièce est plongée dans la pénombre. Un miroir sans tain qui fait office de fenêtre permet d'observer ce qui se passe dans la boîte, privés *de la* back-room *compris. Hormis le nain Jérôme, personne ne connaît cet aménagement discret. En l'absence du patron, Jérôme obture la fenêtre avec un volet mécanique. Le vicomte conserve toujours une télécommande sur lui et n'a confiance qu'en son homme lige. Il faut obturer la fenêtre lorsque le bureau est éclairé sous peine de dévoiler le stratagème.*

Les autres murs sont couverts de rayonnages où est rangée dans un ordre méticuleux sa collection musicale. Obsessionnel compulsif, il accumule des disques anciens, des 78 tours, des microsillons, des bandes magnétiques, des CD, même des DVD et des Blue Rays. Il y a aussi des partitions, des livrets d'œuvres lyriques, tous les numéros de l'Avant-Scène, des biographies d'interprètes, des monographies de compositeurs et des histoires de la musique. De chaque opéra, son genre préféré, il possède plusieurs versions qu'il se délecte à comparer. Des photos de quelques grands ténors, barytons, sopranos et chefs d'orchestre décorent la pièce. Une enceinte de haut-parleurs de qualité lui restitue un son parfait.

Énorme, massif et impotent, le vicomte se déplace, encastré dans un fauteuil roulant. Son physique tient d'un Falstaff, ses manières d'un obèse de Jordaens. Viandeux, rougeaud et bouffi, sa tension artérielle frise le zénith.

D'un coup de poignet, il fait pivoter son siège sur une roue pour s'approcher des rayonnages de la discothèque. Il arrête son regard sur la série des Verdi, puis sur différentes versions de la Traviata. Il a le choix : voisinent là les célèbres sopranos qui ont incarné sur les plus grandes scènes la courtisane brillante et dépravée, l'avatar musical de la Dame aux Camélias, la déchirante Violetta Valery réhabilitée par l'amour et la mort. Alignées sur un rang, comme les filles dans le bar d'en bas, la Tebaldi, la Callas, Montserrat Caballé, Joan Sutherland, Iléana Cotubras, Dame Kiri te Kanawa. Les doigts boudinés du Polonais farfouillent avec frénésie dans les rayons à la recherche de sa version préférée. Il la trouve ; son bras reste en suspens un bref instant, rêveur, il songe au passé.

Hélène, sa femme d'alors, vivait encore avec lui, mais il avait compris qu'elle était sur le départ. C'était de l'ordre du non-dit, mais son intuition ne l'avait pas trompé : entre eux, c'était fini. Il connaissait trop les femmes pour s'illusionner. Il avait tout tenté pour la retenir. Cadeaux somptueux, bijoux, meubles, tableaux. Son ultime coup de poker : il s'était ruiné pour des places au festival de Salzbourg, lui avait offert le voyage en avion privé et réservé une suite au Bristol. La Traviata avec Netrebko et Villazon avait été un grand moment d'opéra, mais rien n'y avait fait. En rentrant du Festspielhaus, Hélène lui avait annoncé la rupture.

Cette Traviata-là, bien qu'imparfaite à son goût, il l'avait écoutée des dizaines de fois comme s'il voulait revivre ses derniers moments avec Hélène. Il s'était ému de son timbre capiteux comme il se serait saoulé d'un vin rare ; il avait vibré lorsque, très consciente de ce qu'elle faisait, elle s'appuyait sur des graves qu'elle savait envoûtants.

Pendant le spectacle, ils avaient compris tous deux la densité du lien qui existait entre la Netrebko et Villazon – beaucoup plus qu'une complicité entre deux chanteurs – et c'était précisément ce sentiment qu'eux-mêmes avaient perdu. Dans le deuxième acte, quand il avait senti qu'Hélène était bouleversée, il avait tenté de lui saisir la main, mais elle l'avait repoussé. Elle s'était tournée vers lui, les yeux embués.

… Alfredo : Ah, combien je t'aime ! Mais pourquoi pleures-tu ?…
Violetta : J'avais besoin de larmes… mais je suis calme à présent… tu vois… je te souris… tu vois ?

Il avait alors compris : tout était fini entre eux. Pour elle, l'amour s'était éteint.

Il écoutera cette version-là, ce soir encore. Il déplace son fauteuil roulant jusqu'au frigo dissimulé dans la bibliothèque et en sort une bouteille de vodka. De la polonaise à l'herbe de bison, de la Zubrowka, un souvenir de jeunesse. Pris de remords, il hésite un instant à s'en remplir un verre, puis le fait malgré tout. Autrefois, il portait beau, mais depuis le départ d'Hélène, il s'est laissé aller. Il vit n'importe comment, boit jusqu'à plus soif, fume comme une chaudière et se gave comme un porc. Il n'a rien à perdre. Il n'est plus qu'un être difforme qui ne satisfait plus que ses besoins primaires.

Il fait pivoter son fauteuil en direction de la fenêtre qui s'ouvre sur le bar, sort la télécommande de sa poche, plonge la pièce dans l'obscurité, ouvre le rideau et démarre le lecteur de CD. Il engloutit une large rasade de vodka et ferme les yeux.

Comme une nappe de brouillard qui envahit un paysage mélancolique, les premières notes de l'ouverture, dominées par les violons, préfigurent le destin fatal de Violetta. Puis elles s'épuisent avec douceur et font place au thème plus serein de la Violetta amoureuse.

Le vicomte se laisse porter par la musique. Sous l'effet de l'alcool, il se détend. Il s'assoupit quand le rythme entraînant de la première scène retentit en mesures galopées. La fête vient de débuter chez Violetta. Arraché à sa torpeur, l'obèse s'ébroue. Il se redresse sur son siège et active la télécommande de la fenêtre qui s'ouvre sur le bar comme un rideau de théâtre. La représentation va commencer.

La salle du Medusa s'anime. Quelques clients sont déjà là. Des habitués, des solitaires, qui arrivent tôt pour boire un verre en compagnie, s'accoudent au comptoir et discutent sans trop se préoccuper des filles. D'autres, sitôt repérés, tentent de résister aux avances des entraîneuses les plus audacieuses.

Toujours les mêmes rengaines : « Tu bois un piccolo avec moi, mon chéri ? Comment tu t'appelles ? Est-ce la première fois que tu viens ici ? Tu prends une bouteille en privé *avec moi ? »*

Pour tenter de séduire les nouveaux arrivants, elles se succèdent auprès d'eux avec des poses lascives, minaudent en dévoilant sans vergogne leurs appâts et palpent leur entrejambe sans retenue. En leur susurrant des grivoiseries dans l'oreille, elles guident leurs mains dans leurs décolletés ou sous leurs jupes.

Même si elles se font rembarrer avec grossièreté, cela ne les empêche pas de répéter systématiquement leurs manœuvres d'approche. C'est la règle et la tenancière veille à ce qu'elle soit respectée. Après tout, elles ne sont là que pour prendre de l'argent. Elles sont rodées à la manœuvre et se fichent éperdument des réactions brutales des clients.

Le vicomte observe le déroulement de ce début de soirée d'un œil las. Rien que d'habituel. L'enthousiasme forcé des filles, souligné par leur sourire figé, les réticences des clients qui radinent sont normales : l'alcool n'a pas encore fait son effet et le spectacle de pool dance *n'a pas commencé.*

La tenancière appelle Pamela.

– Vous pouvez monter sur scène.

Dans l'ample glissement des violons, l'ouverture de la Traviata a envahi le bureau du vicomte. En filigrane du miroir sans tain, le dialogue d'Alfredo et Violetta se rejoue dans la salle du Medusa entre un quidam un peu égaré et la showgirl *débutante, cette Pamela, que José le rabatteur lui a amenée. Grabowski n'en croit pas ses yeux. La nouvelle est sublime. Comme Violetta. Comme la Netrebko.*

Entre l'homme à l'air de poète et la femme dépravée d'une sensualité éclatante, le charme de la séduction s'infiltre – un pas en avant, un en arrière –, mais, comme dans l'opéra, le malaise est présent : de temps à autre, la fille faiblit, puis vacille. Il semble vouloir la soutenir. Elle s'est rapprochée de lui. Elle s'enroule plutôt intimement. Dans les yeux du poète, le désir fait son chemin. « Puisque ces yeux, tout-puissants, vont au cœur… »

La boîte de nuit se remplit. La fête va commencer. Autour du couple, les bouchons sautent et le champagne coule en cascade. Les conversations s'animent, les rires éclatent, le ton des voix monte et les privautés surgissent de partout.

« Buvons ! L'amour au milieu des coupes. »

José, dans le fond de la salle, s'agace du brasier qui s'est allumé entre Pamela et le client inconnu. Il s'en étonne aussi : il est pour le moins inattendu qu'une fille avec tant d'atouts – elle sait ce qu'elle vaut – cède si facilement au premier venu.

Pamela fait son numéro sur le podium – une gemme éclatante isolée sur un tas de cailloux qui se reflète dans tous les regards – Grabowski croit sentir son désir monter. Longtemps qu'il n'a plus ressenti cela. Ses yeux n'arrivent pas à quitter le corps de la jeune femme. Il épie ses contorsions lascives, ses gestes souples, rythmés par une musique qu'il n'entend plus. Sublime, détachée, fragile et en même temps prête à céder : il voit Violetta, elle est Violetta ; il s'est installé dans le rôle du baron frustré et crâneur.

N'y tenant plus, il veut incarner son fantasme. Il se déboutonne, puis défait sa braguette, farfouille sous les plis de son immense ventre gonflé de nourriture et d'alcool, peinant à trouver la limace atrophiée de son sexe. Après quelques minutes de besogne, en ahanant, soufflant à perdre haleine et s'étouffant presque sous l'effort, ses tentatives ne l'amènent à rien. Son pénis rabougri est en rade. Pas un minimum de raideur, pas la moindre palpitation sanguine, pas d'érection. Le mollusque noyé sous la graisse de sa panse ne répond pas à ses sollicitations effrénées : Grabowski n'est plus un homme que dans son imagination, son corps difforme et impuissant le lâche. Son sexe est amorphe, presque mort. Un petit bout de chair fripé et inutile.

La musique sublime qui lui fait verser des larmes s'efface. Son esprit s'est focalisé sur son échec, résumé des frustrations de son existence minable. Même l'alcool n'arrive plus à lui cacher sa désespérance. Que lui apportera encore cette musique qui l'a tant obsédé s'il n'est plus capable de la moindre jouissance ? Les filles, là en bas, qui s'exhibent vulgairement devant ce troupeau d'hommes en rut qui lui remplit les poches, le dégoûtent. Il ne veut plus voir cette fange qui soudain lui monte jusqu'aux yeux. Et sa vie ! Qu'est-elle devenue sinon un immense gâchis, une somme d'abandons, d'échecs et finalement une déchéance morale et physique réduite à cette pathétique tentative de plaisir inabouti ?

Le décor dont il avait espéré qu'il lui assurerait toujours des satisfactions s'effondre. Ce théâtre imaginaire qu'il avait élaboré dans une stratégie autiste, ne négligeant aucun détail pour jouir de son vice, ne lui sert plus à rien. En s'écroulant, sa construction, montée brique après brique pour flatter son voyeurisme, emporte tout. Sa mise en scène tombe à plat. Il perçoit soudain cette déchéance avec une objectivité glaçante et se retrouve face à lui-même, impuissant. Morfondu par son échec, il a devant lui l'accablement de sa lucidité tardive.

La fille se dénude avec lascivité sur un rythme envoûtant. Reclus dans sa tour d'ivoire, il a observé ce spectacle des centaines de fois, bercé par la musique de ses opéras préférés, et en a joui sans se poser de questions. Mais désormais l'incongruité de ses perversions lui saute aux yeux. Il ne veut plus voir cela : le charme est rompu. La vitre de la fenêtre lui renvoie son image décrépite : son corps d'obèse affalé sur sa chaise, le pantalon déboutonné sur ses genoux et son air hagard. Il ferme le rideau.

Au même instant, dans la boîte, derrière le comptoir, le nain observe l'obscurité soudaine du bureau. Il connaît le rituel et ce qui se passe là ce soir est habituel, mais le patron ne l'a pas prévenu. Son visage s'assombrit. Il échange un regard préoccupé avec la tenancière.

Sur le lecteur de DVD, le célèbre thème de la Traviata s'interrompt, répétant en saccades heurtées une phrase musicale inaboutie. Ce minuscule incident provoque la colère de l'obèse. Sa rage le submerge. Il fait virevolter son fauteuil roulant vers son bureau, se saisit d'une de ses béquilles et se déchaîne contre le décor de son antre. Il démolit tous les cadres qui représentent ses idoles – brisée la Callas, pulvérisé José van Dam, explosé Placido Domingo et, pire encore, éborgnée la belle Netrebko – puis il s'acharne sur sa collection de disques qui s'écroule des rayonnages comme une cascade de dominos. Ses livres d'art et sa bibliothèque endurent la même violence. Il se penche en avant et les saisit un à un pour les mettre en pièces. Se déchaînant sur tout ce qui reste intact, il tournoie avec une agilité saisissante sur son fauteuil. Râlant sous l'effort, il est à bout de souffle. Stimulé par la colère, il n'a de cesse de massacrer le décor qu'il a si patiemment élaboré, cet espace qu'il a construit avec opiniâtreté, passion et détermination pendant des années pour mettre son vice en scène et organiser ses plaisirs secrets. Sous l'effet de son impuissance, dans un sursaut de clairvoyance, ce lieu lui apparaît comme ce qu'il est vraiment : un bouge infect qu'essaie de diriger malgré tout un pervers au corps délabré.

Il se calme un peu. Il regarde d'un air atterré son bureau détruit. Pêle-mêle, les cadres aux vitres cassées, les photographies de ses idoles en mille morceaux, les disques éparpillés, les livres en charpie, autant de lambeaux de son existence inavouable, témoins muets de ses manies qui gisent sur le sol.

Voilà, ce qui reste de ma vie ! pense-t-il. Il est en sueur et ses mains tremblent. Puis il songe que la partie la plus précieuse de sa collection a été épargnée : les lettres, manuscrits et partitions sur lesquels il posait souvent son regard, pièce par pièce, comme s'il avait ainsi pu contrôler jusqu'à l'intimité de ses musiciens préférés. Il doit aussi les détruire afin qu'ils subissent le même sort et que rien n'en reste. Il s'oriente alors vers son bureau qui recèle le coffre contenant ces trésors. Sa rage reprend de plus belle. Il s'acharne sur la porte qui résiste. Il s'y agrippe en mettant son poids et sa force à contribution pour qu'elle cède. Elle s'ouvre d'un coup, il perd l'équilibre. Son fauteuil roulant bascule sur le côté et il s'affale par terre dans un grand vacarme.

Le chahut n'échappe pas au nain qui, tracassé par ce qu'il a observé plus tôt, reste aux aguets dans la boîte de nuit. Il sort du bar et monte quatre à quatre l'escalier qui mène au bureau du vicomte en s'aidant de ses mains comme un singe qui grimpe à l'arbre. Sans même frapper, il ouvre la porte capitonnée, puis l'autre. D'un regard circulaire, il peut faire l'inventaire des dégâts. Il se précipite vers Grabowski pour le rétablir.

Il connaît la violence de son patron qui ne supporte aucune frustration. Il ne pose aucune question. Cela fait partie de son contrat. Il en a vu d'autres. De toute manière, le silence est la règle.

… Ce type est complètement fou. Ses colères me font peur…

17

Poussé dans le dos par je ne sais quelle fatalité, j'ai le pressentiment de me diriger vers un gouffre sans avoir d'autre choix. Les événements des dernières semaines se sont emparés de ma vie sans que je puisse y résister. Mêlé à une histoire que je ne comprends pas, j'ai l'impression d'avoir perdu une partie de ma liberté. Je suis embarqué dans une situation dont je ne saisis pas les tenants et les aboutissants.

Je ne pense qu'à retrouver Élise qui m'apparaît toutes les nuits dans des rêves inquiétants où se rencontrent les protagonistes du récit de Brandt : Rafaéla, Grabowski, Pamela, José et le nain. À l'état de veille, les résidus de ces rêves me poursuivent. L'image d'Élise persiste en filigrane de toutes mes pensées. Les déhanchements lascifs de son strip-tease y passent en boucle et la mélodie de Joe Cocker *Baby take off your dress* resurgit comme une rengaine obsessionnelle. Impossible de la réduire au silence. Pas plus que je ne peux effacer le souvenir de ses yeux, de sa bouche, de ses seins que j'ai vus de si près dans la *back room* du New Medusa.

Je m'interroge : n'était-ce pas ridicule, voire indigne, à mon âge, de m'intéresser à une fille si jeune, peut-être même une professionnelle du sexe ?

Mon cas n'est pas aussi rare que la morale aurait voulu le faire croire, du moins dans la littérature ou le cinéma. La passion d'Humbert pour Dolores Haze, la fille de sa logeuse, dans *Lolita* ou celle de Lester Burnham pour Angela, l'amie de sa fille dans *American Beauty*, sont certes de la fiction, mais qu'il s'agisse d'une passion naissante ou d'une obsession sexuelle la ligne de partage est ténue, un lien absurde entre un homme mûr et une gamine est fréquent dans la réalité. Ce n'est pas par hasard que le film de Berri, *Un moment d'égarement*, qui raconte l'attraction réciproque entre un père de famille et la fille de son ami, a fait l'objet de deux *remakes*. La fiction n'est pas la réalité, mais comme l'affirme Mark Twain : « La réalité dépasse la fiction, car la fiction doit contenir la vraisemblance, mais non pas de la réalité. »

Sans savoir pourquoi, j'ai toujours eu l'intuition que ma vie s'est figée vers mes trente ans. Je n'ai qu'à me regarder dans un miroir pour contredire cette chimère, mais cela ne suffit pas à me rappeler à la raison. Mes désirs se sont cristallisés à cet âge. C'est l'époque où je fréquentais Brandt, Grabowski et Hannah à l'université. Y a-t-il eu dans ma rupture avec Hannah une frustration dont je ne me suis jamais remis ? Fais-je une fixation sur cette relation inaboutie pour une raison que je ne comprends pas ?

Une autre explication, plus prosaïque, me ramène à Élise : grâce à elle, je pourrai élucider le mystère du manuscrit de Brandt et le crime du Medusa. J'ai l'intuition qu'elle en connaît beaucoup. Élise est entrée par une porte dérobée dans ma vie et je n'arrive plus à l'en faire sortir.

Je pourrais abandonner cette histoire et ses sordides personnages, mais une autre raison m'empêche de le faire : elle est devenue indispensable à ma survie littéraire puisque j'ai décidé de l'écrire. À mon corps défendant, la réalité s'est emparée de la fiction, mais heureusement, grâce à Brandt, je tiens là une bonne intrigue. N'est-ce pas une gageure de confondre un récit romanesque avec une réalité qui m'emporte et dont j'ai perdu la maîtrise comme un bateau en panne de moteur dérivant sur l'océan ?

J'ai punaisé le numéro du portable d'Élise sur le mur face à mon bureau. Il me fait l'effet d'avoir été gravé dans la pierre. Je ne le quitte plus des yeux, à tel point que je finis par le connaître par cœur. Je tourne nerveusement mon portable entre mes doigts. Vais-je lui parler ou, ce qui me paraît plus facile, lui écrire un message ? Cela lui laissera l'initiative. Je regarde ma montre : dix heures du matin. Se reposant de sa nuit au New Medusa, elle doit sans doute dormir. Je lui envoie un texto. Mon doigt tremble sur l'écran. Ne suis-je pas en train de faire une bêtise ? Mon attitude face au désir est dans la tergiversation, jumelle de mon hésitation dans l'écriture. Mon pouce se libère et glisse sur l'écran. « Bonjour, Élise, j'aimerais vous revoir. Antoine. » C'est bref et sec, mais je n'ai rien d'autre à ajouter. Désormais, la balle est dans son camp.

Pour m'occuper l'esprit en attendant de ses nouvelles, je me mets à explorer sur internet les traces du crime du Medusa. J'entame mes recherches à partir de deux mots-clés : crime et Medusa. Il faut bien commencer par quelque chose. Les articles remplissent à peine une page de *Google*. Je passe d'une recherche à l'autre sans grand succès. Je n'y trouve que de maigres informations : des coupures de presse de l'époque relatent l'affaire sans grands détails. Des articles renvoient à des extraits de radio et de télévision, mais toujours sur le canevas succinct d'une dépêche d'agence. Des images, toutes quasi semblables, montrent des photos de la rue et de la façade du Medusa éclairée par son enseigne de néon rouge. On dirait qu'aucun journaliste n'a pris la peine de s'intéresser à ce fait divers ou d'enquêter au-delà des apparences.

« *Dans la matinée du 8 octobre, la femme de ménage du Medusa, un bar à hôtesses de la rue de Livourne, y a découvert le corps mutilé d'une personne dont tout porte à croire qu'elle aurait pu être une entraîneuse de l'établissement. La police est immédiatement descendue sur les lieux. Le Procureur du Roi a confié l'enquête sur cette sordide affaire au juge d'instruction Leber. Pour les besoins de l'enquête, le bar de nuit a été fermé et, après la descente du parquet, des scellés ont été apposés.* »

Suivent quelques articles assez brefs qui décrivent l'activité de ces endroits pudiquement dénommés *bars à champagne*, en réalité des bordels déguisés. Sous le titre « Mettre de l'ordre dans la vie nocturne de Bruxelles », un politicien moralisateur profite de l'affaire pour faire parler de lui. Pas un mot sur la victime ni sur les circonstances du drame, moins encore sur le propriétaire de la boîte. Ces informations ne font que corroborer ce que j'ai appris grâce au manuscrit de Brandt. C'est plus que n'en sait le commun des mortels, mais ce n'est pas grand-chose. En continuant mes recherches sur le Medusa, je n'y trouve que l'avis de radiation du registre de commerce de l'ancienne boîte pour cause de faillite et l'inscription de l'actuelle du même nom – New Medusa.

D'où vient le nom de cette boîte ? Rien à voir avec cette sorte d'œuf sur le plat transparent, gélatineux et vénéneux qui traîne sur les plages de la mer du Nord à marée basse et se rend coupable de piqûres douloureuses et urticantes sur les pieds un peu distraits. Il me rappelle d'autres souvenirs, plus lointains. Dans un autre registre, celui de la mythologie grecque, probablement à l'origine du nom de cette bestiole malfaisante. En fouillant dans Wikipedia, tout s'éclaircit.

Medusa était une belle jeune femme dont Poséidon s'était épris. Il la viola dans le temple d'Athéna, laquelle, pour se venger, la mua en Gorgone. Ses cheveux se transformèrent alors en serpents et ses yeux se dilatèrent. Désormais, tous ceux qui croisaient son regard étaient pétrifiés. Après avoir été décapitée, son masque fut remis à Athéna qui le fixa sur son bouclier. L'effigie n'avait rien perdu de son pouvoir. La représentation de la Gorgone fut longtemps utilisée comme une protection contre le mauvais œil. Un bouclier représentant ce sombre personnage fut peint à la fin du XIXe siècle par le peintre suisse Arnold Böcklin. Le tableau est exposé au musée d'Orsay à Paris. Aujourd'hui, on peut l'admirer sans risquer la paralysie.

Je suis perplexe. Curieuse idée que de donner un nom aussi sulfureux à un lieu de plaisir ! Évoquer le viol d'une femme, sa tête tranchée et la menace de son masque destructeur ne peut provenir que d'un esprit dérangé. Donner des références mythologiques à un bar de nuit correspond bien à l'étudiant cultivé et un peu désaxé que nous avions connu. Le crime qui s'est déroulé dans sa boîte valide en quelque sorte ce choix bizarre, mais j'ai peine à imaginer que ce soit intentionnel. Le nom de l'établissement est d'ailleurs bien antérieur au crime.

Cela ressemble à ce cinglé de Grabowski. À l'université, nous le considérions comme capable de tout. À la moindre contradiction, il se mettait dans des colères noires. Incapable de supporter les frustrations de l'existence, il réagissait toujours violemment. Le coup de poing était son langage courant. Un vrai détraqué, surtout quand il avait bu. Beaucoup en avaient peur, car il était costaud. Personnellement, je l'évitais autant que possible. Brandt qui connaissait sa famille tentait de le raisonner dans ses excès. « Il a des circonstances atténuantes », disait-il souvent à son sujet. Il parlait d'une infirmité. Est-ce lui que Brandt a voulu protéger en purgeant les pages de son manuscrit ? Les étranges mises en garde d'Élise me reviennent à l'esprit : « *Il faudra être très vigilant dans cette atmosphère empoisonnée surtout si vous voulez survivre dans ces eaux troubles infestées de méduses.* » Est-il raisonnable de m'obstiner dans cette histoire ? Je pose un regard inquiet sur mon Smart Phone. Je pense m'inscrire aux abonnés absents et rayer Élise de mes contacts, mais son image et les étranges moments que nous avons passés ensemble m'en dissuadent. Je ne peux m'en détacher. Elle cherche peut-être mon aide et je ne peux pas la lui refuser.

Je traîne encore sur internet pour tenter d'élargir mes connaissances sur les protagonistes de l'affaire. Pas une ligne sur Grabowski. Inconnu au régiment, absent sur la toile. Élise de Marcossay y est presque aussi rare que lui. Pas de compte Facebook ni de Twitter ni Instagram. Rien. Cependant, comme l'on reconnaît un visage dans une foule anonyme, mon attention est attirée par une mention de son nom sur le site Geneanet.com, une plateforme de généalogie.

En un clic, l'arbre généalogique de la famille Marcossay envahit ma page de ses branches rectilignes. Élise apparait en juin 1980 dans les frondaisons d'un arbre prenant racine aux alentours du début du XVIIe siècle dans le sud de la France. Mais, à mon grand étonnement, elle n'a pas été la seule à naître ce jour-là dans la famille : elle est assortie d'une jumelle.

La gémellité est l'ingrédient bateau de tout mauvais polar : un personnage – un vrai jumeau – qui se substitue à l'autre pour dénouer une intrigue bidon. Une ficelle grosse comme du câble de téléphérique, trop épaisse pour être vraisemblable. Tant qu'à faire pourquoi pas des triplés comme dans l'intrigue du film *Les W.C. étaient fermés de l'intérieur* ?

Je sursaute : mon portable émet un bip de réception de message. J'espère une réponse d'Élise, mais c'est le laveur de vitres qui me prévient de sa visite pour le lendemain. Je me vide les poumons, soulagé.

18

La dernière ligne que j'ai écrite, c'est le texto d'Élise. Depuis, plus rien. Un désert de papier blanc. Son silence renforce mon obsession. Je suis fébrile et ne quitte plus mon appartement, croyant ainsi augmenter mes chances de la revoir. J'y tourne comme un ours en cage incapable de faire quoi que ce soit d'utile.

Pour passer le temps, je me poste à ma fenêtre et j'observe les maisons que je surplombe. De quoi sont faites les vies qui se déroulent derrière ces murs ? Qui est ce couple immobile installé face à face dans son salon ? Sans un mot, sans un geste. Des statues de cire. Et cette femme seule, un peu penchée, figée devant l'écran de son ordinateur qui ne s'éteint jamais et d'où surgissent la nuit des éclairs colorés ? La scène fait penser à un tableau de Hopper. Mystères de vies absurdes ou désespérées. Un jeune homme malingre aux cheveux gominés fume cigarette sur cigarette sur son balcon en observant la fille d'en face qui se dénude dans sa salle de bains. Pourquoi ne ferme-t-elle pas ses persiennes ? A-t-elle remarqué que le voyeur se branle à longueur de soirées ? Vies banales. Vies désordonnées. Sexualités minables. Destins secrets. Solitudes dans la ville. Je dors très mal. Mes nuits sont peuplées de cauchemars.

… Trois coups résonnent devant un rideau de velours rouge qui s'écarte en saccades. Je suis sur une scène de théâtre avec deux personnages sans visages. En fond de décor, des ombres chinoises se tortillent voluptueusement autour d'une barre de Lap dance. *Je me demande ce que je fais là.*

Un des deux protagonistes, debout, appuyé sur un pupitre, entame sa tirade du premier acte d'une pièce en m'adressant une question. Je suis censé lui répondre, mais j'ai oublié mon texte. Un long silence plane et, derrière moi, la salle s'impatiente. L'autre acteur ne réagit pas et le suspense persiste. Le public commence à trépigner. Je ne sais que faire. Je me sens perdu. Je pressens que la seule solution serait d'entamer un dialogue en improvisant. Relancer l'action m'angoisse. Les deux personnages vont-ils accepter de me suivre et de réécrire la pièce ? Auront-ils l'imagination nécessaire ? La tension est à son comble dans la salle d'où commencent à s'élever quolibets et lazzis. L'anxiété m'empêche de trouver la moindre phrase. Impossible de me tirer de cette situation. Une seule issue : la fuite. Je sors de scène en courant sous les huées du public. Un nain me poursuit. Le rideau de velours rouge se referme en grinçant sur son rail…

Je me réveille en nage dans un lit chamboulé. La signification de ce rêve est éclairante : la voix de mon inconscient me dit : « dans quelle pièce es-tu en train de jouer ? » et aussi : « dans cette pièce, dans ce texte (celui de mon roman), tu vas être obligé d'improviser comme un *acteur*, mais tu peux encore y échapper. »

Épuisé par ces nuits agitées, je passe ma journée affalé dans mon canapé et tente de m'éclaircir les idées sur le roman que je suis en train de *vivre*. J'essaie en vain d'imaginer un synopsis. Seule Élise, cette muse improbable, peut orienter la suite de l'histoire. Je n'ai pas d'alternative : il faut attendre qu'elle se manifeste. La feuille blanche me nargue.

Il m'arrive de tirer au hasard un livre de ma bibliothèque pour y piocher un mot ou une phrase qui peut me remettre sur les rails. Le dernier de ces bouquins est *Le bourgmestre de Furnes* de Simenon. J'y farfouille sans résultat. Le portrait de Jos Teirlinck m'intrigue. Je le découvre comme un frère jumeau de Brandt, une brute insensible, mais l'inspiration ne vient pas pour autant. Cette lecture ne fait que me déprimer tant le talent du maître liégeois surpasse le mien. Son aptitude à façonner des phrases brèves et ciselées qui décrivent si bien les atmosphères me renvoie à la lourdeur de mon style. Cette fois, la démarche est inutile. J'abandonne et range illico *Le bourgmestre* dans la bibliothèque. Autre motif de frustration : Simenon écrivait en un mois ce que je concevais en deux ans. Cela me donne l'impression d'être un baudet boiteux poursuivant un cheval de Grand Prix.

Bip. Bip. Je sursaute. Mon portable se manifeste enfin. Je me jette dessus. Élise me répond : « Je ne demande qu'à vous revoir. Où ? Quand ? Un endroit discret, svp ! » En l'espace de quelques secondes, je pense au danger que présente cette rencontre. Il est encore temps d'y renoncer. La vie est faite de ces carrefours où le choix de la direction peut être fatal. Mon index s'affermit sur l'écran. Je réponds : « Viendriez-vous chez moi ? Aujourd'hui, fin de journée ? Vers 18 heures ? » Mon regard reste fixé sur mon portable comme si ma vie dépendait de sa réponse. Mon cœur tambourine. Bip. Bip : « Okido, parfait. L'adresse ? » – « 82 rue Locquenghien 3 étage. » Bip. Bip : « J'y serai. »

Hésitant entre l'exaltation de la revoir et l'inquiétude de faire un pas de plus vers un précipice, je réfléchis à la suite des événements. Il est 15 heures. D'ici à son arrivée, j'aurai à peine le temps de faire le ménage dans mon appartement. Il ressemble à un bouge squatté par un dépressif où se sont accumulés vieux journaux, linge pas très net, courrier en attente, vidanges et vaisselle dégoûtantes, le tout recouvert d'une couche de poussière d'un mois. Depuis ma nuit au Medusa, obsédé par cette histoire, j'ai tout laissé à la dérive dans mon gourbi. Ma tenue est au diapason du décor. Un vrai clodo. Je commence par me verser un café pour me donner du courage.

Les symptômes d'un désir violent s'apparentent à ceux d'une peur intense. Je les ressens dès l'instant où la sonnette retentit : ma respiration se bloque, mes muscles se tétanisent, mes tripes se mettent à gargouiller et je me sens pâlir. J'ai la bouche tapissée de pierre ponce et mon cœur sautille comme un cabri fou.

Depuis que ma voisine, la petite vieille tranquille, s'est fait agresser et plumer, perdant toutes ses économies en ouvrant imprudemment la porte de son appartement, je vérifie l'identité de mes visiteurs par l'œilleton. Cette fois, je m'y colle, mais ne vois rien. Pourtant, l'éclairage fonctionne. Personne à l'horizon. Le palier est désert. La sonnerie retentit encore. Toujours pas une âme ! Dévoré de curiosité, je finis par ouvrir, le *palpitant* à 140. La minuterie éteint la lumière. Dans la pénombre, je crois distinguer un enfant dont la tête m'arrive juste au-dessus de la ceinture.

Mon cerveau confus n'arrive pas à décoder la situation. Quand les événements prennent une tournure inattendue, notre esprit a parfois besoin d'un temps de latence pour les intégrer. Les polissons qui sonnent aux portes pour emmerder leurs voisins décampent une fois leur mauvais coup accompli. Ce ne peut être le cas ici. Mes doigts palpent nerveusement le mur pour trouver l'interrupteur quand la voix caverneuse du petit personnage résonne dans la cage d'escalier. Je ne peux cacher ma surprise. Je fais un bond en arrière. J'ai enfin reconnecté tous les fils : un nain me fait face.

– Excusez-moi, monsieur…

Je le coupe immédiatement, croyant avoir affaire à un solliciteur jouant de son handicap pour m'apitoyer :

– Non, merci, je suis occupé et j'attends quelqu'un.

Je m'apprête à lui fermer la porte au nez quand il me répond :

– Je sais très bien que vous attendez quelqu'un.

Interloqué, je reste figé. Je comprends: c'est le nain du New Medusa. Je l'interroge du regard.

– Mademoiselle Séréna ne viendra pas. Il dit cela sur un ton qui ne souffre pas la discussion.

Je finis par trouver l'interrupteur. La lumière du plafonnier me permet de le détailler avec précision: une tête disproportionnée au front proéminent surplombant un nez écrasé à la base, des membres rabougris et tordus. Son visage marque une quarantaine d'années. Vêtu avec élégance d'un costume ajusté, agrémenté d'une cravate de couleur sobre, il est chaussé de souliers de cuir astiqués comme des miroirs. Du sur-mesure de grand prix, assurément. Il porte une mallette de croco sous le bras. Attendant une réaction, il se dandine d'un pied sur l'autre comme un animal encagé. Son regard me transperce. Il ricane.

– Étonné, hein?

J'ai de la peine à masquer mon embarras. Je l'interroge:

– Comment pouviez-vous savoir?

– Mademoiselle Séréna laisse souvent traîner son portable. Elle est imprudente, mais ne vous inquiétez pas, j'ai effacé vos messages. Vous m'avez bien entendu, elle ne viendra pas.

– Que me voulez-vous? Je suis dérouté par cette visite inattendue. Le petit bonhomme me répond:

– Il serait bien que nous ayons une conversation.

J'hésite à lui claquer la porte au nez, puis me résous à le faire entrer. Je l'introduis dans le séjour et lui propose de s'asseoir. D'un bond disgracieux, il grimpe dans le canapé.

– Pouvez-vous m'expliquer? dis-je en balbutiant.

– Vous devriez savoir, monsieur, que les filles qui travaillent chez nous n'ont pas le droit de rencontrer nos clients en dehors de l'établissement. Et *particulièrement* mademoiselle Séréna, précise-t-il sur un ton menaçant.

Je prends un air étonné de circonstance, mais il ne m'apprend rien. La discrétion avec laquelle Élise m'a donné son numéro de portable m'a fait comprendre cette règle. Je doute néanmoins que la visite du nain soit seulement motivée par cette exaction mineure.

– Pourquoi *particulièrement* mademoiselle Élise ?

– Parce que cela représente un danger pour elle.

– Pourriez-vous être plus précis ? Quel rapport avec moi ?

– Cela pourrait aussi vous nuire.

Je prends le parti de ne pas relever la menace et de détendre l'atmosphère pour en savoir plus. Cela marche parfois.

– Puis-je vous offrir quelque chose, un café, un verre d'eau ?

– Plutôt, un café, un petit serré comme moi, s'il vous plaît.

– Je m'en occupe.

Pendant que je vaque, le dos tourné, je tente de poursuive la conversation. Sur un ton indifférent, je lui demande :

– Vous travaillez donc au New Medusa ?

Agacé, il précise :

– Je travaille pour son patron.

Je m'approche pour lui tendre sa tasse. Il avance un bras court et noueux. Je lui réponds.

– Ah, oui ! Grabowski.

De surprise, il manque de renverser son café. Il se serait attendu à tout sauf à cela.

– Vous le connaissez ?

– Je l'ai connu dans le temps.

La tension diminue d'un cran. Je décide d'en rajouter :

– Aime-t-il toujours autant l'opéra ? En voyant son visage se détendre, je comprends que j'ai tapé dans le mille. L'évocation de la musique a servi de Sésame. Sa méfiance s'estompe.

– Ah ! Vous le connaissez donc si bien que cela ?

– Je l'ai bien connu, je vous le répète, à l'université.

– Si j'avais su, je ne me serais pas permis, je suis désolé.

Nous sommes là, comme deux joueurs de poker qui interrompent une partie et découvrent des cartes pipées.

– Dans ce cas, je n'insisterai pas. Mais je vous le rappelle, les filles du New Medusa n'ont pas le droit de rencontrer des clients en dehors de l'établissement.

On dirait qu'il répète une phrase apprise par cœur. Comme s'il agissait sur ordre. Il parle de manière agressive. Sa mâchoire semble s'être bloquée. Ajoutant le geste à la parole, il descend du canapé en sautant d'un bond. Sans se retourner, il quitte mon appartement en se dandinant d'un pied sur l'autre.

Le lendemain, je trouve une nouvelle enveloppe dans ma boîte aux lettres. Elle le concerne.

19

Jérôme

Avant tout, je tiens à préciser que je ne me prénomme pas Jérôme. C'est un nom d'emprunt, un pseudonyme, comme en portent les poules qui tapinent au Medusa. En réalité, je m'appelle Jean-Pierre, Jean-Pierre Vertongen. Ça fait moins nain que Jérôme, rapport au petit Jérôme de la bande dessinée.

Si vous ne l'aviez pas remarqué, ce qui m'étonnerait, je suis nain. Pas une personne de taille réduite *comme le politiquement correct nous désigne aujourd'hui. Non, un vrai nain, un nabot, un cousin de Grincheux, de Prof, de Dormeur, Atchoum et Timide. Si les frères Grimm en avaient imaginé un huitième en me prenant pour modèle, ils m'auraient appelé Méchant, car je le suis vraiment. Je ne fais que rendre aux autres ce qu'ils m'infligent à longueur d'année. Blanche-Neige ? Je ne l'ai jamais rencontrée, en tout cas pas dans cette boîte. Si le cœur vous en dit, vous pouvez en rajouter une couche et, comme la majorité sadique de nos contemporains, me qualifier de troll, de lilliputien ou de pygmée. Je ferai semblant d'y être indifférent, mais cela me déchire le cœur. Je ne peux rien y faire : je suis fait comme cela. La peur de la différence rend les gens agressifs. Je suis en permanence blessé à mort par des regards en biais et des paroles susurrées sur mon passage. On s'habitue à tout dans la vie, mais pas à cela. Aujourd'hui, on n'en est plus aux nains gentils et rigolos ou aux nains de cour comme Triboulet le bouffon de François 1er, qui finit en disgrâce. Dans la société de la réussite, nous sommes des petites merdes que l'on doit écraser. À part Mimie Mathy, je n'en connais pas des masses qui soient respectées. Même Passe-Partout s'est fait virer de Fort Boyard. Si une fille me file une allumette en me disant qu'elle m'offre une canne, je suis censé trouver cela drôle, vous apprécierez…*

Pas la peine de vous raconter ma vie, elle est sans intérêt pour comprendre cette affaire. Par contre, il pourrait vous être utile que je décrive mon rôle au Medusa et la raison pour laquelle j'ai échoué là.

Il y a une vingtaine d'années, sous le coup de la colère, j'ai fait une énorme connerie. Si vous creusez dans les archives de ce que vous appelez votre justice, vous pourriez la déterrer, mais cela ne vous servira à rien : l'histoire est prescrite. Vous feriez chou blanc en me cherchant des poux.

À l'époque, conscient de la précarité de ma situation, j'avais dû consulter un avocat dont j'appris plus tard qu'il était un ténor du barreau. Une personnalité brutale, genre bison colérique, qui vous fonce dedans quand vous ne vous y attendez pas. D'emblée, il ne me laissa aucun doute sur la gravité de mon cas. Il était désespéré. Mon cas, je veux dire, pas l'avocat. Je l'entends encore m'expliquer, les yeux dans les yeux : « Si vous êtes attrapé, vous prenez dix ans ferme minimum, malgré toutes les circonstances atténuantes que vous pourriez légitimement invoquer. » Je n'avais aucune chance d'échapper à un sort des moins enviables.

Tout étonné, je vis alors son regard de bison s'attendrir et s'humidifier comme celui d'une vache au pré. J'interprétai cette soudaine fêlure comme de la pitié. Il devait penser : « Pauvre type, tu as fait une bêtise de la taille du palais de justice, mais quand je te regarde, je comprends ce qu'aucun jury ne pourra jamais comprendre. » Malgré une apparence de sourde brute, ce gars était humain. Je revois la scène comme si j'y étais.

Le bison furieux cessa de gratter le sol de sa patte avant et resta quelques minutes sans rien ajouter tandis que la poussière retombait. Muet, il cogitait en tapotant le bureau de ses doigts. Très lentement, il ouvrit une boîte de cigares, y saisit avec précaution un Cohiba – je dirais un Siglo 4 –, en retira la bague, le décalotta, en suça l'extrémité pour l'humidifier et l'alluma avec un soin méticuleux. Il inspira sa première bouffée avec délectation. Ces minutes me parurent une éternité : mon sort se jouait dans les arcanes de la pensée de cette brute aux manières distinguées.

Pour faire durer le plaisir, il se redressa sur son siège avec une étincelle dans le regard dont se dégageait une certaine malice. Il semblait s'amuser d'une trouvaille. Il reprit enfin la parole :

– Il y a peut-être une solution.

Après une tétée de son pied de chaise qui semblait lui procurer une jouissance orgasmique, il me posa pour la troisième fois les mêmes questions.

– Êtes-vous sûr que personne ne vous a vu entrer ou sortir ? Pas la moindre trace de votre passage ?

– Sûr et certain, répondis-je, convaincu de ne pas me tromper.

– Dans ce cas… Il inhala une fois encore la fumée de son havane en se le promenant sous le nez… vous allez me faire faire une manœuvre que mon éthique m'interdit, mais c'est la seule issue pour vous extraire de ce guêpier.

En entendant issue, *je pensai sortie de secours et je crus m'effondrer en larmes. Je me retins. Je retrouvais espoir.*

– De défenseur, je me mue en complice, vous en rendez-vous compte ?

Je le fixai sans ciller. Je ne comprenais pas où il voulait en venir.

– Vous allez disparaître et vous faire tout petit, ça ne devrait pas être trop difficile.

Avait-il fait exprès de m'envoyer cette rosserie comme pour se déculpabiliser de sa compassion à mon égard ?

– Disparaître ?

– Oui, vous devrez tirer un trait sur votre passé, couper les ponts avec toutes vos relations, changer vos habitudes, ne plus jamais fréquenter les

lieux que vous connaissez, effacer vos traces. En un mot, cela signifie être définitivement rayé de la liste des vivants. Je vous trouverai de nouveaux papiers.

– Mais, mon boulot, ma famille ?

– Oubliez tout cela, comme si vous étiez mort.

– De quoi vais-je vivre ?

– Ne vous inquiétez pas pour cela.

– Mais…

– Avez-vous vraiment le choix ? À moins que vous ne préfériez… Dix ans minimum, malgré tout mon talent.

J'étais stupéfié par sa proposition qui faisait basculer ma vie, mais c'était tout réfléchi. Comme il me l'avait précisé : je n'avais pas d'alternative.

– D'accord, murmurai-je dans un souffle, je n'ai pas le choix, je suis d'accord.

– Vertongen, je vois que vous êtes un garçon raisonnable. Maintenant, soyons pratiques : j'ai quelqu'un qui pourrait vous aider à opérer ce changement radical. Cette personne s'occupera de tout. En contrepartie, vous devrez vous conformer à toutes ses volontés. Ce sera le prix à payer pour vous sortir de là. Encore un mot : quoiqu'il arrive, vous ne me connaissez pas, vous ne m'avez jamais vu. Est-ce bien clair ? Je ne pouvais qu'acquiescer.

Le lendemain, je rencontrai Grabowski dans son bureau au-dessus du Medusa. Impotent, il cherchait un homme à tout faire, une sorte de larbin, pour l'assister dans son quotidien. Son discours fut sans détour. Non sans me menacer implicitement de me dénoncer, il me proposa sa confiance contre la mienne.

– Tout ce que vous verrez ici restera entre nous. Je n'aurai pas de secrets pour vous, mais, en contrepartie, je vous demande une discrétion absolue sur ce qui se passe au Medusa. Ce sera notre pacte. Je sais tout de vous et

je me tairai dans toutes les langues, faites de même à mon sujet et tout ira bien.

On me débaptisa. Jean-Pierre Vertongen disparut de l'état civil et je devins Jérôme. Curieusement, personne de ma famille ne sembla me rechercher. Ils devaient être heureux d'avoir égaré leur petit anormal dans la nature. Lors de notre première rencontre, Grabowski avait prononcé une phrase un peu étrange : « Votre petite taille vous rend aisément reconnaissable. C'est indéniablement un grand avantage pour moi. » Il avait dit cela sérieusement en me fixant d'un regard un peu appuyé qui écartait toute moquerie de sa part. Je m'en souviens comme si c'était hier. Sur le moment, je n'avais pas compris ce que cela signifiait. Je le sus plus tard.

Je pénétrai ainsi dans l'ombre et n'existai plus que la nuit. Grabowski m'avait prêté un petit studio dans les combles de la maison qui abritait le Medusa.

Il m'apprit alors qu'à sa connaissance, à part Toulouse-Lautrec qui habita à La Fleur blanche, aucun homme normalement constitué – vous voyez ce que je veux dire – n'avait jamais été autorisé à vivre dans un bordel.

Pendant les premières années à son service, je restai confiné dans ces lieux, occupé à régler ses affaires. Papiers administratifs de la boîte et de son personnel, comptabilité, surveillance des locaux, vérification des stocks, menus bricolages, cuisine et rangement remplissaient mes journées. L'éventail de mes tâches était large. Il oscillait entre le rôle d'un factotum et celui d'un secrétaire général. Sauf à l'aube, et seulement l'été, après m'être assuré que la rue était déserte, je ne voyais jamais la lumière du jour.

Le temps passa et les barreaux de ma prison s'écartèrent petit à petit. Le monde m'avait oublié. Les flics itou. Je n'existais plus que dans l'univers clos du Medusa, sous pseudonyme. Progressivement, Grabowski me permit de sortir pour faire les courses et, la prescription aidant, je pus enfin mener sans crainte une vie normale. Jamais l'idée ne me vint de quitter l'homme qui m'avait sauvé.

J'avais égaré ma famille biologique, mais j'en avais retrouvé une différente. Grabowski se conduisait avec moi comme un père attentif et protecteur. Jamais je ne le surpris à me regarder autrement que comme un être ordinaire. Il m'avait demandé de garder mes distances avec le personnel de la maison, surtout avec les filles.

Au début de mon séjour au Medusa, Grabowski que l'on surnommait le vicomte (il méritait bien ce sobriquet, car il se comportait en véritable aristocrate avec moi) me tenait à distance, mais, après quelques mois, lorsque la confiance fut établie entre nous, il me fit partager sa passion pour la musique. Dans cette solitude cloîtrée, j'y trouvai réconfort et plaisir. Ce que je pris au départ pour une distraction se transforma en réel intérêt. J'étais au diapason – si j'ose dire – avec le vicomte. Ce fut peut-être une erreur… Aujourd'hui incollable, je navigue en expert de Monteverdi à Stockhausen et les grands opéras n'ont plus de secrets pour moi. Grabowski et moi avions des discussions enflammées sur le sujet. J'avais découvert un univers qui, au fil du temps, allait évoluer dangereusement. Mais c'est une autre histoire…

Dans le microcosme du Medusa, j'endossais une double responsabilité : j'incarnais l'autorité du vicomte, mais j'étais aussi traité comme une mascotte par les filles du bar. Certaines m'accordaient parfois leurs faveurs pour me payer mes services en nature. Leurs petites branlettes et sucettes m'arrangeaient bien : je ne suis pas de bois ! Personne ne s'interrogeait sur ma vie. Ni mon passé ni mon avenir ne les intéressaient. Je n'existais que dans mon rôle de composition. J'étais devenu Jérôme du Medusa, une sorte de caricature, une pièce du décor. Le reste était effacé de mon Curriculum vitae. Venant des clients de la boîte, les vexations continuaient à fuser, mais je n'en avais cure : la protection et le confort affectif que m'offrait mon entourage m'aidaient à supporter ces inévitables tracasseries.

Mais je ne suis pas venu pour vous parler de moi, mais de cette fameuse nuit. Je m'en souviens parfaitement.

Après le déjeuner, le vicomte m'avait demandé d'aller lui acheter à la Boîte à Musique, son disquaire préféré, près du Palais des Beaux-Arts, une version récente de Lulu *d'Alban Berg, mise en scène par Warlikowski. Il semblait pressé. J'attribuai son excitation au fait que le jeune metteur en scène était polonais comme lui. Quand je lui apportai le disque, il proposa que nous l'écoutions ensemble, après l'ouverture du bar. J'acquiesçai, un peu étonné, car ce n'était pas tellement dans ses habitudes. Je retournai donc à mes activités en attendant la soirée musicale.*

À l'heure dite – il devait être près de minuit –, j'entrai dans son bureau. Il me tournait le dos. Il ne m'entendit pas, car il était totalement absorbé par ce qu'il était en train de lire. C'était le livret de Lulu. *Puis il sursauta et se saisissant d'une des deux roues de son fauteuil, se retourna vivement, comme pris en faute.*

– Ah, tu es là ?

– Vous ne m'aviez pas entendu ?

– Non.

Il déposa le livret de l'opéra sur son bureau et me raconta l'histoire de Lulu.

Une femme, ingénue perverse et irresponsable, qui refuse rarement les avances qu'on lui fait, sème la mort parmi ceux qui l'approchent. Sans qu'ils puissent lui résister, elle attire tous les hommes dans le cercle infernal de sa féminité. Sorte d'ange noir dans un univers kafkaïen où Éros fraie avec Thanatos, elle séduit les suicidaires. Ses maris successifs en font les frais. Goll, terrassé par l'apoplexie. Schwarz, pendu au bout d'une corde. Le docteur Schoen, abattu de cinq balles. Une vraie rengaine de morts en série. Un enchaînement dramatique à souhait. Lulu est l'esprit de la chair, elle est l'érotisme à l'état pur. Elle vit son inconscient sans limites. Elle se heurte à Schoen qui incarne l'intellect, seule perche tendue pour la sauver. Peine perdue, il n'y survivra pas plus que les autres. Le triomphe de son instinct l'emporte dans un tourbillon fatal et lorsqu'elle n'a plus que son corps à vendre pour subsister, devenue esclave de l'argent, elle finira par succomber sous les coups de Jack l'étrangleur. Comme si elle avait organisé le carnage. Un suicide prémédité.

Quand le rideau s'ouvrit dans le bureau du vicomte plongé dans l'obscurité, la boîte était quasi vide. Il esquissa une moue dépitée : les affaires ne tournaient pas bien. On frôlait la faillite. La crise émoussait la libido des clients. Il me demanda d'insérer le disque de Lulu *dans le lecteur DVD. La musique était rébarbative. « Une Traviata dodécaphonique ! » m'avait-il prévenu. Bien sûr, en bon mentor, il avait tenté de m'expliquer la technique de la série des douze sons. En vain. Il s'était tu en voyant que cela m'emmerdait. Je n'aimais pas ces enfilades de notes dissonantes. Il s'absorba alors dans l'opéra, le regard absent. Pour me distraire de ce pensum, j'observais ce qui se passait dans la salle.*

Une fille que je ne connaissais pas entra dans la boîte. Très belle, vêtue d'une robe qui semblait peinte sur sa peau, elle alla s'installer sur un tabouret du bar, à l'étonnement général. L'apparition de cet ange noir venu de l'extérieur était un épisode rarissime dans la vie du Medusa réservée à un public d'hommes. Peut-être se présentait-elle pour être engagée comme danseuse ? Jusque-là, le vicomte, absorbé par la musique ne l'avait pas remarquée.

Hystérique, le récitatif rauque de Lulu *– des intonations gutturales – avait envahi la pièce. Les cris d'une mouette éraillée plus que du chant. Comme d'habitude, Grabowski était sérieusement entamé. La vodka le détruisait à petit feu. Il semblait somnoler, mais je vis au mouvement de sa main qui accompagnait la musique qu'il ne dormait pas. Il flottait dans le vide, l'esprit désagrégé par l'alcool.*

À la fin de la première scène, d'un geste agacé il voulut interrompre l'écoute comme s'il pressentait quelque chose de dangereux, puis il se ravisa. Cette tragédie qui frisait le grotesque le déroutait, mais pourquoi avait-il insisté pour l'obtenir si rapidement ?

Un éclair stria la salle du Medusa. La guirlande lumineuse qui entourait la piste de lap dance *s'illumina de tous ses feux. Le spectacle commençait. Surpris, le vieux pachyderme s'ébroua. Il vit la danseuse qui se détachait dans l'obscurité, comme dans un halo. Il était cramoisi. J'attribuai ce détail à l'alcool. Je me trompais.*

– Qui est cette fille ? J'eus l'intuition qu'il me posait une question dont il connaissait la réponse.

– Je l'ignore. Je ne l'ai jamais rencontrée ici. Normalement, le portier n'aurait pas dû la laisser entrer.

– Décris-la-moi !

Étonné par cette requête – puisqu'il voyait la fille, je ne comprenais pas pourquoi il m'en demandait une description –, je lui en fis un portrait en précisant qu'elle avait un large tatouage dans le bas du dos qui représentait un aigle bicéphale dont les serres crochues semblaient agripper ses reins.

– Va voir ce qui s'est passé.

Il m'avait dit cela avec une violence dont il était peu coutumier à mon égard. Je m'exécutai et descendis vers l'entrée à la recherche du portier.

Il arrivait fréquemment qu'il aille tirer sur une clope et discuter le coup avec des collègues des boîtes voisines. Elles parsemaient la rue de Livourne. La plus proche était à dix mètres. La fille avait-elle profité de son inattention pour s'introduire au Medusa ? Jan, le portier, était à son poste.

– Tu as laissé entrer une nana ? Tu sais pourtant que Grabowski ne veut pas de tapineuses ici. Il me répondit tout de go :

– Elle m'a dit qu'elle le connaissait. J'ai présumé qu'elle allait chez lui…

– Elle t'a dit qu'elle le connaissait !

– Ben oui ! J'ai cru que c'était une pute pour le patron ou une candidate, alors, comme elle m'avait cité son nom, j'ai pensé bien faire en lui permettant d'entrer.

En remontant chez le vicomte, j'éprouvai un malaise. Sa réaction en découvrant la fille avait été violente. Cela cachait quelque chose. Il ne m'avait pas tout dit.

Deuxième scène de Lulu.

Le vieillard asthmatique Schigolch, obèse et essoufflé, rend visite à Lulu pour lui soutirer de l'argent. Elle est riche : son vieux mari Goll l'a gâtée en trépassant.

Une fois encore, dans les vapes de l'alcool, Grabowski se laissait emporter par l'histoire : dans une projection un peu floue, il s'imaginait en Schigolch, père indigne et peut-être incestueux de Lulu – lui seul le savait – venu mendier de quoi survivre auprès d'elle. Simultanément, il gardait le regard rivé sur la fille d'en bas : grâce au tatouage, il était quasi sûr de l'avoir reconnue, mais il ne voulait pas se rendre à l'évidence. C'était trop énorme. Non, pas ça ! Surtout pas ça ! Plus, il essayait de se raisonner, plus il repoussait l'idée plus elle s'imposait. Il regretta de m'avoir envoyé enquêter alors qu'il connaissait la réponse. Mais il était trop tard, je revenais vers lui, mal à l'aise, me tordant les doigts et bredouillant.

La musique ne tarissait pas. La voix rauque de la chanteuse Barbara Hannigan résonnait dans le bureau. Grabowski imaginait son corps érotisé dans la même tenue que celle de la fille d'en bas. Une pute en bas résille avec une robe qui lui collait à la peau et lui laissait un dos dénudé ne cachant rien du tatouage qu'il aurait voulu ignorer. Il était fasciné.

Il reprit une rasade de Vodka comme s'il voulait s'y noyer. Elle lui brûlait le gosier et le larynx jusqu'aux poumons. Pourquoi était-elle venue ?

Dans l'opéra, c'est Schigolch qui vient à Lulu, pas l'inverse. Mais là, c'était fatal : il fallait que cela arrive un jour. Il était cramoisi et semblait chercher une issue à la situation. Je sentais qu'il était entré dans une colère noire. Je me tenais coi, en retrait derrière lui. Puis il se mit à hurler : « Va chercher cette fille ! » Je me dis qu'il y avait vraiment un problème ! Il se retourna vers moi et vit mon hésitation. « Mais putain de nom de Dieu, je te dis d'aller chercher cette fille ! » Je n'en croyais pas mes oreilles. Il avait bu. Il était comme fou. Enragé.

20

Le témoignage du nain pose plus de questions qu'il n'en résout. Il est de la même veine que le récit de la femme de ménage, Rafaela : une transcription littéraire d'un interrogatoire de police sous forme de monologue. Un genre nouveau inventé par Brandt pour les besoins de son livre. Mais est-ce la version de Brandt ou celle de Jérôme ?

Le nain tente-t-il de se disculper en tronquant la réalité ? Sa narration sent l'esquive. S'est-il contenté de livrer des informations qui le mettent hors de cause ? La lecture de son témoignage n'a fait qu'ajouter à ma perplexité. Le texte s'interrompt avant d'aborder la séquence criminelle qui aurait pu m'intéresser. Rien n'est clair.

Je n'en tire qu'une maigre certitude : les liens anciens entre Brandt et Grabowski n'ont été dissous ni par leurs existences divergentes ni par l'écoulement du temps. Ils sont restés plus proches que je ne l'aurais pensé. Les services que Brandt rend à Grabowski cachent une complicité que je ne m'explique pas.

La fille qui par deux fois avait déchaîné la colère de Grabowski était présente la nuit du drame. Est-ce Pamela qui ressemble à s'y méprendre à Séréna ? D'où proviennent les pages du manuscrit qui me sont parvenues ? Ont-elles été caviardées pour les besoins de la cause ? Elles sont incontestablement, pour partie du moins, de la plume de Brandt. Leur lecture m'a laissé sur ma faim : le récit de Rafaela décrit le lendemain d'un crime épouvantable et celui du nain, les heures qui l'ont précédé, mais de la victime, de l'assassin et du mobile, pas un mot pour m'éclairer. Je tiens le début et la fin, seul manque le milieu de l'histoire. Je connais des personnages périphériques, mais pas tous les protagonistes de l'affaire.

Qui pourrait m'aider à voir plus clair ? Brandt est à l'article de la mort et, sauf miracle, je n'en tirerai plus grand-chose. Je répugne aussi à l'idée d'aller trouver Grabowski dont les lubies perverses me soulèvent le cœur. Elles s'amalgament dangereusement au crime. Malgré la curiosité qui me tourmente, je ne me sens pas le courage de lui coller aux basques pour en savoir plus. Comme déjà à l'université, sa violence me faisait peur.

L'instant dangereux pour un fou n'est pas tant celui de ses chimères et de ses excentricités que celui où, les quittant, il revient à une réalité contraignante, car c'est là qu'il se déchaine. Les témoignages de son entourage me dissuadent de l'approcher de trop près. Le contexte délétère du Medusa rend la démarche risquée. À quel titre d'ailleurs aurais-je pu prétendre obtenir de lui des informations sur cette affaire ? Une conclusion s'impose : seule Élise peut m'éclairer. Encore faut-il la retrouver.

Cette histoire me hante. Mon sommeil s'en ressent. Je passe des journées de mort-vivant. Mes moments d'écriture se résument à des stations de chemin de croix. Les bouteilles d'alcool vides s'alignent dans ma cuisine et mes cendriers débordent de mégots. Je tourne à vide. Je n'ai qu'une obsession : retrouver cette fille. Malgré les obstacles qui se dressent sur ma route, je veux la revoir même si cela doit me coûter cher.

Mon imagination m'a toujours aidé à inventer des rebondissements pour nouer mes intrigues et faire progresser mes romans, mais ici, je ne trouve pas d'issue. Je dépends de mes personnages. Élise a clairement manifesté son intention de me rencontrer, mais cela ne suffira pas. À travers le témoignage du nain, j'ai compris que son entourage ferait obstruction. Ils ont érigé un mur autour d'elle pour m'empêcher de la voir. Me rendre au New Medusa équivaut à me précipiter dans un piège. Lui téléphoner ne m'amènera à rien : la visite de Jérôme me l'a prouvé. Il ne me reste plus qu'à attendre que quelque chose se passe. Cela ne dépend plus de moi.

21

La nécrologie du journal *Le Soir* me prouve que mon intuition ne m'avait pas trompé : Brandt est passé de vie à trépas. Sous le titre : « *Un gardien de nos libertés a pris celle de s'en aller* », un hagiographe s'épanche sur trois colonnes en un hommage dithyrambique au héros disparu. Sa prose qui frise les cimes me ferait sourire si ce départ ne coïncidait pas avec une déception : les secrets de Brandt s'égarent désormais parmi les étoiles. Ce problème mis à part, sa mort me laisse froid.

L'avis de décès, décoré de l'équerre et du compas maçonniques, invite les amis de Brandt à se recueillir au crématorium d'Uccle, avenue du Silence – qui porte bien son nom. Je ne suis pas étonné qu'il soit frère trois-points : à l'université, il militait avec passion pour la liberté de penser. La cérémonie aura lieu le lendemain matin. Ni fleurs ni couronnes.

Je déteste les enterrements et plus encore les rituels qui les entourent. La réalité glaciale d'un cercueil fourré d'un cadavre en décomposition heurte ma sensibilité. Je décide malgré tout de me rendre rue du Silence avec l'espoir d'y retrouver l'un ou l'autre protagoniste de l'affaire du Medusa. C'est moins risqué que de passer la nuit dans un cabaret glauque où tout le monde me veut du mal.

Un pâle soleil éclaire la coupole vert-de-gris d'un bâtiment sans grâce planté au milieu d'un jardin de buissons, de parterres fleuris – des rosiers fatigués –, de pelouses bien tondues et de plans d'eaux apaisants où s'ébattent d'insouciants palmipèdes. Le long des chemins tracés dans un ordre géométrique s'alignent des stèles, des sculptures et des murets de souvenirs qui célèbrent les disparus. Des portraits, des citations et des bouquets de fleurs artificielles garnissent les monuments dont la taille est proportionnelle au testament des défunts.

L'appartenance de Brandt à la franc-maçonnerie et sa qualité d'ancien bâtonnier assurent un large public à sa sortie de scène : tout ce que la politique, l'université, le barreau et le monde des affaires bruxellois comptent d'illustre s'engouffre dans le hall qui mène à la salle de crémation. En rangs serrés, ces notables, en majorité des hommes bien habillés, progressent poussivement en échangeant parfois une œillade ou un sourire compassé avant de s'incliner avec des airs de componction devant le cercueil du ténor déposé dans l'entrée. On ressent de minuscules connivences entre ces confrères, collègues et ennemis. Leurs mines affectées ne sont sans doute pas toutes sincères. Quelques victimes de sa méchanceté doivent être ravies de le voir disparaître. Il y a peu de femmes dans l'assemblée. À l'exception de quelques aventures de jeunesse, Brandt a toujours été seul, du moins à ma connaissance. Qui aurait d'ailleurs pu supporter de vivre aux côtés d'un homme aussi saturé de lui-même ?

En sourdine, couvrant le brouhaha des bavardages, des toussotements et raclements de gorge, la voix haut perchée d'un chérubin entonne un aria déchirant de la Musique funèbre maçonnique de Mozart.

Un mélange de multiples eaux de toilette flotte sur l'assemblée. Mon imperméable souillé couleur mastic qui n'a plus rendu visite au teinturier depuis des siècles, mon pantalon en accordéon et mes pompes usées me mettent mal à l'aise dans cette société à laquelle je n'appartiens que pour les brefs instants de cette pénible occasion. En m'asseyant discrètement à l'écart au fond de la salle, je m'interroge sur le bien-fondé de ma présence parmi ces gens. Je scrute l'assemblée à la recherche de l'un ou l'autre visage familier.

La vue du cercueil, la musique de Mozart et surtout la voix cristalline de la soprano me retournent l'âme. Quelques larmes me viennent aux yeux. Je respire profondément pour faire taire cette compassion inattendue. Je suis plus ému par apitoiement sur moi-même que par la mort de Brandt. Un vilain tour de ma sensibilité d'écorché.

Je tente de me distraire en observant d'un œil acide cette assemblée d'hypocrites qui singent le chagrin. Nombre d'entre eux ont d'excellentes raisons de détester Brandt. La vérité est là et pas ailleurs. Ces tartuffes endimanchés ne méritent que mépris.

La salle est bondée. Tous se bousculent dans l'entrée en contournant le catafalque pour se frayer un passage dans la foule. En queue de pie, un maître de cérémonie s'agite en tentant de pousser les retardataires vers l'avant. Seule l'allée centrale laisse un peu de place pour permettre au cercueil d'être avancé vers les portes du four qui s'ouvrent pour la grillade finale.

À ma gauche, dans le fond, on perçoit un léger tumulte assorti de remarques exaspérées. Poussé par le nain, le fauteuil roulant de Grabowski progresse dans l'allée centrale. Les bavardages se taisent. Un silence étonné accueille l'attelage insolite. Jérôme peine à pousser l'attirail sur le tapis qui se tortille en vaguelettes rétives sous les roues de l'engin. Le vicomte a l'air effondré. Jérôme regarde dans le vide, devant lui. Deux places leur ont été réservées à l'avant. Après l'instant confus, les questions sont chuchotées dans les rangs. Sans réponses, car rares sont ceux qui semblent connaître le Polonais et son factotum. Cette apparition me confirme que Brandt et Grabowski étaient restés proches. Je m'interroge sur l'opportunité d'interpeller Grabowski à la sortie de la cérémonie quand je vois entrer un autre duo : une dame âgée au chignon gris qui soutient une personne au visage dissimulé par un voile de deuil en dentelle, secouée de pleurs incontrôlés.

Il me faut quelques secondes pour me rendre à l'évidence : je ne connais pas la vieille dame, mais la jeune femme qu'elle accompagne, c'est Élise. Elle a l'allure d'une cousine élégante qui vient enterrer un membre de sa famille. Quel contraste avec sa dégaine du Medusa ! Il me semble obscène de l'imaginer en string en train de dégrafer son soutien-gorge et de le lancer dans la foule. La petite vieille au chignon gris me rappelle Prudence Petitpas, un personnage de bande dessinée, une sorte de mémé détective, héroïne du journal de Tintin, qui avait enchanté mon enfance.

La musique s'éteint. Quatre croque-morts déposent le cercueil de Brandt à l'avant de la salle, au milieu d'une montagne de fleurs et de couronnes – comme toujours, personne n'a respecté les consignes –, face aux rideaux noirs qui masquent les portes du four.

Le bâtonnier s'installe devant un lutrin équipé d'un micro. Ce cinquantenaire aux traits flasques, visiblement mal à l'aise, hésite à entamer le dernier hommage à son pair. Le col empesé de sa chemise lui pince le cou et semble l'étrangler. Ses mains tremblent mollement, imprimant un ondoiement aux feuillets qu'il tient. J'entends mon voisin ricaner quand le haut-parleur se met à siffler avec stridence. Après un bref instant de panique chez les croque-morts, suivi d'un petit ballet agité, l'incident est réglé.

Monsieur le représentant de Sa Majesté le roi, Monsieur le président de la chambre des représentants, Messieurs les ministres, Messieurs les magistrats, Mesdames, Messieurs,

– Puisque je ne suis pas dans la liste, tu me réveilleras quand il aura fini, persifle un confrère jaloux à son voisin qui pouffe. Après un raclement de gorge et une longue pause, l'orateur se lance, avec une emphase calculée.

« Je ne suis pas d'accord avec ce que vous dites, mais je me battrai jusqu'à la mort pour que vous puissiez le dire. » Cette phrase de Voltaire,

d'une humanité exemplaire, était le fil rouge des convictions du Bâtonnier Brandt et nul d'entre nous...

Le voisin sarcastique précise, sous cape :

– Sauf moi... Voltaire n'a ni écrit ni prononcé cette sentence, pure invention d'une auteure anglaise. Soit... *aucun d'entre nous ne contestera que le Bâtonnier Brandt, depuis sa signature de la charte du Libre Examen à l'Université, n'a dérogé à ce principe essentiel : la liberté de pensée forge notre démocratie et, par-là, une possibilité de vivre ensemble...*

– Vivre ensemble ! Le nouveau poncif, la quintessence de l'expression politiquement correcte d'aujourd'hui. Tout ce que détestait Brandt, le misanthrope solitaire, précise le voisin malveillant. Derrière lui, on appuie sur des *chut*! et s'indigne en sourdine.

... Je ne m'attarderai pas sur sa brillante carrière de pénaliste qui le vit rapidement voler de ses propres ailes après des stages dans les cabinets les plus prestigieux de la capitale. D'une fermeté intransigeante sur les principes qui fondent notre droit, il n'hésita jamais à se saisir de causes perdues d'avance. Si certains osèrent lui reprocher d'avoir côtoyé pour les besoins de son apostolat – car c'en était un – un milieu dont les normes s'écartaient dangereusement de l'ordre social, il ne dévia jamais de l'essence de sa vocation : défendre l'homme envers et contre tout et, dans l'impossible même, tenter d'expliquer un basculement hors de la société...

– Et bla et bla et rablabla, fait un peu lourdement le voisin. Les *chut !* et les *silence !* redoublent.

... Si son talent inné d'orateur avait pu lui donner des facilités dont d'autres étaient moins pourvus...

– Tu parles pour toi ! persifle le critique.

... Talentueux, il n'en était pas moins un travailleur acharné. Fouillant ses dossiers, polissant ses textes, peaufinant ses conclusions et exerçant son éloquence, que ce soit pour un petit malfrat, un puissant banquier ou un seigneur du milieu, chaque prévenu devant ses juges méritait à ses

yeux la même attention et les mêmes devoirs. Sa vie, entièrement dédiée à sa vocation, ne lui laissa pas le loisir de la voir partagée. Il vécut seul, mais pas dans l'isolement. Si sa causticité lui valut bien des rancœurs, il suivait la ligne droite de sa route, n'obéissant qu'à ses principes…

– Bref, un vieil acariâtre distributeur de leçons que plus personne ne supportait, continue le voisin.

– *Chut*! *Chut*! reprend le chœur des indignés.

… Si le hasard m'a désigné à la fonction que j'occupe aujourd'hui, celle-ci m'a donné l'insigne honneur de recueillir les dernières pensées du Bâtonnier Brandt et de l'autoriser à publier ses mémoires d'avocat engagé. Celles-ci seront incessamment éditées et permettront à chacun d'entre nous d'apprécier l'excellence du parcours du meilleur d'entre nous. Au cours de ces ultimes entretiens, proche de l'agonie, alors que, face à la mort, il n'est plus temps de dissimuler, le Bâtonnier Brandt m'a fait part de ses préventions contre l'évolution de notre monde. Le laxisme généralisé, l'estompement de la norme, la perte de nos libertés devant un état invasif impuissant à régler nos vrais problèmes, l'emprise de technologies incontrôlées, la vision à court terme de nos politiciens avides de pouvoir plus que du bien commun, la cupidité de nos banquiers plus obsédés par leur profit que par leur rôle social, l'asservissement de notre société à la pensée unique, étaient autant de maux qui, selon lui, nous mènent droit à la catastrophe.

Il s'était apaisé face au trépas, comme si cette mort, tant crainte par d'autres, pouvait lui éviter la perspective d'observer le naufrage de notre société dans un désastre qu'il redoutait tant.

La vie continuera sans lui, mais il nous aura prévenus : sans un sursaut salutaire, les temps futurs ne lui feront pas regretter de nous avoir quittés…

Tel un Savonarole épuisé, l'orateur marque une pause comme s'il voulait pousser l'assemblée à la réflexion. Mon insolent voisin conclut :

– Amen.

Son discours me paraît ampoulé, mais, en quelques phrases, il a réussi à cerner la fin du personnage. Cela ne répond pourtant à aucune des questions que je me pose. Le bâtonnier reprend :

… Il reste encore une dimension de l'homme que je dois aborder pour peaufiner le portrait. Lorsque sa vie solitaire le désespérait, il cherchait dans la musique et particulièrement dans l'opéra ce qui lui manquait si cruellement : la compagnie des passions qui l'avaient déserté…

À ce moment précis, avec un à-propos confondant, la sonnerie du téléphone portable du voisin perturbateur entonne haut et fort l'air de Carmen : « Toréador, en garde ! » L'orateur, furieux, s'interrompt. D'inévitables gloussements de rire soulignent le désastre. L'inconscient farfouille nerveusement dans ses poches pour faire taire l'intrus. Les gens qui l'entourent s'indignent. La ritournelle s'éteint enfin. Le coupable, gêné et les joues en feu, est réduit à la honte.

Les bouleversements de l'existence surgissent parfois au détour d'incidents incongrus. Quand retentit l'air de Bizet, Élise se retourne dans ma direction. Quel est donc l'idiot ? Nos yeux se croisent. Je n'y reconnais rien de ce que j'en connais : une étrangère m'aurait dévisagé de la sorte. Un regard froid, inexpressif et absent. Elle ne cille pas, affichant un masque figé.

Une intuition me saisit : la passion de l'opéra est-elle le lien qui relie Brandt et Grabowski ? Qu'entend le bâtonnier par « … la compagnie des passions qui l'avaient déserté… » ?

La fin de l'hommage est conforme à son exorde : pompeuse, sollicitant des souvenirs invérifiables, édulcorant les défauts de Brandt et magnifiant ses qualités. Pour finir, je le trouve juste dans l'appréciation du personnage, mais je n'en ai rien appris de nouveau. Occupé à observer la première rangée de la salle, je ne l'écoute plus que d'une oreille distraite.

Le nain se tient debout à côté du fauteuil roulant de Grabowski. Le Polonais se serre la tête entre les mains. Plus à l'arrière, Élise, secouée de temps à autre de soubresauts, manipule sporadiquement un mouchoir blanc auquel elle semble s'accrocher des deux mains. Je m'étonne de l'absence du bellâtre hispanique : c'est la première fois que je vois Élise sans son inquiétant cornac.

Une autre cantate de la Musique funèbre maçonnique de Mozart emplit la salle d'un ample élan de ferveur. Si je n'observais pas à ce moment-là les rideaux noirs qui s'écartent, puis l'entrée du four qui s'ouvre, j'aurais été ému, mais le mouvement mécanique du cercueil qui s'enfonce en glissant dans la béance infernale me glace. Sic transit… Les portes se referment et, dans un vrombissement sourd, le chalumeau qui doit faire disparaître Brandt crache ses premières flammes. Efficacité oblige, le souffle est brutal. Un silence lourd pèse sur l'assemblée impressionnée par l'évidence matérielle de sa fragilité.

J'imagine le lion des prétoires réduit à un petit tas de cendres en quelques minutes. Triste résumé d'une vie. Que restera-t-il de lui dans quelques années ? Quelques acquittés grâce à ses plaidoiries l'oublieront eux aussi. Se souviendront-ils seulement de son nom ? Même la haine de ses adversaires s'usera à la longue. À en juger par l'assistance, à part l'insolite duo du premier rang, pas de famille et peu d'amis fidèles pour le regretter.

Ses mémoires ? Ils auront probablement un succès d'estime qui se diluera à son tour dans des stocks d'invendus de librairie, à côté des miens. Le temps, redoutable d'efficacité, engendre l'amnésie. Nous ne sommes que poussière et ce constat pétrifie le public dans un silence angoissé.

Le maître de cérémonie vient s'incliner au seuil du crématoire. Grabowski et le nain l'imitent, puis la première rangée se détricote et ainsi de suite pour les suivants. Chacun reçoit une image souvenir du défunt. Une photo couleur sépia où le lion des prétoires porte encore beau. Elle est ponctuée d'une phrase sibylline : « La mort est la part d'infini que nous portons tous en nous. » À mon tour, je vais m'incliner.

Grabowski, poussé dans son fauteuil roulant par Jérôme, sort en premier. Les derniers arrivés, au bout de ma rangée, voulant éviter l'interminable queue du *serre-pinces*, s'éclipsent en douce. En me rapprochant, je me trouve face au Polonais. Même si les années l'ont sévèrement marqué, je n'ai aucune peine à le reconnaître. J'observe un léger trouble sur le visage du nain quand il me surprend, mais il se détourne vite. Grabowski ne semble pas me voir. Veut-il m'ignorer ? Ses yeux perdus dans le vide sont absents.

Je me tiens bien en avant et quand Élise passe devant moi, elle n'a pas la moindre réaction. Son regard de porcelaine me transperce. Le *Stabat Mater* de Pergolèse s'éteint. La foule se presse vers la sortie. Comme je le pensais, Brandt n'a pas de famille

22

Hors du crématorium, seul un petit filet de fumée grise expulsé par saccades régulières ternit un ciel dégagé. Un vent du nord fait voleter quelques papiers sur des chemins bien ratissés. Un air glacé pique le visage. Je remonte le col de mon imperméable et le boutonne. Une douce lumière inonde le site. Au loin, la rumeur de la ville trouble l'intimité des lieux. On entend aussi, plus près, des voitures qui démarrent dans les rues voisines. La foule qui a assisté à la crémation de Brandt continue à se disperser par petits groupes vers l'entrée du parc.

J'arpente le jardin dans la direction inverse. Je ressens le besoin de me recueillir après ce lugubre intermède. Je ne suis pas seul : quelques visiteurs éparpillés foulent les allées et les pelouses. Certains portent des bouquets de fleurs, d'autres s'attardent devant les murets du souvenir avec des regards nostalgiques.

Je me pose mille questions. Que signifie l'attitude d'Élise de Marcossay ? Que faisait-elle là ? L'écart entre son image de danseuse de cabaret et celle d'une demoiselle de bon ton m'interpelle. Pourquoi m'a-t-elle ignoré aussi ostensiblement alors qu'il y a quelques jours à peine elle s'obstinait à vouloir me rencontrer ? Qui est la vieille dame au chignon gris qui la consolait presque maternellement ? Où est passé le gominé qui la suit en permanence ? Toutes ces questions accentuent l'intuition que ma quête de la vérité aboutira à une impasse. Ma présence à la crémation de Brandt ne m'a rien appris. J'aurais mieux fait de rester chez moi.

Pendant que je déambule dans le parc, je lis d'un œil curieux les épitaphes gravées sur les pierres du souvenir qui s'éparpillent le long des chemins : « À mon mari regretté... Tu nous as quittés trop tôt... Ton souvenir éclairera notre futur... À mes parents bien-aimés... Les liens de l'amour sont plus forts que la séparation... » À quoi bon ces banalités adressées à de la cendre dispersée à tout vent ? Heureusement, il y en a de plus rigolotes : « Touche à tout, il a fini par toucher terre » (Michel Polac), « Odieux j'étais, à Dieu je suis », « Laissez-moi dormir, j'étais fait pour ça ». Et, la plus drôle dans ces circonstances, « Paix à mes cendres, ne pas éternuer ».

Ces aphorismes insolites m'ont détendu. Je laisse de côté mes émotions et tous ces problèmes irrésolus. Je m'assieds sur un banc face à un plan d'eau dont les vaguelettes scintillantes reflètent les rayons du soleil. J'ai de la peine à garder les yeux ouverts. Peu à peu, comme hypnotisé, je sens mes pensées s'engourdir dans une brume cotonneuse. En bande-son, le pépiement d'un oiseau caché dans les roseaux, puis, plus loin, le croassement d'une corneille qui survole la pelouse. Je lâche prise et je m'endors.

Le vent me fait frissonner, puis un mouvement proche me tire du sommeil. Je l'entends avant de la reconnaître. Une voix fragile qui tremblote. Le réveil en sursaut ternit mon humeur.

– L'avez-vous fait exprès ? murmure-t-elle dans un souffle.

Je me tourne vers la petite vieille au chignon gris qui est venue s'asseoir à côté de moi. Surpris, je bredouille un peu agressivement.

– De quoi me parlez-vous ?

– La sonnerie du téléphone pendant la cérémonie. L'air de Carmen : Toréador, c'était vous ?

Comme un moutard pris en faute, je tente de me défendre. Mon visage vire au cramoisi.

– Mais non, ce n'était pas moi, c'était le portable de mon voisin.

En lui précisant cela, je me sens ridicule. Comme si j'avais besoin de me justifier !

– Ah ! Je croyais, dit-elle sur un ton goguenard, parce que, comme vous le savez, maître Brandt était un grand amateur d'opéra.

– Comment avez-vous pu imaginer que j'ose faire une chose pareille ? La conversation me semble absurde, presque surréaliste.

– Je vous avais reconnu dans le fond de la salle.

– Vous me connaissez ?

– Maître Brandt me parlait souvent de vous.

– Comment avez-vous pu me reconnaître ?

– Je vous avais aperçu lors de votre dernière visite à maître Brandt.

Je me souviens alors de cette impression d'avoir été observé lorsque je faisais antichambre chez Brandt. Je revois le décor luxueux de l'esthète : les boiseries anciennes, les scènes de bataille et les statues de bronze dans les angles du hall, puis la petite porte qui s'était doucement refermée…

– Mais, si je peux me permettre, qui êtes-vous ?

– J'ai été la secrétaire de maître Brandt pendant quarante ans. Blanche Nijs, à la retraite dès aujourd'hui et pour cause…

Un sourire triste éclaire son visage labouré de rides. Jeune, elle a dû être ravissante. Elle retire son gant et me tend une main délicate et fripée aux ongles soigneusement manucurés. Son dos est couvert de petites taches brunes. Je la lui serre. Elle est dure, sèche et griffue. Je la sens perdue, au bord des larmes.

Elle ajoute, d'un mince filet de voix :

– Ce fut très douloureux pour moi de disperser ses cendres. Quarante ans, une vie, pouvez-vous imaginer ? Un homme pareil, réduit à cela… Toute seule pour le faire. Pénible, oui, très pénible.

– Je vous comprends. Cela a dû être difficile, mais n'avait-il pas de famille ?

– C'est compliqué, mais, à proprement parler, non, il n'avait pas d'amis proches, non plus, sauf Grabowski. Ils étaient très liés. Ils partageaient certaines passions. Je précise : ils étaient. Pour beaucoup de raisons. Et puis, moi…

– Vous ?

– J'ai été à ses côtés depuis quarante ans. Il n'avait aucun secret pour moi. Imaginez ! Quarante ans, dix heures par jour à tout partager, cela crée un attachement et puis, en une fois, un petit tas de cendres… Pfft ! Et moi, je reste là, seule avec mes souvenirs.

Le soleil s'est caché derrière un nuage gris foncé. Elle frissonne. Je crois discerner une larme qui serpente sur les rides de son visage. Sa fragilité me touche. J'ai envie de la prendre dans mes bras, mais la raideur de son maintien me retient.

– Ne restons pas ici, madame, vous allez prendre froid. Puis-je vous reconduire quelque part, je suis en voiture ?

Ma proposition n'est pas innocente : s'il dit vrai, le sosie de Prudence Petitpas pourra m'aider à dénouer l'intrigue du Medusa. Elle a un petit mouvement de recul, puis semble réfléchir. Elle est sur ses gardes, comme les autres. Elle se méfie. Je suis sur le point d'insister quand elle me répond, plus décidée :

– Si ce n'est pas trop vous demander, cela m'arrangerait bien : je dois passer chez maître Brandt. Elle précise :

– Pour mettre quelques papiers en ordre, ouvrir le courrier et récupérer mes affaires.

Je n'hésite pas une seconde.

– Je vous y conduis.

– Vous êtes trop aimable. On y prendra le thé, si vous voulez.

– Parfait, allons-y !

Le domestique décati nous ouvre la porte. Il est en péquin. L'air penaud, il s'en excuse auprès de mademoiselle Nijs.

– Désolé, mademoiselle, je n'ai pas eu le temps de me changer.

– Quelle importance, maintenant que maître Brandt n'est plus là ! répond la secrétaire d'une voix qui se fendille. Puis elle se tourne vers moi, en descendant d'une octave.

– Thé, café ou autre chose ?

– Un café, serré si c'est possible, s'il vous plaît.

– Bien sûr. Alors, un thé et un café serré, dans le bureau de monsieur, ordonne Blanche Nijs au domestique sur un ton net. Le majordome s'incline légèrement et quitte le hall pour s'exécuter.

Les béquilles de Brandt traînent encore là, posées en croix sur un fauteuil. Tristes échalas de sa fin de vie. La secrétaire fait mine de les ranger, puis abandonne l'idée avec une moue dépitée.

– À quoi bon, fait-elle en laissant tomber les bras, le regard las, la mine effondrée

Je la suis dans le bureau de Brandt en traversant une double porte capitonnée. À l'instar du style opulent de la maison, la pièce est comme je l'imaginais : cossue, élégante et confortable. Elle respire la prospérité. Une profonde moquette laineuse qui assourdit les sons couvre le sol. Une vaste bibliothèque en chêne cérusé en occupe tous les murs. Des reliures fleurant la cire d'abeille s'alignent dans un ordre méticuleux. Pas un ouvrage qui n'a droit à sa livrée d'apparat. Derrière le fauteuil du maître, tendu de cuir vert foncé, une cheminée Louis XV dont le manteau supporte son portrait en bâtonnier guindé, la poitrine de son habit tapissée d'une cascade de décorations multicolores. On dirait un sapin de Noël. Le tableau est médiocre. D'une facture maladroite, ennuyeuse et convenue, il sent l'œuvre de commande. On ne retrouve pas la vitalité de Brandt dans le regard de ce visage figé surmonté d'une abondante chevelure blanche peinte à traits grossiers. Une photo aurait mieux valu ; le narcissisme de Brandt était digne d'un miroir plus accommodant.

La table de travail Louis XV, elle aussi, est garnie d'un sous-main du même cuir que le fauteuil. Des accessoires en argent : un plumier, un encrier, un cendrier et un porte-documents y sont méticuleusement rangés. Une lampe dirige un halo jaunâtre sur le sous-main. Pas un livre, pas un papier n'y traînent. Posés là aussi, un téléphone et un petit cadre dont je ne vois pas ce qu'il contient parce qu'il me tourne le dos. Une odeur âcre de cigare froid rappelle que Brandt a vécu dans ce bureau.

Malgré le luxe, le confort et l'ordre apparent du décor, il règne dans cette pièce une atmosphère viciée. Les relents des crimes oubliés hantent-ils l'antre confiné de Brandt qu'aucune fenêtre n'éclaire ? La présence de la petite dame aux cheveux gris me met mal à l'aise. La caricature de Brandt aux sourcils froncés m'indispose également : ce n'est pas vraiment lui. La secrétaire sort de la pièce en s'excusant.

– Je reviens dans un instant, votre café arrive.

Je profite de son absence pour inspecter le contenu de la bibliothèque de Brandt. Elle décrit bien l'homme qui l'a constituée, ses intérêts, ses goûts, ses préoccupations, ses vices aussi. Rangée avec un soin maniaque, son décryptage est évident. Des codes au kilomètre pour le juriste, une section philosophie avec tous les grands esprits que je n'ai plus lus depuis l'université, puis des essais contemporains où je retrouve les auteurs dont Brandt m'avait abreuvé lors de nos dernières conversations. Les réactionnaires de service, accrochés au monde d'hier comme à une branche fragile prête à céder : Murray, Nabe, Tillinac, Zemmour, Finkelkraut, Fumaroli, Clair, alignés face au peloton de la gauche comme les futurs condamnés de la pensée unique. Il ne manque plus que l'ordre de déclencher la salve meurtrière. Plus loin, de grands romans classiques au coude à coude et, enfin, une pléthore de livres sur l'univers de la musique qui évoquent le fantôme de Grabowski. Peu d'ouvrages récents, à part le dernier

Houellebecq, *Soumission*, pas encore relié. Il restera longtemps dans les limbes. La culture de Brandt s'alimentait aux sources d'un passé qui se décomposait. Cela ne m'étonne pas. Tout colle bien avec le détestable personnage.

Mademoiselle Nijs est revenue dans la pièce sans que je l'entende. Pris en défaut de curiosité, je pique un fard. En me retournant, je constate que le petit cadre a subitement disparu du bureau. Elle seule a pu le subtiliser en catimini. Elle me fixe droit dans les yeux sans ciller. Un regard de chouette qui guette une musaraigne à la sortie de son nid.

– Appréciez-vous la lecture ? me demande-t-elle.

À moins qu'elle ne parle des pages manquantes du manuscrit de Brandt ; précipitée et irréfléchie, la question est inutile : elle n'est qu'une tentative pour meubler le silence qui écrase la pièce. Si Brandt lui a parlé de moi, elle ne peut ignorer que je suis écrivain. Elle a suivi le mouvement de mes yeux sur le bureau.

– Connaissez-vous des auteurs qui n'aiment pas lire ? Elle ne relève pas et s'enquiert, un peu agacée :

– On ne vous a pas encore apporté votre café ?

Comme avec Brandt, on joue au chat et à la souris. Une joute à fleurets mouchetés. Inutile de lui répondre. Je décide de lui parler franchement : elle est ma dernière chance.

– Pourquoi avez-vous retiré le cadre qui se trouvait sur le bureau ?

Dans un premier temps, elle m'observe comme si elle n'avait pas compris ma question. Elle affiche un visage imperturbable. Puis je vois ses mains trembler légèrement et son regard se brouiller. Elle se relâche et se met à pleurer en hoquetant. J'ai gagné la première manche.

– Allons, vous n'avez rien à craindre, dites-moi…

Toujours secouée de sanglots, elle se détourne.

– Maître Brandt m'avait fait jurer de ne jamais…

Sa voix s'est cassée et transformée en une sorte de miaulement plaintif. Je lui laisse du temps pour reprendre ses esprits. J'ai pitié et ne souhaite pas la brusquer. J'argumente doucement :

– Maître Brandt n'est plus là.

– Cela ne me délie pas pour autant de ma promesse.

– Sauf si c'était dans l'intérêt de sa mémoire.

– Que voulez-vous dire ?

Je décide de jouer mon va-tout. Elle est ma dernière carte.

– Vous savez très bien que maître Brandt était lié au crime du Medusa.

– S'il vous plaît, monsieur ! supplie-t-elle.

J'ai prêché le faux pour connaître le vrai.

– On m'a aussi mêlé à cette affaire sans que je n'y sois pour rien. Je ne crois pas que ce soit dû au hasard. Je veux comprendre, sans plus.

– Si, à votre tour, vous me promettez que ce que je vous dirai restera entre nous…

Surgit alors par miracle un répit opportun : le vieux domestique entre dans la pièce, chargé d'un plateau qu'il dépose sur le bureau. Blanche Nijs est debout comme moi.

– Asseyons-nous et parlons franchement, fais-je, en lui proposant à dessein de prendre place dans le fauteuil qui se trouve dos à la cheminée. Elle est soulagée du regard pesant de feu son patron. Elle hésite un instant à s'y installer, mais acquiesce finalement. Elle ordonne au domestique de fermer les portes du bureau en sortant. Il s'exécute. La vieille fille semble se détendre. Je bois mon café en silence. La partie n'est pas gagnée. Je repars à l'assaut.

– L'affaire du Medusa n'a-t-elle jamais été élucidée ?

– Non, jamais, en effet.

– La culpabilité et la crainte poursuivent toujours le crime impuni. Elles en sont le pire châtiment et il est perpétuel, même si le crime est prescrit.

– Pourquoi dites-vous cela ?

– Parce que tout le monde au Medusa sait et personne ne parle.

– Qu'est-ce que cela peut bien vous faire ?

– Parce que je me sens menacé.

– Je crois que vous mélangez tout. Vous n'avez rien à voir dans cette histoire. Ou pas grand-chose…

À ce train-là, le dialogue de sourds pourra encore durer longtemps. Je dois aborder des points plus concrets pour avancer.

– Est-ce vous qui avez dactylographié les mémoires de maître Brandt ?

– Oui, fait-elle, laconique.

– Est-ce vous qui avez supprimé les pages du chapitre concernant le Medusa ?

– Bien évidemment non. Je ne me le serais jamais permis.

– Pourtant, elles manquaient sans que la pagination ait été modifiée. Était-ce maître Brandt qui a procédé à ce retrait ?

– Oui, maître Brandt, oui, précise-t-elle avec un air douloureux.

Agacée, elle lève les yeux au ciel.

– Imaginez-vous la raison pour laquelle il a fait cela ?

– Oh, c'est très simple. Il considérait que cette affaire n'avait pas tellement d'intérêt à figurer dans ce livre.

– Pourquoi ?

– D'abord parce qu'elle n'a jamais été élucidée. Elle est restée une énigme pour la justice. Une sorte de crime parfait. Plusieurs juges d'instruction se sont succédé sur ce dossier. En vain. Personne n'a jamais été arrêté ou mis en examen. Malgré de nombreuses demandes d'actes, le parquet n'a rien obtenu de concret. Le procureur en charge de l'affaire n'a pas voulu la clôturer. La presse et l'opinion s'étaient émues de ce crime ; puis, peu à peu, le silence est tombé. Le dossier s'est endormi. On l'a glissé sous la pile. On ne sait jamais... Peut-être un jour, se rouvrira-t-il. Un *cold case* bien classique, somme toute.

Elle se tait un instant, pensive puis ajoute, énigmatique :

– Il vaudrait mieux qu'on en reste là.

– Quel a été le rôle de Brandt dans cette affaire ?

– Maître Brandt s'est occupé du seul suspect, un jeune homme, un loubard d'origine espagnole, d'abord inculpé, qui a vite été innocenté par un alibi indiscutable. Il traînait souvent au Medusa, mais il était absent le jour du drame. Plusieurs témoins ont confirmé sa version. Il n'a même pas été mis en préventive. Du béton.

Dans la bouche d'une demoiselle âgée, l'expression est inattendue et sonne un peu faux. Un langage de voyou de banlieue.

– Alors pourquoi maître Brandt a-t-il, dans un premier jet, incorporé ce crime dans son livre, puis abandonné l'idée comme le prouvent les pages manquantes ?

– Comme je vous l'ai dit, par rapport à d'autres procès, il considérait que cette affaire n'avait pas d'intérêt. Au départ, il jugeait que le contexte et le milieu dans lequel elle s'était passée auraient pu captiver les lecteurs, puis il a douté et n'a plus vu de raisons d'en parler. En outre, il n'a pas vraiment dû défendre un protagoniste. Le jeune homme a vite été innocenté, même si maître Brandt n'était pas vraiment convaincu. Au fond, il n'avait rien compris à cette affaire.

– Ce n'est donc pas vous qui m'avez fait parvenir les pages manquantes avec le récit de cette affaire ?

Elle soutient fermement mon regard, mais à l'énoncé de la question, elle l'évite brusquement en détournant la tête.

– Pour quelles raisons l'aurais-je fait ?

Et nous repartons dans la partie de ping-pong. On se renvoie la balle sans marquer de points.

– Qui, à part maître Brandt et vous-même, aurait pu connaître ce manuscrit et son contenu ?

Je hausse le ton sans le vouloir. Elle m'énerve. Ses yeux se font interrogateurs, les plis de sa bouche descendent, ses rides frontales se creusent. Elle croise les mains. On aurait dit un potache en panne face à un examinateur sadique. Elle fait mine de réfléchir, mais je ne suis pas dupe. Elle sait, mais ne veut pas…

Dans le bureau calfeutré, le silence alourdit l'atmosphère. On n'entend que le tic-tac cadencé de l'horloge qui orne la cheminée et le léger souffle de nos respirations. La mienne est plus rauque. Je pense que je ferais bien de cesser de fumer.

– Vous savez, maître Brandt était très seul et je ne vois vraiment pas qui aurait pu…

Je tente :

– Il avait quand même quelques proches : monsieur Grabowski, monsieur Vertongen, mademoiselle de Marcossay. Ils étaient tous présents au crématorium, mais en ordre dispersé, j'en conviens.

L'horloge sur la cheminée tinte. Un joli ton cristallin qui me fait penser à un *glockenspiel* mozartien. Les coups de trois heures. La vieille fille saisit l'occasion pour se dérober. Un mensonge éhonté suit :

– Mon Dieu, déjà trois heures ! On m'attend, je dois absolument m'en aller. Vous m'excuserez, mais, vraiment, je suis très en retard.

Je sens bien que je n'ai aucune chance de prolonger la conversation et d'en tirer quelque chose. Je m'incline sans broncher. Elle ne m'a pas dévoilé quel portrait figurait dans le cadre disparu. Je ne sais pas si c'est elle qui m'a envoyé les pages manquantes du manuscrit de Brandt. Je suis bredouille. Fine manœuvrière, la souris a échappé au matou.

Je la suis et quitte la maison de Brandt en sa compagnie. Nous nous séparons devant la grille de la propriété. À quelques mètres de moi, elle se retourne et me lance, sur un ton que je n'aurais pu imaginer : « Êtes-vous bien sûr que ce n'était pas votre portable qui chantait Toréador ? » Puis elle disparaît au coin de la rue sans demander son reste.

23

Ma perplexité s'amplifie et m'embrouille la pensée. La rencontre avec Blanche Nijs a ajouté à ma confusion plus qu'elle ne m'a éclairé. Heureusement, sans en indiquer la direction, elle a semé quelques petits cailloux épars sur la piste du Medusa. Je cherche un prétexte pour la revoir et lui faire lâcher le morceau. Il m'a suffi d'observer le regard énamouré qu'elle a posé sur l'affreux portrait de Brandt pour comprendre ce qui la motiverait à en dire plus : défendre envers et contre tous la mémoire de celui qui avait été le seul homme dans sa vie, une vie certainement pleine de renoncements. C'est la carte à jouer pour vaincre ses résistances. Elle dispose sans doute d'une mine d'informations, mais je dois trouver la porte, puis la clé pour l'ouvrir. Désormais, il ne lui reste plus rien de sa petite existence rangée dans l'ombre du ténor. Elle mettra encore un peu d'ordre sur la scène puis sortira en catimini par les coulisses. Alors, fragilisée et désorientée, elle finira par parler. J'en ai la certitude, mais il me faudra de la patience, celle qui transforme la feuille du mûrier en soie.

Perdu dans mes pensées, je me suis fait piéger dans un embouteillage inextricable en direction de la porte Louise. Le choix de cette route est un acte manqué : j'ai rendez-vous avec mon éditeur – l'incarnation diabolique de ma conscience professionnelle – et j'anticipe la scène avec anxiété. Je n'ai aucune envie d'y aller. J'ai déjà plus d'une heure de retard pour n'avoir rien à lui dire, moins encore à lui apporter. Je l'entends par avance m'accabler de tous les maux : paresseux, inconstant, ingérable et j'en passe. Je prévois aussi ses menaces de rupture de contrat et de dédommagements. Il me saoule. Étonné de ne pas avoir été harcelé jusque-là, je me souviens que j'avais éteint mon portable à la crémation de Brandt. Je le rallume. Une rafale de SMS, d'appels manqués, de messages vengeurs : mon éditeur s'étrangle en m'agonisant de noms d'oiseaux.

Un klaxon strident me ramène à la réalité. Vingt longs mètres me séparent de la voiture qui me précède. Dans un sursaut brutal et des crissements de ferraille fatiguée, ma guimbarde s'ébranle. Cinquante mètres plus loin, je suis de nouveau bloqué. J'oscille entre l'abandon et la colère, puis je sombre dans une fureur électrisante qui se décharge contre tout et tous : marre de me faire casser les bonbons par ce caractériel, marre de rouler dans une bagnole disloquée, marre de cette ville gérée par des incompétents qui me pourrissent la vie. D'énervement, j'allume une cigarette, celle de trop, celle qui pue et dont le goût âcre suscite la nausée. Je suis à jeun. Envie de gerber sur tous ceux qui me barrent la route.

Je consulte encore une fois l'écran de mon portable. Parmi les textos de mon éditeur enragé, comme une étoile dans le ciel, s'en est glissé un d'Élise. « Je DOIS vous revoir. » Décontenancé, j'en lâche mon téléphone. Encore un klaxon et un coup de gueule du conducteur qui me suit. Une saccade métallique de plus pour avancer de quelques mètres. Un vélo me frôle en me hurlant des injures. « Connard, tu ne connais pas ta droite ! » L'envie d'exterminer tout le monde autour de moi m'envahit. Une haine brutale de l'humanité tout entière me possède. Je tente de me raisonner, mais rien à faire, impossible de retrouver mon calme. Je jette ma cigarette par la fenêtre et décide de prendre une parallèle : au prochain mouvement de la file, m'extraire par la gauche de l'avenue Louise vers la rue Defacqz, puis tourner à droite.

Je me retrouve rue de Livourne, la rue du New Medusa. À quatre heures de l'après-midi, les bars de nuit dorment, les néons sont éteints et les filles dépensent leur argent dans les boutiques de luxe. La rue présente son côté pile : rien à cacher, transparente, sereine, bourgeoise et un peu encombrée par la circulation. Quelques commerces, un marchand de pianos, des bureaux, des galeries d'art, des restaurants et un parking public ; bref, une rue normale qu'arpentent d'honnêtes passants pressés par leurs activités. La nuit, côté face, c'est le boulevard de la canaille, des gens louches et des bandes de voyous. Des Albanais qui viennent boire un verre avant d'aller guetter leurs putes sur l'avenue Louise et relever leurs compteurs. Des soulards qui vomissent sur les trottoirs. Des portiers de bars qui regardent leur montre pour tenter de raccourcir le temps. Deux univers décalés par un tour d'horloge, midi, minuit. Le jour et la nuit. Le noir et le blanc. Éros et Thanatos. Aussi différents qu'Élise de jour et qu'Élise de nuit, Élise la sulfureuse qui me cherche et me fait flipper. Pas la bourgeoise à l'œil de porcelaine qui m'avait ignoré au crématoire. Miss caméléon. Miss double face.

Je gare ma voiture le long du trottoir, devant le consulat d'Italie, pour relire son message. « Je DOIS vous revoir. » En lettres majuscules, ce « DOIS », en langage texto, traduit une exigence coléreuse. Je me tâte : vais-je lui répondre et m'embourber plus profondément dans cette histoire glauque ? Incapable de décider, je redémarre.

En passant devant le New Medusa, je ressens une nausée, sans doute l'effet du brouet de souvenirs mêlant la scène du crime, l'odeur du Détol et le parfum capiteux d'Élise qui s'offrait dans le *privé* du bar de nuit.

Je vois alors la porte d'entrée s'ouvrir. Élise et son chien de garde, le bellâtre hispanique en sortent. Métamorphosée, elle porte un blouson de cuir, un jeans troué et des bottes en daim. Les cheveux tirés en queue de cheval, elle s'est démaquillée depuis la cérémonie de ce matin. Elle est pâle et ses yeux sont cernés. Je tourne la tête pour ne pas être reconnu. Je sens mes mains trembler sur le volant. Un grondement sourd surgit dans ma poitrine.

Comme un mot ou un nom subliminal se détache sur une page de journal, le portrait de la petite frappe me saute aux yeux : c'est le garçon dont la secrétaire de Brandt m'a parlé, celui que l'avocat avait défendu. « Un loubard d'origine espagnole qui traînait souvent au Medusa. » Plus qu'une évidence, c'est une certitude.

Je fais confiance à mon intuition. Mon flair me trompe rarement, mais, dans ce cas, peu d'éléments objectifs étayent l'hypothèse. Les loubards de type méditerranéen qui fréquentent les bars malfamés sont légion, mais le rôle trouble que joue ce personnage depuis que j'ai rencontré Élise à l'Archiduc, sa présence permanente à ses côtés me porte à penser qu'il s'agit de lui. Je ne comprends pas son attitude. Est-ce lui qui fait barrage et m'empêche de la voir ? La protège-t-il ? Et de quoi ? Est-il pour elle plus que ce qu'elle prétend : un ami fidèle ? Un amant jaloux ? Un petit maquereau qui veille sur son fonds de commerce ?

Dans mon rétroviseur, je remarque qu'ils marchent en direction de la place du Châtelain. Ils sont trop distants l'un de l'autre pour qu'on les imagine en couple d'amoureux.

Je n'ai plus le courage d'aller chez mon éditeur. Je décide de rentrer à la maison. Je descends la rue Berckmans, puis la rue Hôtel des Monnaies pour prendre le ring intérieur. Là aussi, la circulation est bloquée, mais je n'ai d'autre choix que de suivre le troupeau de moutons qui se fait gazer au dioxyde de carbone dans les tunnels en ruine. J'allume la radio dans l'espoir d'obtenir des informations. Un crétin qui ne veut pas lâcher le micro glose sur la situation politique. Ma colère ne faiblit pas : ce foutu service public n'est même pas capable d'être utile à quelque chose.

Par intermittences, je sens un vibreur me chatouiller la cuisse. Je comprends ma bévue : je n'ai pas coupé mon portable et mon éditeur me rappelle une fois de plus. Je fais taire la radio et sors l'engin. C'est bien lui, son nom s'affiche : Paul Simon, mon persécuteur, mon bourreau. Faire le mort et le laisser sonner dans le vide ? Peine perdue : Simon est têtu et il s'obstinera. Je décroche, presque en hurlant.

– Allo.

– Tu te fous de ma gueule ?

Je réponds par un silence.

– Cela fait plus d'une heure que je t'attends.

– Je suis bloqué dans les embouteillages.

– Tu aurais au moins pu me prévenir.

– J'avais oublié que mon portable était en mode silencieux. J'étais à un enterrement.

– Tu n'avais qu'à l'ouvrir.

– Je suis vraiment désolé, mon vieux.

Mon ton doit lui paraître insincère, car je ne suis pas désolé du tout, je veux juste qu'il me fiche la paix. Il ne peut voir mon nez qui s'allonge jusqu'à toucher le pare-brise de mon tacot.

La voiture devant moi freine brusquement. Je m'arrête à un centimètre de son pare-chocs. Une décharge d'adrénaline nourrie de pensées meurtrières me submerge. Simon va en faire les frais. Je reprends le dialogue plus sèchement :

– De toute manière, Paul, je n'ai rien à te dire et rien à t'apporter.

– Qu'est-ce que tu me racontes ?

– Non, je n'ai rien à te dire et je n'ai pas avancé d'une ligne dans ce putain de roman.

– Mais enfin, tu m'avais promis…

– Je ne t'ai rien promis du tout et j'en ai marre de me faire harceler.

– Tu rigoles ou quoi ?

– Pas du tout, je suis parfaitement sérieux. Tu me casses les bonbons en me mettant sans cesse une fourche dans le dos. Tu auras mon manuscrit quand il sera prêt. Déjà que je t'ai donné le manuscrit de Brandt, ça devrait te suffire pour le moment.

– Justement, je te signale qu'il y manque un chapitre. Tu ne l'aurais quand même pas pillé ?

À ce moment-là, sirène hurlante, une voiture de police me dépasse en me vrillant les tympans. Ce qui reste de ma patience m'abandonne. Si Simon n'a pas bien compris mon état d'esprit, il va le comprendre. Il insiste :

– Tu n'as quand même pas osé faire ça ?

– Brandt est mort et cela n'a plus aucune importance, personne n'y trouvera à redire. Cette histoire vaut le meilleur roman.

– Tu es complètement fou. Je ne publie jamais un texte sans être sûr que cela ne portera pas à conséquences. Je ne veux prendre aucun risque. Tu connais nos conventions, Antoine.

– Tes conventions, tu peux te les foutre où je pense.

Je lui raccroche au nez, concrétisant par là une rupture et l'entame d'une inévitable procédure. À mes torts, bien entendu. J'ai perdu mon éditeur.

La sirène s'éloigne et l'embouteillage se dissipe. Se brouiller avec son éditeur est une très mauvaise idée pour un auteur sans succès. Les boîtes aux lettres des maisons d'édition avalent chaque jour des dizaines de manuscrits dont à peine un pour mille se transformera en livre…

Rentré chez moi, je me demande si je n'ai pas fait la connerie de ma vie. Quoi de pire pour un écrivain que de travailler deux ans sur un bouquin et de ne pas être publié ? Autant se jeter par la fenêtre ou se foutre dans le canal. Je suis abattu, consterné et désespéré. Je ne peux plus compter sur Simon. Mon solde en banque est à zéro. Mon caractère m'a fourré dans une impasse.

Curieusement, le regret fait vite place au soulagement comme si j'étais heureux de me dégager des contraintes que Simon m'imposait, mais, tel un animal libéré de sa cage après une longue captivité, je me sens un peu perdu dans ce nouvel univers. J'ai en commande deux ou trois piges pour des quotidiens : j'échapperai momentanément à la soupe populaire.

Depuis ma rencontre avec Brandt, j'ai abandonné le roman sur lequel je suis bloqué et j'ai passé beaucoup de temps sur le récit de l'affaire du Medusa. Imperceptiblement, tous ses protagonistes – Brandt, Grabowski, le nain, la souris grise, le bellâtre hispanique et surtout Élise de Marcossay – ont phagocyté mon existence. Je me suis extrait d'un piège pour tomber dans un autre, bien pire encore. Je n'ai plus d'autre choix que de tenter d'en sortir, mais je dois dénouer les fils de l'intrigue. Le SMS d'Élise entrouvre une porte. « Je *dois* vous revoir. »

24

Affalé dans mon canapé, j'ai passé toute la journée à gamberger et à ressasser des idées noires en grillant clope sur clope. L'ongle de mon index droit jaunit à vue d'œil. Baromètre de mes excès tabagiques, il réveille des fantasmes paranoïdes : toux persistante, bronchite chronique, cancer du poumon et tutti quanti. Les images dissuasives qui illustrent les paquets de cigarettes tournent en boucle : impuissance, crise cardiaque, artères goudronnées, gencives à sang et dents pourries… Je m'imagine mourir d'étouffement.

Au deuxième étage, les occupants écoutent Oum Kalthoum, ce qui ne facilite pas la concentration. Les trilles du canari du désert me portent sur les nerfs, mais je sais qu'il ne servirait à rien de descendre pour m'en plaindre.

Je tente de me remettre au travail en me persuadant que je trouverai un éditeur de substitution, mais je reste pétrifié devant la page immaculée. Mes manies d'écrivain angoissé me semblent désormais dérisoires. L'une des plus efficaces, qui consiste à ouvrir un livre, à en saisir un mot au hasard et, par l'arborescence mystérieuse de l'association libre, à débloquer le processus de création, ne fonctionne plus. Je suis à sec, stérile et vide. Je perds tout contrôle sur mon ouvrage.

Inutile de me le cacher, mon problème est simple : ma vie s'est transformée en roman noir. Je suis plongé dans un cauchemar dont je n'arrive plus à m'extraire. La réalité a rattrapé la littérature. Il n'est plus question d'imaginer une intrigue, des caractères et un cadre, puis de les traduire en texte. Mon existence est plus angoissante que le suspense le mieux ficelé et ni les mots ni les phrases n'ont plus d'importance à mes yeux : l'anxiété quotidienne a pris le dessus. Je suis devenu un instrument dont jouent les circonstances. Je n'ai plus le moindre recul par rapport à ce qui m'arrive. Les pages manquantes du manuscrit de Brandt me pourrissent la vie.

Il y a une kyrielle de suspects dans le crime du Medusa. Grabowski, le pervers sociopathe, Jérôme, le nain au passé indicible, José, l'escorteur de l'étrange Élise au regard mauvais, sans oublier Brandt, le disparu, qui semble lui aussi avoir interprété un rôle trouble dans cette affaire. À part José, ils ont parlé pour ne rien dire et m'ont mené en bateau. Tous m'ont peu ou prou attiré dans cette intrigue dont je suis devenu l'un des acteurs sans l'avoir voulu.

La recherche de la vérité que je suis en train de transformer en roman n'est-elle qu'un alibi pour me rapprocher de cette jeune femme dont l'image me hante ? À dessein, elle ne néglige aucune occasion de se rappeler à moi. L'ambigüité de son attitude, les multiples transformations de son personnage et ses revirements me sont insupportables.

« Je DOIS vous revoir. »

Mon cœur bat la chamade en relisant pour la dixième fois le message qui s'est affiché sur mon écran. Inutile de me défausser de mes appréhensions en lui adressant un SMS : je n'ai pas envie de me retrouver nez à nez avec l'intrigant nabot ou l'hidalgo de banlieue. Je dois l'appeler, elle et personne d'autre. Je règle mon portable sur numéro masqué. Après trois sonneries, sa boîte vocale s'enclenche. « Vous êtes bien sur le répondeur d'Élise de Marcossay... » Manqué ! Je raccroche avant le bip d'enregistrement.

Je commence à douter de ma raison. Je perds les pédales. Je me trouve dans la situation du rat qu'un chercheur veut affoler. Il l'affame dans sa cage, puis introduit un morceau de fromage dans lequel il a incrusté une électrode. Quand le rongeur cède à sa faim en mordant le fromage, il reçoit une décharge électrique qui se grave douloureusement dans sa mémoire. Peu à peu, tiraillée entre ces injonctions contradictoires, sa personnalité se divise ; la schizophrénie le gagne, il devient fou. C'est en train de m'arriver. Je suis mystérieusement attiré par cette fille, mais chaque fois que je m'en approche, elle s'écarte de moi. Cette double contrainte – satisfaire mon désir de la revoir et supporter la frustration de ses reculades – me fait perdre la boule. Incapable d'assumer la réalité, je m'égare dans mes fantasmes.

Dans mon cinéma intérieur, je projette en boucle le portrait d'Élise au bar du New Medusa avec des arrêts sur image. La scène où elle m'a donné en catimini son numéro de portable, celle du cadeau de la rose, sa danse et son ébauche de strip-tease dans le petit salon aux rideaux rouge. Les reflets de la boule à facettes sur sa peau brillante. Son décolleté vertigineux. Ses mimiques langoureuses, sa conscience entamée par la coke et ses lèvres proches des miennes.

Le charme se rompt au moment où la sonnerie de mon portable retentit. Elle signale l'entracte du suave court métrage. C'est elle.

– Antoine ?

– Oui, c'est moi.

– Vous m'avez appelé ?

– Comment le savez-vous ?

– Ce ne pouvait être que vous : personne ne m'appelle en numéro masqué.

– Bien vu. Puisque vous vouliez…

– Pourquoi ne vous êtes-vous pas arrêté en passant devant le New Medusa tout à l'heure ? Vous auriez aussi pu me saluer à la sortie de la crémation de maître Brandt.

Je n'avais pas imaginé une seconde qu'elle m'avait repéré au cimetière et moins encore rue de Livourne. Je parie sur la franchise.

– Comme vous étiez accompagnée, je n'ai pas souhaité… Certaines personnes qui vous entourent ne m'inspirent pas.

– Vous avez raison, cela vaut mieux ainsi.

– Ça ne m'empêche pas de vouloir vous revoir.

– Moi aussi.

Je laisse planer un silence en jetant un coup d'œil circulaire sur mon appartement minable.

– Chez moi, ce serait un peu difficile.

– Vous n'êtes pas seul ? Je sens un filet d'angoisse dans sa voix.

– Si, si, mais c'est un peu compliqué. Je vous expliquerai.

– Chez moi, ce n'est pas possible non plus. Et au New Medusa, vous êtes persona non grata.

– J'avais cru comprendre.

– Trouvons alors un terrain neutre. N'auriez-vous pas une idée ? J'aimerais un endroit discret : un hôtel par exemple, dit-elle sur un ton enveloppant.

J'allume une cigarette pour me calmer. Je dois m'y reprendre à deux fois, car mes doigts tremblent. Je n'ai plus un rond, mais il me paraît impossible de lui proposer la chambre glauque d'une maison de passe à cinquante euros l'heure. Elle mérite mieux. Je n'ai d'ailleurs pas le temps de m'interroger, elle me prend de vitesse.

– Il y a un hôtel près du New Medusa, c'est plus facile pour moi. Venez-y ce soir vers huit heures. Elle précise : à cette heure, j'ai un peu de liberté avant d'aller au boulot. Je vous envoie un SMS avec l'adresse et le numéro de la chambre.

– D'accord.

Elle raccroche.

Une minute plus tard, j'ai les coordonnées de notre lieu de rendez-vous.

25

J'arrive avec trois quarts d'heure d'avance à l'adresse indiquée. Il s'agit d'un boutique hôtel, Odette en ville, au coin de la rue de Livourne et du Châtelain. Quartier chic. L'éclairage de sa façade donne le ton. Je sens mon portefeuille sautiller de nervosité dans ma poche en y pénétrant presque à contrecœur.

Une grande maison bourgeoise des années 30, décorée *trendy* : camaïeu de couleurs foncées, boiseries, accrochage subtil de photos noir et blanc, tapis ethniques et mobilier contemporain confèrent aux lieux une ambiance feutrée et luxueuse. Une musique électronique douce, du *lounge downtempo* sirupeux, flotte dans le hall d'entrée. Avec une façade plus effacée, l'hôtel aurait pu passer pour un boxon de haut vol. Une jeune femme zélée, toute en courbettes, m'accueille à la réception.

– On a réservé la chambre numéro cinq au premier étage au nom de Maudet, dis-je, pas trop assuré.

– C'est bien cela, fait la fille sur un ton professionnel.

Je m'apprête à sortir ma carte de crédit quand l'hôtesse m'arrête.

– C'est déjà réglé, dit-elle.

Je suis partagé entre le soulagement et la gêne. Le soulagement l'emporte.

À gauche de la réception, une baie s'ouvre sur un *lounge-bar* avec une cheminée qui rougeoie en tremblotant ; à droite, sur un salon bibliothèque. Des murs couverts de livres aux reliures colorées et de profonds canapés *chippendale* en cuir noir proposent le sommet du confort. Même quand je suis sans le sou, mon penchant pour le luxe ne faiblit pas. Je commande un double whisky en espérant qu'il soit porté sur le compte de la chambre et je plonge voluptueusement dans les plumes d'un des sofas. Petit à petit, l'alcool aidant, la félicité m'envahit. Mes bras engourdis me font lâcher le journal que j'ai pris sur la table. Je laisse flotter mes pensées.

L'ambiance des lieux m'a installé dans le registre des soupirs de bas d'escalier plus que dans celui d'une enquête sur un crime sordide. Combien de promesses de rendez-vous ai-je connues durant mon existence ? Des dizaines et des dizaines qui ne m'ont pas guéri de ces leurres. Si, par bonheur, une rencontre aboutit à une histoire d'amour, une vraie, de celles qui forment les couples, j'en suis toujours ressorti déçu à cause de la banalité de la vie quotidienne qui distend les sentiments les plus sublimes et affadit l'érotisme le plus élaboré. Après avoir baisé, je comprends que les hormones en bataille de retour à la caserne du devoir donnent de l'être désiré une image moins palpitante qu'au départ. Les défauts, tant physiques – des ridules, un œil battu, un bouton mal placé ou une bouche descendante – que psychologiques réapparaissent illico. L'abondance de testostérone estompe mystérieusement les imperfections de l'être convoité. Mes amours n'ont jamais eu la vie longue. Cela ne m'empêche pas de tester encore et encore ce cycle fatal de la réalité biologique dans l'espoir qu'il soit un leurre.

Alors que je patiente, l'idée que l'impossible ne l'est pas toujours se rappelle à moi une fois de plus. Élise est, plus que d'autres, l'archétype de la chimère.

L'attente me parait interminable. Je me lève pour calmer ma nervosité et fumer une cigarette sur le trottoir en regardant ma montre toutes les deux minutes. Je continue à gamberger sans pouvoir accélérer l'écoulement du temps. Je malaxe mon portable à l'en briser. Je rentre.

Du fond de la bibliothèque, je peux observer l'entrée de l'hôtel. Quand je la vois s'encadrer dans la porte, je sursaute. Elle est suivie par deux hommes à la mine patibulaire. On croirait des gardes du corps. L'espace d'un battement de cœur suspendu, je comprends que je suis fait comme un rat. Je me cache derrière mon journal qui tremble. Élise demande à la réceptionniste si monsieur Maudet est arrivé. Je n'ai d'autre issue que d'échapper au trio menaçant, mais c'est risqué. Je n'entends pas la réponse de l'hôtesse. A-t-elle fait un geste dans ma direction ? Je reste à l'abri de *La Libre Belgique*.

J'entends l'un des deux hommes se présenter et s'enquérir de leurs réservations. Je suis devenu paranoïaque. Je regarde ma montre : il est huit heures. Élise s'est rendue à la chambre numéro cinq. Cette scène fait penser à l'arrivée discrète d'une escort girl dans une maison de passe. Le petit sourire entendu de la réceptionniste m'en confirme l'hypothèse. Les jambes tremblantes, je monte l'escalier qui se trouve à l'arrière du comptoir. Sur le palier baigné d'une lumière tamisée, je vois son ombre furtive pénétrer dans une chambre et j'entends la porte se refermer derrière elle. J'hésite un instant. Il est encore temps de m'en aller, mais une image fugace me traverse l'esprit : Élise en dessous chics – body en dentelle et jarretelles — m'attendant étendue lascivement sur le lit, souriante et apaisée, la main tendue dans ma direction. Impossible de faire marche arrière.

Je frappe quelques coups timides sur la porte. L'instant d'après, elle est devant moi, dans la même tenue qu'en sortant tout à l'heure du New Medusa : plus junkie qu'escort girl de luxe. Un blouson de cuir, un polo chiffonné, un jeans troué aux genoux et des bottes de daim qui ont fait le tour du monde. Elle porte en bandoulière un sac en toile beige qui a dû servir à un fantassin de la guerre de 14.

Le fantasme du bas d'escalier s'éteint brusquement. La réalité me rattrape. Elle pose son index sur ses lèvres avant de refermer la porte et, incapable de masquer son inquiétude, me précise :

– Prudence avec la fille d'en bas.

Les questions qui me taraudent sont tellement nombreuses que j'en perds le fil. Par où commencer ? Un peu gêné, ne sachant quelle attitude prendre, je la salue d'un bref bonjour. La chambre est au diapason du reste de la maison : spacieuse et confortable. Un parfum d'ambiance au vétiver sature l'atmosphère. Les murs gris couverts de photos et moquette noire sont dans la note. Un panneau de miroirs encastrés fait face à un lit démesuré. Je peux y observer ma gaucherie. Idéalement, cette chambre aurait pu être le berceau d'ébats amoureux idylliques, mais je comprends vite que le scénario n'a pas été écrit comme cela. Élise s'écarte de moi, fait brusquement le tour du lit et s'installe dans un des deux fauteuils qui meublent la pièce. Elle croise les jambes. Je m'assieds sur la couette en attendant que quelque chose se passe. Je l'observe du coin de l'œil.

Élise est incompréhensible. Je suis déconcerté. Qui est-elle vraiment ? Une danseuse nue du New Medusa au charme envoûtant et vénéneux qui rend les hommes fous et dont l'image me poursuit jour et nuit, une jeune fille BCBG qui accompagne la dépouille de Brandt au crématorium à qui l'on aurait donné le Bon Dieu sans confession ou une junkie paumée dont le regard vide exprime un désespoir existentiel ? La femme qui se trouve devant moi, sur qui se superposent les rôles de Clara Morgane, vedette du porno, Élise de Marcossay, fille de bonne famille, et Amanda, modèle toxico de Nan Goldin, me désarme complètement. Une certitude : au-delà de ses différents rôles, Élise est la protagoniste incontournable de l'énigme du Medusa, le roman qui s'écrit dans ma vie. Elle se tasse dans son siège, se croisant nerveusement les mains et laisse planer un long silence, puis elle se dirige vers le minibar en face d'elle. En ouvrant le frigo, elle me propose :

– Voulez-vous boire quelque chose ?

– Merci, je viens de siffler un double scotch. J'ai déjà la tête qui tourne. Elle sourit avec un air complice.

– Je vais faire la même chose, cela me détendra, précise-t-elle. Elle vide deux mignonnettes de Johnny Walker black label dans un verre et retourne s'installer dans son fauteuil. Elle ne semble pas le trouver confortable et s'en relève. À nouveau, un silence pesant tombe comme une chape de plomb sur la pièce.

– Un peu de musique ?

– Si vous voulez, ça ne me dérange pas. Elle s'empare de la télécommande.

– Classique ou variétés ?

– Classique, je préfère, dis-je sans hésiter. Elle commence à m'agacer à tourner en rond et à se taire dans toutes les langues. Les variations Goldberg de Bach interprétées par Glenn Gould me calment. La première variation a une connotation mélancolique. En arrière-fond, on entend le souffle du pianiste qui suit la mélodie avec légèreté. Élise s'enfonce dans les plumes de son fauteuil.

À moi de jouer.

– Pourquoi vouliez-vous me voir à tout prix ?

– Parce que nous avons beaucoup à nous dire.

– Je m'en doutais bien, mais encore…

– Il y a tant de choses à expliquer, précise-t-elle, avec une connotation pathétique. Mais, avant tout, une remarque préliminaire pourrait vous éclairer.

– Je vous écoute.

Elle prend un air profond, comme inspiré, et se met à parler très lentement.

– Il y a des êtres qui, dès leur départ dans la vie, connaissent des drames ou des bouleversements dont les séquelles sont incalculables. Ils ne peuvent jamais s'en remettre. Des morts, des trahisons, des séparations brutales, des viols, des incestes ou des visions d'horreur qui perturbent pour toujours leur personnalité. Même s'ils n'en sont pas responsables, ils en seront marqués. La vie de ces êtres est foutue. Une existence normale leur est interdite. Leurs blessures ne se referment jamais et entravent leur capacité d'adaptation. Ces traumatismes éteignent une lumière qui ne se rallume jamais. Ils ne peuvent vivre le bonheur, car tout leur rappelle qu'il peut s'effondrer sans préavis.

Elle fait alors une longue pause doucement bercée par la variation numéro 3, un canon à l'unisson. Elle m'interroge du regard comme si elle attendait que je l'approuve. Je me demande où elle veut en venir. Elle poursuit sur le même registre.

– Ce n'est souvent que le résultat de la fatalité, de l'absurdité du destin. Il n'y a là ni justice ni injustice. C'est comme cela, on ne peut rien y faire. Un mauvais alignement des planètes dont personne n'est responsable. Puis elle s'exclame un peu plus fort :

– C'est l'histoire de ma vie. Comme un tatouage, cela ne s'efface jamais. Je suis hantée par des souvenirs que je ne peux oublier. J'avais cru pouvoir, mais…

Je pense à ce moment-là au tatouage de l'aigle qui lui marque le bas du dos.

– Encore que… dis-je.

Elle ne me répond pas et vide son whisky d'un trait pour se donner le courage de continuer. La rengaine de Bach qui tourne en boucle atténue la tension.

– Si je vous parle comme cela, c'est pour que vous compreniez à qui vous avez affaire afin que vous ne me jugiez pas trop vite.

– Ce n'était pas mon intention. Je voulais juste… Elle m'interrompt.

– Quand les fondations d'un édifice ont été sapées, il reste toujours fragile.

– J'avais saisi, dis-je.

– Je vous dois quelques explications, reprend-elle. J'opine.

– Je suis prête à répondre à vos questions, parce que je ne doute pas que vous vous en posiez beaucoup.

Finalement, elle a l'air sincère. Contrairement au soir de notre rencontre au New Medusa, elle n'est pas sous influence. Je saisis l'occasion.

– Notre première entrevue à l'Archiduc n'était pas le fruit du hasard ?

– Bien évidemment non ; les autres non plus. Il fallait que je vous connaisse d'une manière ou d'une autre, sans attirer l'attention.

– Pourquoi moi ?

– L'assassinat atroce de ma sœur n'a été ni élucidé ni jugé.

– L'assassinat de votre sœur ?

Mon silence interloqué dure un certain temps. Elle n'a pas répondu à ma question, mais ce qu'elle vient de m'asséner me la fait oublier. Je suis ébranlé.

– La victime du Medusa était votre sœur ?

– Oui.

– Pourquoi parlez-vous d'assassinat ?

– Parce que je suis convaincue qu'il ne s'agit pas d'un meurtre. Ce crime a été prémédité.

Je n'en crois pas mes oreilles. Je saisis mon paquet de cigarettes. Elle m'arrête.

– On n'a pas le droit de fumer ici, mais si cela vous est insupportable, on peut sortir sur la terrasse.

Elle se trouve sur le trottoir devant l'hôtel, à deux pas du New Medusa. Je risque d'y être repéré en sa compagnie. L'idée n'est pas bonne. Mieux vaut rester dans la chambre. À contrecœur, je remets mon paquet de cigarettes en poche. Mes mains tremblent.

– Donc, votre sœur…

– Oui, ma sœur a été assassinée au Medusa dans des circonstances atroces et je veux connaître le fin mot de cette histoire.

La nouvelle qu'elle m'assène me paraît énorme, mais elle ne répond à aucune des questions que je me pose. Or elles sont innombrables et je ne vois pas par où commencer.

– J'en connais encore moins que vous. Qu'est-ce que je viens faire dans cette affaire ?

– Ce serait trop long à expliquer. Tout ce que je vous demande, pour le moment, c'est de m'écouter. Je vous demande un peu de patience.

– Comment voulez-vous que…

Elle ramasse sa musette de bidasse posée par terre et l'ouvre. Elle en sort quelques feuilles dactylographiées, pliées en quatre. Je reconnais immédiatement des pages du manuscrit de Brandt.

– Ah ! Les pages absentes, c'était vous ?

– Jusqu'à la mort de maître Brandt, non. Maintenant parfois, oui. Je m'en suis fait voler une partie.

– Par qui ?

– Je n'en sais rien, mais il m'en manque.

– Et avant la mort de maître Brandt ?

– Mademoiselle Nijs, la secrétaire de maître Brandt, elle me veut du bien, à vous aussi, je crois. Avec ces pages, vous comprendrez mieux. Elle se lève, me tend les feuilles et répète en insistant :

– Oui, comme cela, vous pourrez mieux comprendre.

L'image du cadre disparu sur le bureau de Brandt pendant mon entretien avec mademoiselle Nijs me revient. Élise me prend le bras et me le serre avec affection, l'air un peu triste, puis se dirige vers la porte de la chambre. En se retournant, elle me lance à la dérobée : « La chambre est réglée, vous pouvez dormir ici si vous voulez ! Je vous ferai peut-être un coucou plus tard ! » Elle croise mon regard et doit y remarquer mon dépit de la voir partir. Je déplie fiévreusement les feuillets.

26

Hannah – 1

Sur la terrasse d'un petit château à l'architecture ingrate et tarabiscotée, restauré par Viollet-le-Duc, planté dans un parc à l'anglaise plus champêtre que dessiné, Évrard de Marcossay lisait son journal sous un parasol en sirotant un porto d'âge. Il savourait l'instant béni. De temps à autre, il retroussait la manche de sa veste de lin pour regarder le cadran de sa montre. Il savait qu'il était midi puisque le soleil n'esquissait plus d'ombres dans le jardin, mais l'impatience plus que la curiosité guidait son geste machinal. Il entendit le grincement de la grille d'entrée, puis le crissement du gravier sous les roues d'une voiture qui s'approchait du perron. Hannah ! Il posa son verre et replia son journal. Le chauffeur fit le tour de la voiture et ouvrit la portière de la visiteuse. D'un bond agile, elle se précipita vers lui. Elle était radieuse dans une robe fleurie, un petit sac de cuir rouge accroché à la main, assorti à ses escarpins à talons plats choisis avec délicatesse : Hannah dépassait Évrard d'un bon dix centimètres. Tous deux souriaient. Il lui ouvrit les bras. Elle s'y engouffra sans dire un mot : le geste suffisait. Cet instant résumait ce que la vie peut apporter de mieux à deux êtres qui s'aiment et se retrouvent.

Hannah était certaine qu'Évrard lui demanderait sa main. Elle savait aussi qu'elle acquiescerait à son projet. Elle n'avait pas le choix.

Leur histoire, jusque-là, avait été brève. Il l'avait rencontrée à la sortie d'un restaurant où il dînait seul. Elle venait de se lever d'une tablée tapageuse où ses camarades d'université Brandt et Grabowski s'engueulaient à qui mieux mieux. Elle avait quitté la pièce en pleurs. Évrard l'avait observée pendant le repas. Il la trouvait d'une grande beauté. Il avait compris qu'elle était l'enjeu de la discussion houleuse entre les deux bagarreurs. Elle était restée immobile et silencieuse pendant l'altercation. Sur le pas de la porte, il lui avait galamment offert sa pochette pour sécher ses larmes et laissé son bristol.

Ils s'étaient revus, car il fallait qu'elle lui rendît son mouchoir. Elle avait trouvé dans son geste élégant l'image de ce qu'elle demandait alors à la vie : le bras secourable d'un homme plus âgé qu'elle, une attention particulière et surtout un moyen de sortir de l'impasse où elle s'était fourvoyée. Marcossay vécut cela comme la découverte de l'amour. Elle, un peu moins, car l'histoire se résumait à une opportunité.

Après un joyeux déjeuner, Marcossay proposa à Hannah de prendre le café sur la terrasse. Là, il retira de sa poche une petite boîte en croco verni et la lui tendit sans dire un mot avec un sourire engageant. Elle comprit que son intuition ne l'avait pas bernée.

Elle l'avait acceptée. Le brillant scintillait à son annulaire dans une monture d'or jaune. Radieuse, elle le regardait en souriant. Il était convaincu que c'était le plus beau jour de la vie d'Hannah. Il se trompait. En disant oui, elle faisait une fin. Pour lui, c'était un début.

Ils s'étaient mariés sans tralalas dans l'intimité familiale. Évrard avait décrété qu'à son âge, il eut été ridicule de se marier en blanc. Elle pourrait oublier les cadeaux, mais, tant pis, elle assurait son avenir.

Sept mois plus tard, après avoir mené une grossesse tranquille à la campagne, entourée des attentions d'Évrard, elle donna naissance à des jumelles : Élise et Sabine. On parla alors de prématurés, ce qui parut normal à tous, car des jumelles sont lourdes à porter. Les bébés se ressemblaient fort et l'on crut même qu'ils étaient monozygotes.

La vie s'écoula au rythme du clocher de l'église, proche du château. En grandissant, les fillettes faisaient le bonheur de leurs parents. Une préceptrice s'occupait de leur faire l'école à la maison. Les après-midi campagnards étaient consacrés aux jeux de société, à l'apprentissage du piano et à des cours de danse. Lorsqu'il faisait beau, on attelait un poney pie pour faire un tour dans les bois. Tout cela ressemblait à un conte de fées.

Hannah trouvait parfois le temps long et éprouvait des relents de bovarysme, *une lassitude qui perturbait son humeur. Elle songeait à ce qu'avait été sa vie à l'université – féconde, passionnante, tumultueuse et amoureuse – et s'interrogeait sur ce qu'étaient devenus les amis et les amants avec lesquels elle avait rompu pour rentrer dans le rang du conformisme et de la stabilité sociale. Quelle avait été l'utilité de ses études si, finalement, elle en était arrivée là et ne faisait plus rien ? Elle ne s'ouvrait jamais de ces questions à son mari, car elle savait qu'il ne comprendrait pas. Pour lui, une bonne épouse devait rester à la maison et s'occuper de sa famille. Il était heureux, même si, parfois, il percevait de la morosité dans le regard d'Hannah. Cela le tracassait. Puis tout rentrait dans l'ordre. Hannah se concentrait sur l'organisation du foyer et la surveillance du personnel, commandait les repas, faisait des bouquets et répondait à quelques rares invitations dans les alentours. Le jeudi, le curé venait déjeuner et, de temps à autre, l'instituteur du village prenait le thé au château pour vérifier le programme des cours des enfants. Quelques voisins fermaient le cercle de leur société rabougrie comme une figue sèche.*

Durant leur croissance, l'aspect des jumelles commença à se distinguer. Elles devinrent de ravissantes adolescentes, mais on voyait qu'elles ne sortaient pas du même œuf. Toutes deux avaient hérité de la beauté de leur mère, mais avec des types différents. Vers quatorze ans, leurs parents convinrent qu'il fallait les envoyer en pension pour parfaire leur éducation en dehors du cadre campagnard jugé trop étriqué pour leur trouver un jour un mari. Il avait donc été question de les séparer, mais, après des cris et des larmes, l'apitoiement gagna : elles iraient dans le même pensionnat.

Quand l'hiver lui paraissait trop long, le ménage Marcossay passait parfois quelques jours à Bruxelles. Là, Hannah revivait. Son spleen s'effaçait comme le brouillard sous la brise.

27

Hannah – 2

Les jumelles avaient dix-huit ans. Pendant les vacances de Noël, elles supportaient aussi mal que leur mère leur univers clos et avaient obtenu de passer quelques jours à Bruxelles. Arguant de la nécessité de les cultiver, Hannah avait réussi à convaincre Évrard qui se montrait réticent. À cet âge, disait-il, les jeunes filles ont moins de tentation à la campagne. Puis, il avait cédé, comme toujours. Hannah les mènerait visiter des expositions et des musées. Elles iraient au théâtre, au cinéma, au concert et à l'opéra.

La Monnaie produisait La Flûte enchantée. *Outre qu'ils adoraient Mozart, Hannah et Évrard jugèrent que le spectacle pourrait séduire les adolescentes : la musique n'était pas trop difficile, les personnages chatoyants, les décors oniriques et le livret dramatique et amusant à la fois. Peu importait le fond et ces histoires de franc-maçonnerie qui transparaissaient dans le texte, elles se souviendraient sûrement de l'air de la Reine de la nuit. À l'entracte, Évrard leur proposa un rafraichissement au foyer du théâtre.*

Les filles se querellaient.

– Maman, voulez-vous demander à Sabine de se taire pendant la représentation, elle est chiante, elle n'arrête pas de parler.

– Ce n'est pas vrai, s'écria l'autre en marquant les mots, tu mens. Si tu continues, on te clouera le bec avec un cadenas, comme celui de Papageno. Tu n'es qu'une punaise !

– Idiote, répliqua Élise, c'est toi la punaise, en haussant les épaules et lui tournant le dos.

– Voyons les filles, on vous emmène à l'opéra et vous vous comportez comme des mioches ! s'exaspéra Hannah. Allez plutôt aider votre père !

Elles se séparèrent pour bouder chacune dans son coin. Évrard s'était engouffré dans la cohue devant le bar pour tenter d'y trouver des boissons. Hannah se fit entreprendre par une connaissance, une chochotte allumée comme un feu de Bengale, qui voulait la convaincre de se faire membre des Amis de la Monnaie. *Elle attendait impatiemment Évrard pour se sortir du pétrin en faisant semblant d'écouter les arguments de l'exaltée. Impossible d'en décoller. Elle avait perdu les filles de vue et les cherchait des yeux dans la foule.*

Soudain, son regard se figea. La chevelure léonine d'Edgard Brandt se découpait à une dizaine de mètres d'elle. Derrière lui se tenait Grabowski, une coupe de champagne à la main. Elle s'étonna que le Polonais fût devenu si énorme. Gargantuesque. Les deux hommes ne pouvaient pas ne pas la reconnaître. Comme aimantés, ses yeux ne les quittaient pas. Bien qu'elle fût certaine d'avoir croisé le regard de Brandt, il fit mine de ne pas la voir. Grabowski l'ignora aussi. Elle se détourna.

En s'écartant des deux hommes, toujours poursuivie par sa harceleuse, elle ressentit une violente oppression qui lui enserra la poitrine. Une vague brûlante l'accompagna, escortée d'un froid glacial. Des gouttelettes sur son front. Elle entendit encore, comme en écho, le pépiement agaçant de l'obstinée qui se superposait au brouhaha de l'assemblée. On la bouscula. Elle sentit son souffle la quitter comme si elle se noyait dans la touffeur de l'air raréfié. Elle battit des ailes comme une poule qui tente d'échapper à un renard, puis vacilla et tomba à la renverse. Les lustres scintillants l'éblouirent comme autant de petites étoiles brillantes qui s'éteignirent soudainement. Elle sombra dans le noir. Un mouvement d'affolement de la foule suivit, un tohu-bohu indescriptible, puis un attroupement de curieux se forma autour d'elle. Des cris fusaient de toute part. On appelait à l'aide : « Un docteur, y a-t-il un docteur dans la salle ? » Évrard qui venait de la rejoindre laissa tomber les verres qu'il avait en main. Pris de panique, il tournait la tête dans tous les sens. Fendant la foule, les pompiers de service arrivèrent.

Sabine, partie bouder à l'autre extrémité du foyer, où il y avait un peu plus d'air et d'espace, n'avait rien remarqué de l'incident. À cause de la dispute avec sa sœur, elle en voulait au monde entier. Elle était en colère. Sa mère lui donnait toujours tort. Son père n'intervenait jamais en sa faveur. « Papa est un faible. »

Elle écoutait les conversations qui l'entouraient avec indifférence. Les critiques du premier acte fusaient. « Papageno n'a pas de voix. L'orchestre est beaucoup trop lent : l'adagio d'ouverture était soporifique. Les mises en scène contemporaines sont devenues exaspérantes. Elles sont envahissantes au point de vous distraire de la musique. On attend Nathalie Dessay pour rattraper tout cela. Si ça continue, je m'en vais ! » Sabine ne comprenait rien à ce charabia. Pourquoi critiquaient-ils tout ? Elle avait trouvé le spectacle magnifique.

À côté d'elle, un peu à part, deux messieurs conversaient. Le premier, un gros rougeaud exalté s'épongeait le front avec un mouchoir. Mal fagoté, il avait l'air d'un animal sauvage. L'autre, un homme de grande taille avec un visage buriné entouré d'une masse de cheveux blancs, si épais qu'ils faisaient croire à une perruque, était quant à lui très élégant. Costume trois-pièces bleu foncé à rayures, cravate en soie et souliers rutilants. Un monsieur important, pensa-t-elle. Comme les types qui font des affaires avec papa quand il vient en ville. Celui qui lui faisait face avait une pointe d'accent étranger qui ressemblait à celui d'Agnieszka la femme de chambre polonaise de l'appartement de Bruxelles.

Elle n'avait pas rêvé : elle l'avait entendu distinctement. « Hannah ». Elle tendit l'oreille. Puis la phrase tomba de la bouche du plus grand des deux, à côté d'elle : « Mais oui, c'était bien Hannah, avec Marcossay et nos jumelles, je n'ai aucun doute là-dessus. » L'autre lui répondit d'un ton sentencieux : « Sache, Grabowski, que le monde est petit ; il n'y a que les montagnes qui ne se rencontrent jamais. » Puis il ajouta : « Marcossay ne s'est jamais douté qu'il n'en était pas le père. La reine de nos nuits s'en est bien tirée ! » L'homme à la toison blanche éclata de rire. Sabine fut effrayée par son masque grimaçant et la cruauté de son expression. Puis, les deux hommes se séparèrent. « Je passerai te voir un de ces quatre au Medusa, tu m'organiseras une petite fête », conclut l'homme élégant aux cheveux d'ange.

Nos jumelles !

Quand la sonnerie annonça le second acte, tout était rentré dans l'ordre. Le public s'était éparpillé dans les travées pour rejoindre la salle. Hannah s'était relevée : un malaise vagal sans gravité, il n'y a pas un poil d'air ici, avait jugé le pompier. Évrard était rassuré. Ils retrouvèrent les filles, le visage fermé, elles suivirent leurs parents jusqu'à leurs fauteuils d'orchestre. Élise à droite de maman, Sabine à droite de papa.

Nos jumelles !

… Dans la lumière bleutée du décor baroque, la Reine de la Nuit tend un poignard à sa fille Pamina et la somme de tuer Sarastro…

Natalie Dessay entamait la célèbre aria. Ses cris de colère ébranlaient Sabine, très secouée. Ils lui allaient droit au cœur. Les mots violents, acides, furieux, agressifs, hystériques – presque des hurlements – résonnaient trop en elle pour qu'elle puisse les faire taire. Elle aurait voulu se boucher les oreilles, ne plus rien entendre, mais, sur le prompteur, le texte continuait à défiler au-dessus de la scène, impassible et régulier comme la mélodie.

Der Hölle Rache kocht in meinem Herzen…
La vengeance de l'enfer bout dans mon cœur…
Et trois vers plus loin :
So bist du meine Tochter nimmermerh…
Tu ne seras plus ma fille, non plus jamais…

L'adolescente perturbée mélangeait tout, confondait père et mère. L'image des deux hommes inquiétants ne la quittait pas. Nos jumelles ! *lui revenait sans cesse en tête. Elle prenait en pitié Pamina, terrorisée par les anathèmes de sa mère. Elle s'identifiait à Pamina. Elle était une petite Pamina perdue dans le public. Quand l'air s'envola et que la voix de la chanteuse fit le grand écart, en frisant les sommets, Sabine sentit quelque chose se déchirer en elle, elle saisit la main de son père. Il tourna la tête vers sa fille, étonné, puis la retira, sans comprendre ce qui se passait. Le texte continuait de défiler :*

Tu ne seras plus ma fille.
Tu seras répudiée et abandonnée à jamais.
Tu seras répudiée à jamais si tu ne te venges pas.

Pamina resta encore quelques instants seule en scène, effondrée. Sabine l'était aussi. À la fin de l'air, la salle explosa en applaudissements. Sabine fondit en larmes. Évrard de Marcossay pensa que les adolescentes avaient des âmes bien sensibles. Il fit semblant de ne pas le remarquer. Cela le gênait un peu ; il ne savait que dire.

À partir de l'épisode de La Flûte enchantée, *Sabine adopta une attitude étrange vis-à-vis de son entourage. Silencieuse, ombrageuse, elle fuyait les contacts et passait de longues heures à ruminer dans son coin. Elle négligeait sa tenue, mangeait du bout des dents et dormait mal. Au début, le reste de la famille interpréta son mutisme et son agressivité comme des réponses excessives à une mésentente avec sa sœur. Une petite affaire qui n'eut justifié au demeurant qu'une bouderie sans importance. Mais cela se prolongea.*

Jusque-là, Sabine écrivait un journal intime dont elle partageait le contenu avec sa jumelle. Après cet épisode, elle ne l'associa plus à ses secrets. Élise s'en étonna, mais ne récolta que des silences fermés. Un mur s'était érigé entre elles.

Dans la nuit qui avait suivi la soirée à l'opéra, couchée sur le dos, les yeux rivés au plafond de sa chambre, Sabine avait veillé jusqu'au petit matin. Elle ruminait les phrases des deux compères qui l'avaient brûlée de l'intérieur. Elle avait senti un vide se creuser en elle. Sa jeunesse s'était envolée sans prévenir. Les questions se bousculaient dans sa tête qui n'était plus celle d'une innocente. Sa candeur avait fait place à la lucidité : à l'avenir, elle distinguerait les mensonges de la vérité. Les histoires du père Noël, c'était fini à tout jamais. Bien sûr, elle tentait de se rassurer en imaginant qu'elle aurait pu mal interpréter les propos des deux inconnus, mais le souvenir de leur conversation et la phrase fatale du vieux bonhomme étaient imprimés dans son esprit, et l'avaient comme marquée au fer rouge.

« … Avec Marcossay et nos jumelles, *je n'ai aucun doute là-dessus… » Elle ne pouvait avoir aucun doute et si elle en avait eu un, la phrase qui avait suivi lui aurait confirmé le contraire : « … Marcossay ne s'est jamais douté qu'il n'était pas leur père… » L'image idyllique de sa famille avait explosé en vol.*

Lors de cette nuit sans fin, après avoir tenté en vain le déni, elle imagina pouvoir s'ouvrir à sa mère de cette séquence, pour mendier un mensonge bienvenu et remettre ainsi les choses dans l'ordre préexistant, mais, trop inquiète de ses réactions, elle écarta l'idée. Elle pria, mais le Bon Dieu ne disposait pas de baguette magique qui pût effacer le cuisant souvenir. Parler à son père lui parut impensable. Affronter cette vérité lui aurait causé trop de désillusion et de peine.

Cette découverte lui expliquait les ombres qui tourmentaient parfois le regard de sa mère. Hannah ne pouvait pas ignorer ce que Sabine avait appris ce soir-là. Elle comprit enfin la raison des spleens subits, des yeux parfois troublés, des petites manies absurdes et de la dépression rampante de sa mère. Elle savait, mais ne pouvait rien dire du passé caché.

Primesautière la veille, son insouciance et sa candeur firent place à une méfiance de tous les instants et à tout propos. Sa joie de vivre s'éteignit d'un coup comme une flamme soufflée par un courant d'air. Elle pleurait pour un rien, se mettait dans des rages inexplicables qui surgissaient de nulle part, puis sombrait dans le spleen. Ses parents commencèrent à s'alarmer de ce changement de comportement. Qu'était devenue leur merveilleuse petite Sabine ? Qu'était-il arrivé dans sa vie qu'ils n'aient compris ? Elle refusait de répondre à leurs questions inquiètes. Elle, auparavant si active, restait prostrée durant de longues heures, pensive et comme submergée par une profonde lassitude. La nuit, sa sœur l'entendait s'agiter dans son lit et gémir en émergeant de cauchemars récurrents.

Évrard et Hannah consultèrent des médecins. La conclusion fut unanime : l'adolescence et les transformations qu'elle induit sont une période difficile à gérer. L'épisode était normal. Il était inutile de se tracasser. « Vous en verrez d'autres, conclurent-ils à l'unisson. Il faut gérer cela. Point à la ligne. »

À la fin des vacances, il fallut repartir au pensionnat. Là-bas, loin de sa famille, les manifestations de son mal-être s'atténuèrent et s'espacèrent peu à peu. Les traces du traumatisme ne s'effacèrent cependant pas. Son attitude avait changé du tout au tout. La bonne élève disciplinée et joyeuse devint une rebelle ingérable au caractère ombrageux. Ses résultats scolaires s'en ressentirent. Ses bulletins, où les nuances de rouge se déclinaient avec une régularité désespérante, donnaient des crampes d'estomac à ses parents qui envisagèrent une école plus sévère. Grave erreur. À leur décharge, la psychologie n'était pas à la mode à l'époque.

Élise, quant à elle, n'avait pas changé sa façon d'être d'un iota : elle grandissait en âge et en beauté. Elle était troublée par l'évolution de sa jumelle, mais lui conservait son affection. Intuitivement, elle avait compris que quelque chose s'était déchiré chez Sabine. Elle avait parfois tenté de la raisonner, mais elle avait dû admettre que cela ne servait à rien. Elle percevait que son obstination dans l'obstruction avait une origine dont la gravité lui échappait. « On ne se comporte pas comme cela sans raison, avait-elle asséné à ses parents. Je sens que quelque chose a dû se passer. » Mais elle ignorait quoi. Ils ne l'écoutèrent pas.

28

Je suis tellement absorbé par la lecture des feuillets d'Élise que j'en ai oublié où je me trouve. Je relève la tête, un peu étourdi, la nuque raide et le dos courbatu, puis je dépose les papiers sur le lit. Je suis chamboulé par mes découvertes.

Heureusement, le décor douillet et luxueux de la chambre, la petite flamme qui vacille dans la cheminée et le rythme régulier des variations Goldberg – on en est à la vingtième – me rassérènent.

À l'extérieur, la ville est plongée dans le noir. On entend le bruit des voitures qui traversent le carrefour sur les pavés de la rue du Châtelain. Le halo de leurs phares éclaire par intermittence les rideaux d'étranges globes éphémères.

D'aucuns prétendent que les écrivains racontent des histoires parce que leur vie ne les satisfait pas. Cela me paraît une évidence. Pourtant, aujourd'hui, j'écris une histoire qui interfère avec ma propre existence. Depuis un certain temps, je crains cette issue, car je ne veux pas m'exposer, mais les informations stupéfiantes que m'a données Élise me confirment que je ne peux plus reculer. Il y va de ma vérité. Comme une intuition, une formule de Baudrillard me revient à l'esprit : « Nul ne détient son propre secret, il est ce qui nous enveloppe à notre insu. » Je suis persuadé que cette phrase, surgie dans les contingences des événements, dictera la suite de mon travail.

Je fouille le minibar à la recherche d'un remontant. Élise a éclusé tout le whisky. Assumant le risque d'une migraine carabinée, j'en sors une petite bouteille de cognac. Il en reste deux. Elle fera l'affaire. Je la vide aussitôt. J'ouvre la fenêtre pour fumer une cigarette. La circulation se calme peu à peu dans la rue. Un couple de quadras qui vient de sortir d'un restaurant tout proche s'engueule. Un pugilat indécent d'avinés à propos d'une quelconque connerie. Une scène de ménage ordinaire. Un petit enfant les suit en pleurant. Au jugé, il doit avoir quatre ou cinq ans, mesure un mètre vingt maximum et porte une casquette posée à l'envers sur la tête. Il traîne son manteau sur les pavés. Il semble épuisé et refuse de faire un pas de plus.

– Suis fatigué, maman.

Lèvres pincées par la rage, la mère ne bronche pas, prise par sa scène de ménage. Le mioche ne bouge plus ; les parents avancent en direction de l'avenue Louise, comme si de rien n'était. Mendiant de l'aide, le bambin supplie en gémissant :

– Maman, suis fatigué, je peux plus…

– T'as qu'à rester là, on viendra te chercher demain, fait le père en ricanant méchamment. Dans l'obscurité de la rue vide, l'enfant se sent abandonné, car la distance se creuse. Il ne bouge plus, puis pousse un hurlement qui me tord le cœur.

Ce cri me fait penser à celui que Sabine n'avait pu ou osé pousser à l'opéra. Après cela, elle n'a cessé de hurler à sa manière sans que personne ne l'écoute. Sa vie n'a plus été qu'une douleur.

Grâce aux révélations d'Élise, je peux commencer à ranger les informations qu'elle m'a fournies dans le bon ordre. Je n'ai plus qu'à enregistrer la suite des événements, en faire une sorte de verbatim avec une touche littéraire pour qu'il prenne la forme d'un roman.

Une bourrasque s'engouffre dans la chambre. Il pleut à verse. Je referme les fenêtres, juste le temps de voir un chat noir qui passe devant l'hôtel de gauche à droite. Je pense que cela porte malheur. Le calme revient, avec la scie de Bach qui tourne en boucle. Variation

Goldberg 25. Le cognac fait son effet : je me sens serein. Mon regard effleure les pages qui traînent sur la couette : enfin des informations pertinentes.

En me quittant, Élise m'a suggéré de dormir ici si je le désire. Y a-t-il un dessein secret derrière cette proposition ? Reviendra-t-elle au petit matin à la fin de son service au New Medusa ? « Je vous ferai peut-être un coucou plus tard », a-t-elle dit. Dans cet espoir, je décide de rester.

J'ai faim. Je fais main basse sur le contenu du minibar : cent grammes de *peanuts*, un paquet de chips et deux barres de Toblerone – quelques centaines de calories bien tassées – que j'arrose d'une bière en appréhendant la migraine qui ne tardera pas. Je m'allonge sur le lit pour réfléchir. Peu de chances que je trouve le sommeil malgré l'alcool qui m'alourdit les paupières.

Grâce au récit d'Élise et à lecture de ces feuillets à l'origine incertaine, deux évidences de l'énigme du Medusa s'imposent : Sabine, la jumelle d'Élise, y a été assassinée et les jumelles sont les filles d'Hannah. La bévue de Brandt à l'opéra révèle qu'Élise et Sabine auraient pu être les enfants de Brandt ou de Grabowski. Cette réalité a provoqué un drame dont les raisons m'échappent. À côté de ces faits incontestables, pour peu que le témoignage d'Élise soit crédible, une multitude de questions non résolues demeure.

Élise semble avoir noué une relation de confiance avec Brandt, cela suppose-t-il qu'il en soit le père ? Comment a-t-elle fini par le dénicher ? Dans quelles circonstances Sabine a-t-elle échoué dans la boîte de nuit de Grabowski ? Quel a été le mobile de ce qu'Élise appelle avec insistance un assassinat, donc un meurtre prémédité ? Ce crime a-t-il un rapport avec le trio Marcossay, Brandt et Grabowski ? Pourquoi Élise m'a-t-elle attiré dans ce guêpier ? La relation amoureuse passagère que j'ai eue avec Hannah est-elle le lien manquant ?

Quel a été le rôle de tous les personnages de ce drame : l'Hispanique gominé de banlieue, le nain énigmatique et Blanche Nijs, la secrétaire mutique ? Ils ne sont pas de simples figurants. Jusque-là, toutes ces interrogations sont restées sans réponses. Elles sont liées les unes aux autres, mais j'ignore comment.

Lors de ma dernière conversation avec Élise, j'ai eu l'impression que, sous les longs silences qu'elle m'a imposés à plusieurs reprises, se nichait une question qu'elle avait sur le bout de la langue, mais qu'elle n'osait pas me poser.

La lassitude m'envahit. Je sombre dans un sommeil lesté de rêves étranges, de sursauts agités et d'angoisses.

… Dans une cave, trois larrons entourent une table de poker couverte de bouteilles d'alcool, de verres, de paquets de cigarettes et de cendriers pleins de mégots. Et aussi, un plateau avec des dés et un gobelet qui masque les dés manquants. Au fond de la pièce, sur une estrade où des projecteurs tracent leurs rayons bleutés dans le halo de la fumée, une danseuse entre dans la salle en traversant un miroir. Nue, figée, elle attend que quelque chose se passe. On lui donnerait une vingtaine d'années. Elle regarde les trois hommes qui l'ignorent, absorbés dans une partie de poker menteur. La fille voudrait s'exprimer, mais aucun son ne parvient à sortir de sa bouche. Elle sait que cela ne servirait à rien. Elle est transparente comme un zombi. Son visage dessine les traits d'Hannah, recouvrant ceux d'Élise. Debout sur un plateau giratoire, elle tourne sur elle-même. Sur ses reins, le tatouage d'un aigle. Les joueurs de cartes parlent d'elle comme d'un objet : elle sera l'enjeu inversé de la partie de dés : « Celui qui perd la prend », dit l'un d'eux en soulignant son propos d'un rire sardonique. La façon dont les hommes la traitent m'indigne. J'assiste à la scène comme le témoin d'un crime derrière une vitre sans tain. Je devrais tous les reconnaître, mais je ne distingue pas leurs visages, car ils me tournent le

dos. À leurs silhouettes et leurs vêtements, je peux deviner Brandt, Grabowski, mais pas le troisième. Cela me paralyse. Un policier hargneux me presse d'identifier les protagonistes. Je reste muet, incapable de mettre avec certitude un nom sur tous. Le flic commence à s'énerver. Un des hommes murmure quelque chose à l'oreille du plus gros d'entre eux. Le son amplifié de la pièce me permet de distinguer ce qu'il a dit : « De toute façon, elle lui fout des cornes. » L'autre, furieux, lui répond : « Alors, elle le paiera cher ». J'ai peur de ce qui pourrait arriver à la fille, mais mon sentiment est mitigé : la scène m'excite sexuellement. Le troisième homme qui n'a rien entendu soulève le gobelet des dés qui s'est mis à gonfler. Il peine à le faire parce qu'il est de plus en plus lourd. Quand il y parvient enfin, il découvre deux fœtus entremêlés posés sur la table. Je suis horrifié…

Je me réveille en sursaut, la chemise trempée. Je me lève pour prendre une bouteille d'eau dans le minibar et la vide d'un trait. Le sens de ce cauchemar est ambigu et mon esprit résiste. Je suis un observateur passif et pétrifié de la scène.

Un rêve contient souvent, dans une syntaxe inversée, la frustration de désirs inconscients non satisfaits, des éléments de la veille et le souvenir d'un passé lointain. Tout s'y trouve, mais cela ne me fait pas avancer d'un pouce dans l'interprétation de ce cauchemar.

J'ai ressenti une sourde angoisse à la vue de cette femme livrée contre son gré à ces hommes sans scrupules et méprisée par ces personnages qui se la disputent aux dés. Ils lui promettent un sort inique. L'ambivalence de mes sentiments – mon désir est suscité par son asservissement et sa réduction à l'état d'objet – est implicitement ce que j'endure depuis que j'ai rencontré Élise : une inclination obsessionnelle qui ne répond à aucune réalité malgré le fait qu'elle l'entretient à dessein. Cette attirance mêlée d'angoisse ne me laisse aucun répit.

Je ne dors plus et, dans une manie suicidaire, j'enchaîne les cigarettes et les bouteilles d'alcool sans pouvoir me raisonner. Même si je cherche un alibi dans la résolution de l'intrigue du Medusa, c'est Élise qui a envahi mon existence. Comme un automate enrayé, je consulte sans cesse mon portable dans l'attente de ses nouvelles. Je zappe de *WhatsApp* à *Viber* et *Messenger* pour voir si elle ne m'a pas laissé un message. Sur ces applications, je peux voir si elle était en ligne ou non. Lorsqu'elle y est, son silence me paraît encore plus frustrant.

Le cauchemar répond aussi à l'inquiétude de savoir Élise réduite à l'état d'objet sexuel au New Medusa. Dans le scénario d'un maître pervers, elle y est livrée à la concupiscence de tous ces types abjects qu'elle convie dans ces *privés* pour des raisons que j'ignore. L'idée m'est insupportable et je me torture en imaginant leurs mains sur son corps, leurs regards lubriques et leurs verges en érection, mais, paradoxalement, je dois admettre avec effroi que ce supplice participe à mon désir.

Je regarde ma montre. Il est trois heures du matin. Le New Medusa ferme vers cinq heures. J'ouvre la fenêtre pour fumer une cigarette. Dehors, la ville s'est endormie. Seul un poivrot qui semble en vouloir à l'humanité entière beugle des injures à l'adresse des murs auxquels il se cogne. Un clébard égaré trotte de gauche à droite sur la chaussée. Il me fait penser aux chiens étiques de Giacometti. Cela m'émeut. Je m'identifie à lui, zigzaguant d'un côté à l'autre de la vie.

Tout près, l'écho d'une sirène de police déchire le silence de la nuit comme une longue plainte s'engouffrant dans le couloir des immeubles de l'avenue Louise, où traînent encore quelques putes qui espèrent d'improbables michetons à cette heure tardive. Sous l'effet d'un coup de vent, une poubelle roule sur le trottoir. Un mur de pluie arrose les pavés.

Je tire le rideau sur cette scène déprimante. Je tourne en rond en attendant un signal d'Élise. Mon premier sommeil interrompu par la fin du cauchemar de la fille enchaînée m'a privé de toute envie de dormir. Je ne pense qu'à Élise et à ce qu'elle subit au New Medusa. Une torture que mon imagination morbide ne fait qu'amplifier.

Dans la chambre d'à côté, un couple s'ébat sans retenue. Cela n'arrange rien à ma fébrilité. Mon cœur palpite dans une zone dangereuse. J'hésite à quitter cet hôtel qui ne me vaut rien et à prendre le risque de ne pas revoir Élise de sitôt. Finalement, je décide de rester : en m'abandonnant là, Élise a fait naître des questions et je doute qu'elle ait envie d'y répondre.

« Je vous ferai un coucou au petit matin. » La captive arrivera-t-elle à s'échapper du New Medusa ? La raison s'arrête souvent où nait le désir. Je tente malgré tout de réfléchir. De quelles profondeurs de mon inconscient peut provenir l'obsession de cette fille qui me taraude ?

Je dois aussi m'avouer que la disparition de Brandt m'a secoué plus que je ne l'aurais pensé, bien qu'il ne soit pas un ami. Il était, comme Grabowski, mon contemporain. Sa mort et le retour contraint vers ce passé lointain m'ont confronté à une réalité que j'occulte depuis des années : j'ai vieilli sans l'accepter. La rencontre d'Élise est-elle un palliatif à cette introspection, un remède irrationnel ? Cette quête insensée a-t-elle pour but d'arrêter les aiguilles de l'inéluctable temps qui passe ? Sa jeunesse, sa beauté, le désir qu'elle éveille ne sont peut-être qu'un leurre pour écarter la faucheuse qui rôde. J'ai toujours eu une propension à refuser la réalité et à en inventer d'autres : c'est le propre de l'écrivain.

À travers la fiction, on se fabrique un univers alternatif. Ici, je me vois rattrapé par la vie. Ce que je suis en train de raconter n'est qu'une sordide histoire dans laquelle je suis embarqué. La réalité a repris le dessus sur la fiction. Ces pensées ne calment pas mes angoisses. Le temps n'avance pas : il n'est que trois heures et demie du matin quand je regarde ma montre, une fois de plus. L'écran de mon portable reste obstinément noir. Pas le moindre signe d'Élise.

29

Ce n'était pas une mer, une grosse mer, c'était une mer phénoménale, une mer enragée. Des falaises, des gouffres d'eau qui confinent à l'enfer comme la plupart d'entre eux n'en avaient jamais rencontré. Le vent en colère tournait du grand largue au portant, hurlant dans les haubans. Des pans de voiles claquaient contre les mâts avant de se déchirer en misérables haillons. Quand les bourrasques se calmaient, le feulement de la tempête se confondait avec les plaintes désespérées des matelots qui n'en pouvaient plus de lutter contre les éléments déchainés. Le retour sur terre s'éloignait à tout jamais et la noyade menaçait. Avec terreur, ils voyaient s'engloutir dans les creux glacés, femmes, enfants, maisons, jardins et vergers fleuris, toute la vie qui allait leur échapper. Ils imaginaient s'ériger déjà leur pierre taillée dans le cimetière marin. Les mousses impuissants avaient été relégués en cale. En pissant dans leurs frocs, ils désespéraient tous autant qu'ils étaient « On n'arrivera jamais sur la côte de l'île ! », craignaient-ils. Mais ils ne desserraient pas les dents, car un vrai loup de mer ne le fait pas. Il ne déserte pas devant la peur des éléments. Il fallait garder la tête haute même si la force du vent risquait de vous l'arracher en vous fracassant la nuque. Leurs mains gercées, rougies et brûlées par le sel saisissaient en vain des bouts flottants sur des mâts brisés. Des morceaux de mitaine gisaient sur le pont, le reste allait suivre. Dans la cale, des tonneaux roulaient de bâbord à tribord heurtant les flancs éreintés du bateau avec le bruit sourd d'un tambour qui annonçait en secousses successives de la mer en furie la prochaine mise à mort de la carcasse. Saisis par la puissance des déferlantes, les matelots faisaient de curieux pas de danse en glissant sur le pont trempé, puis s'écroulaient comme des quilles. L'étrave du bâtiment s'enfonçait jusqu'à disparaître dans des creux de la hauteur d'une maison, puis ressurgissait cabrée à la verticale avant de plonger à nouveau. Roulant sur le sol, les marins, hurlant et jurant, s'agrippaient les uns aux autres pour tenter de reprendre pied. Les ordres du capitaine étaient inaudibles, couverts par le mugissement du vent et le vacarme des vagues. Les regards troublés par la panique ne saisissaient plus qu'un champ de vision rétréci : celui d'une immédiate survie. Dans le ciel, des éclairs déchiraient la nuit noire, trop courts pour éclairer un quelconque espoir : l'hypothèse d'une île, d'une crique, d'un refuge ou d'un havre pour s'abriter des éléments. Tous y aspiraient ; aucun n'y croyait, sauf Othello, le Maure.

La vision est dantesque et apocalyptique, mais Grabowski, calé dans son fauteuil roulant, n'en a cure : il sait que l'ouverture d'*Othello* de Verdi n'est qu'un véhément prélude et que le vaisseau, déjouant les périls, finira par aborder la côte, sain et sauf. Ce qui se passe dans la boîte ce soir-là ne l'intéresse pas. La suite de l'opéra l'appelle, car elle décalque une autre trahison qu'il veut revisiter à tout prix. Il y pense sans cesse depuis la mort de Brandt : fouiller dans son passé pour tenter de le comprendre. Grâce aux costumes, aux voix et aux sous-titres, il reconnaît les personnages du film de Zeffirelli plus aisément que dans la réalité. Placido Domingo incarne le maure trahi. Grabowski l'a toujours perçu comme son double. Il est l'étranger fou amoureux d'une Desdémone. Lui aussi a été trahi par un Iago qu'il n'aurait pu soupçonner d'une telle félonie.

Le sens de l'histoire n'est pas vraiment le même, puisque Iago avait agi pour d'obscurs motifs de vengeance, tandis que Brandt voulait seulement mettre Hannah dans son lit. Brandt lui avait perfidement fait imaginer les soupçons qu'il nourrissait à l'égard d'un rival et il était tombé dans le panneau.

Le deuxième acte s'ouvre : le poison est au bout de la langue de Iago. Il va le laisser se distiller dans l'esprit du Maure. Dans une salle du rez-de-chaussée du château, Iago : « Craignez seigneur la jalousie, c'est une hydre obscure, livide, aveugle ; de son propre venin, elle s'empoisonne ; une plaie crue lui déchire le sein. » De la même manière, en un subtil stratagème, Brandt l'avait mis en garde contre lui-même. Il était tombé dans le panneau. Il n'avait pas été question de mouchoir volé, mais de quiproquos sortis de l'imagination torve de Brandt. Une voiture garée deux nuits de suite devant la porte du rival présomptif et la découverte d'un dîner d'Hannah et du traître avait suffi à le faire douter. Hannah n'était pas un prix de vertu. La *petite nympho*, son sobriquet largement diffusé en témoignait. La rumeur de ses incalculables aventures persistait et les ragots vénéneux se répandaient sur les bancs de la faculté, mais de là à croire à son infidélité avec un type sans intérêt, il y avait de la marge. Le Polonais n'avait cure de cette réputation. Il attribuait ce dérèglement à des carences affectives abyssales que seul un amant comme lui pouvait combler. L'amour est aveugle…

Le poison distillé par Brandt s'était diffusé dans l'esprit de Grabowski. Le doute était devenu certitude : Hannah le trompait. Il allait la mettre face à la vérité, lui opposer son infidélité et la congédier, mais, comme Desdémone, elle ne comprenait pas ce qu'il lui voulait. Ses dénégations n'arrivaient pas à le convaincre. Dans une scène mélodramatique qu'il se repassait encore aujourd'hui, Hannah était en pleurs, le suppliant à genoux de ne pas croire à des bobards.

Desdémone : Grand Dieu ! Il y a dans ta voix un cri de menace !
Othello : Lève les yeux !

Desdémone : Idée atroce !
Othello : Regarde-moi en face ! Dis-moi qui tu es !
Desdémone : La fidèle épouse d'Othello.
Othello : Jure-le ! Jure et damne-toi !
Desdémone : Othello me sait fidèle.
Othello : Je te sais coupable.
Desdémone : Dieu m'aide !
Othello : Cours à ta damnation, dis que tu es chaste.
Desdémone : Je suis chaste !
Othello : Jure et damne-toi !
Desdémone : atterrée, je fixe en tremblant ton regard. En toi parle une furie. Je l'entends et ne comprends pas. Regarde-moi ! Visage et âme, je t'expose ; scrute mon cœur brisé… je prie le ciel pour toi avec ces pleurs, pour toi avec ces gouttes brûlantes j'arrose le sol. Regarde les premières larmes que m'arrache la douleur. Les premières larmes…

Son orgueil bafoué ne voulait pas entendre les dénégations de la belle réfugiée, il fallait en finir. Grabowski fut cassant et brutal et rompit. La voix déchirante de Katia Ricciarelli, amplifiée par des *baffles* de 100 watts transperce les tympans de la brute. La scène de la rupture, la vraie, la sienne, le taraude. Pourquoi s'est-il montré si violent ? Pourquoi ne l'a-t-il pas écoutée ? Il aurait pu tenter de la comprendre et la garder dans ses bras.

Il doit s'avouer que cet échec lui a par la suite laissé des traces cuisantes. Après Hannah, il y en a eu bien d'autres. Cela n'a été qu'une scène primale qui systématiquement s'est répétée comme une névrose incrustée.

Grabowski lève le regard et se trouve nez à nez avec son portrait dans le reflet de la porte vitrée. Sa réaction est au diapason de son moral : désespérée. Il détourne la tête. Il ne se supporte plus. Il se déteste. Obèse et impotent, noyé dans la graisse, mal fagoté, le teint blême et les yeux cernés. La hargne qu'il développe une fois de plus contre lui-même l'empêche de s'apitoyer sur son sort. Qu'est-il devenu, lui qui a tenu toutes ces femmes dans ses bras ? Il n'arrive plus à revoir, même dans ses souvenirs, la trace de leurs visages. Il n'en conserve que la cicatrice de ses blessures intimes. Il coupe la musique sur un trille de Desdémone. À quoi bon écouter la suite de cette histoire qu'il connaît par cœur ? L'opéra qui ne cesse de le renvoyer à ses drames personnels l'exaspère. Il n'est pas allé, comme Othello, jusqu'au crime : il a simplement rayé Hannah de sa vie, une autre manière de la tuer. « Je la nierai tant qu'elle finira par douter de son existence. » Lorsqu'il l'a revue peu après dans les bras de Brandt, il n'a rien voulu savoir. La pilule est passée. L'amour envolé.

La musique s'est tue. À travers la paroi, il n'entend plus que le martèlement des basses dans la boîte de nuit. Ses pensées obscures s'affolent. La mort de Brandt a fait resurgir ces souvenirs. Il réfléchit : « Avec le temps qui passe, les cadavres finissent souvent par remonter à la surface de l'eau. La vérité surgit quand plus personne ne s'y attend. » Et si, maintenant que Brandt n'est plus là pour le protéger, elle éclatait, cette vérité ? Comme toujours, lorsque l'angoisse le tenaille, il tend la main vers la bouteille de vodka posée sur son bureau et la débouche. Il ingurgite quelques gorgées au goulot. Comme la pluie qui s'infiltre dans les labours, l'alcool percole jusqu'à l'extrémité de ses membres et engloutit ses pensées noires. Chaque fois qu'il boit, son vice réapparaît, immuable : il regarde sa montre – minuit, le spectacle va débuter –, il éteint la lumière, branche les haut-parleurs, ouvre le rideau et, à l'affut d'une scène grisante, observe ce qui se passe dans le bar. Ses yeux mettent du temps à s'habituer à l'obscurité. Il commence à distinguer les acteurs de la soirée comme des ombres encadrées dans l'écran de la fenêtre. La musique tonitruante couvre les gloussements des entraîneuses. Il prend la télécommande et diminue le volume du son.

Sur la piste, le corps parfait d'une fille s'enroule comme une liane autour de la barre chromée du *pole dance*. Elle lui fait face, mais il ne peut la reconnaître. Les regards fascinés des clients se focalisent sur elle. Son sourire forcé se tord en une moue dédaigneuse. En lâchant son soutien-gorge, elle virevolte souplement en direction du public incandescent. L'aigle qui lui barre les reins l'identifie : c'est bien elle qui sème le trouble au New Medusa depuis quelques jours. Auprès des entraîneuses, Séréna fait l'unanimité contre elle. Pas un client qui d'emblée ne s'enquiert de sa présence. Tous font la file devant le *privé* qu'elle occupe en permanence. Souveraine, elle a relégué ses concurrentes dans la médiocrité de leurs ternes prestations.

À plusieurs reprises, Jérôme et Cléo, la tenancière, ont interpellé Grabowski sur le rôle que joue cette fille. Sa position a été claire et il a tranché : bien qu'elle soit perturbante, Séréna remplit la caisse ; il faut lui foutre la paix et la laisser faire son numéro comme elle l'entend. Tant pis pour les autres.

Séréna se penche pour ramasser son string et son soutien-gorge, les renfile prestement et descend de la piste de danse. Contrairement à ses rivales, elle ne longe pas le podium pour mendier quelques sous que les clients auraient le privilège de lui glisser dans l'élastique du cache-sexe. Elle néglige cette quête humiliante. Elle n'est pas une mendiante. Les regards allumés lui suffisent. Elle nargue son public. Sur son passage, des mains baladeuses s'agitent et les propos salaces fleurissent. « Fumiers ! » pense-t-elle.

Elle reste de marbre, puis s'installe au bar, l'air blasé. L'obèse qui, de son bureau plongé dans l'ombre, ne la lâche pas des yeux, se perd en conjectures. Qui est cette fille qui s'est imposée si rapidement comme la reine des lieux ? Son tatouage, semblable à celui de l'autre danseuse, de sinistre mémoire, le fait trembler. Il a l'intuition qu'elle pourrait être la funeste messagère du passé du Medusa.

Grabowski sent son anxiété monter. La bouteille de vodka est à sa portée. Il la vide cul sec. Un client aviné s'approche de Séréna, la langue pendante. Il la fixe avec des yeux injectés de sang. Il l'interpelle. À cause du brouhaha, Grabowski n'entend pas ce que le type lui dit. À en juger par l'attitude de la fille, les propos du gars n'ont pas dû lui plaire. Elle s'en détourne avec un air supérieur. Le poivrot insiste. Il s'enhardit et, par-derrière, tente de lui peloter les seins. Parce que c'est la coutume dans l'endroit – les filles sont prévenues – Séréna devrait faire semblant d'apprécier ces avances un peu lourdes, afficher un sourire gourmand, minauder, puis lui suggérer un détour par un *privé* et encaisser le pactole, mais, au contraire, Grabowski est sidéré de la voir se dresser devant le client, lui hurler dessus si fort qu'il perçoit distinctement : « Fous-moi la paix, connard » et le repousser des deux bras. Ce n'est pas du tout son genre de se comporter ainsi. Le saoulard perd l'équilibre, vacille, se rétablit, puis la gifle violemment. Des noms d'oiseaux fusent. Du fond de la salle, José surgit pour s'interposer, mais déjà, le pugilat dégénère en une bataille rangée entre les amis du fêtard et les supporters de la star. Les filles glapissent une octave plus haut que d'habitude. Le portier, appelé en renfort, se démène pour calmer les esprits. La pagaille règne quelques minutes, puis tout s'apaise. Il n'y a pas eu trop de casse.

Jérôme frappe à la porte du bureau de Grabowski et y entre sans attendre sa réponse. Il est essoufflé et fébrile. Il semble rasséréné en observant que le rideau est ouvert : le patron est donc au courant de l'incident. Nul besoin d'explications.

– Que se passe-t-il ? s'étonne Grabowski. Le nain s'éponge le front d'un revers de manche.

– Il y a eu une bagarre dans la salle, comme vous avez pu le remarquer.

– Mais encore ?

– Séréna a disparu…

30

J'ai fini par m'endormir d'un sommeil incertain, flottant entre une réalité angoissante et des songes noirs. Des images insensées, des grincements d'âme torturée m'agitent de sursauts qui me réveillent. Ma montre marque quatre heures. L'écran de mon portable est en deuil du moindre message d'Élise et je perds peu à peu l'espoir de la revoir. Le matelas moelleux qui a dû coûter le prix d'une voiture n'y fait rien, je ne fermerai plus l'œil. Il n'est plus l'heure de trouver le sommeil. J'éteins la lampe de chevet dans l'espoir de m'abstraire de cette histoire insensée. L'acidité du mélange alcool-chocolat me ronge l'œsophage. Des aigreurs me montent au cerveau et y diffusent la paranoïa : questionnements angoissés, désespérance et idées suicidaires. Je n'ai pas ma pharmacopée habituelle sous la main : oméprazole, bicarbonate de soude et, dans les cas les plus graves, des neuroleptiques pour faire taire les voix grinçantes. Je me tourne et me retourne dans le noir sans trouver le moindre apaisement. Mes voisins de chambre jouent les *extraball* en couinant de plus belle et je flippe encore plus fort. Dans le silence qui suit leur dernière et poussive étreinte, je crois distinguer un frôlement dans le couloir. Je me redresse le cœur battant, puis j'entends que l'on frappe discrètement à ma porte.

J'allume la lampe de chevet et saute sur mes pieds. Je me trouve face à mon visage encadré dans le miroir de la cheminée. J'ai vingt ans de plus que la veille : une face bouffie marquée de rides, les yeux cernés, le teint brouillé et une barbe naissante qui me donne l'air d'un repris de justice. En résumé, un déprimant portrait d'Antoine Maudet traqué par l'angoisse et le désespoir.

J'ouvre la porte avec délicatesse. Élise se tient devant moi. Pas en meilleur état que moi. Ni la Clara Morgane du Medusa ni la jeune fille BCBG du crématorium, mais une malheureuse Cosette dépouillée de ses avatars. De ses trois personnages en quête d'auteur, il ne reste que le plus misérable. Tremblante de froid, les cheveux dégoulinants collés sur le front, les yeux rougis par les larmes, le teint blême marqué de rimmel et barbouillé de rouge à lèvres font penser à un clown pathétique de *Shining*. Quelques faux cils se sont décollés de ses paupières. Juchée sur des *stilettos*, elle vacille comme en équilibre instable sur un fil invisible. Elle flotte dans un pardessus probablement emprunté à la hâte au vestiaire de la boîte. N'eût été le drame marqué sur son visage, elle aurait pu prêter à la rigolade. Elle me tombe dans les bras en gémissant. De la souveraine bandante du New Medusa, il ne reste qu'une vagabonde qui touche le fond. Je suis étonné de sa métamorphose. Sa voix semble provenir de l'au-delà. Elle n'interprète plus ses rôles classiques, elle s'effondre. J'observe ses pupilles : elle n'est pas camée.

Je me trouve enfin devant l'authentique Élise, débarrassée de ses masques. Au fond de moi, une voix me susurre que l'heure est venue de lui arracher le fin mot de l'histoire. Quand les défenses tombent, les soubassements livrent leurs secrets. Le moment est propice, mais la délicatesse s'impose. Je me déplace dans un magasin de porcelaine.

Elle se tient serrée contre moi, les deux mains accrochées à l'encolure de son manteau. Elle sent l'alcool à plein nez. Nous restons sans bouger quelques instants en silence. Par vagues successives, des ondes de sanglots la secouent. Je cherche mes mots. La tempête s'apaise. Les hoquets s'espacent. Elle se calme et s'écarte de moi. Ses yeux hagards m'interrogent. Je me sens perdu dans cette situation insolite. Je tente :

– Je peux tout entendre, encore faut-il que vous me disiez...

Elle frissonne, puis ravale ses larmes dans un petit sursaut et me lâche, l'air effrayé :

– Je n'en peux plus. Je me suis enfuie. Tous ces types sont des porcs. Puis elle me demande :

– Voulez-vous bien fermer les rideaux s'il vous plaît ?

A-t-elle peur qu'on la voie de l'extérieur ? Je m'exécute puis me retourne vers elle. Elle n'a pas bougé de place, plantée là, en équilibre instable sur ses talons, perdue dans son ample manteau comme un épouvantail à moineaux dans une cerisaie. Je lui propose :

– Débarrassez-vous.

– Peux pas, fait-elle en allant pêcher un sourire gêné au fond d'elle-même. Je suis en tenue de travail, précise-t-elle en écartant furtivement les pans du pardessus.

– Il y a sûrement un peignoir dans la salle de bains. Prenez une douche pour vous réchauffer.

Mon état d'esprit est à des kilomètres de celui de notre première rencontre au New Medusa. Devant cette créature fragile, ma curiosité a pris le dessus sur le désir. Imaginer cette fille sublime se dénudant dans la pièce d'à côté sans qu'elle fermât la porte n'y fait rien. Je tourne en rond dans la chambre. Elle revient débarbouillée, les cheveux tirés en arrière, le visage apaisé.

– Je n'ai rien à vous offrir, dis-je, j'ai vidé le minibar.

– J'ai assez bu pour ce soir. Par contre... Elle se dirige vers la machine à Nespresso à côté de la télé. Cela pourra nous être utile. Vous en voulez un ? Nous avons à parler. Cela risque d'être long...

Jusque-là, je n'avais recueilli que des bribes éparses de l'histoire qui provenaient des feuillets manquants du manuscrit de Brandt ou de quelques souvenirs parcimonieusement distillés sans fil conducteur par l'un ou l'autre protagoniste avare de précisions. Maintenant, Élise semble penser que je *mérite* la vérité sans que je comprenne pourquoi. Il ne sera plus question d'écrire une fiction en brodant autour des maigres informations qui m'ont été données, mais de relater ce qu'Élise m'a raconté. Comme la réalité dépasse la fiction, ma tâche s'allège miraculeusement : je ne suis plus qu'un scribe attentif. Mes tocs d'auteur fatigué s'estompent. Au lieu de gratter mille cinq cents caractères par jour, je suis passé à six voire sept mille. Je rapporte le témoignage d'Élise avec une facilité déconcertante. Cela ne m'est jamais arrivé. Plus aucun doute sur la construction de mon roman, plus aucune question sur la cohérence du récit : il n'est que la réalité crue. Quant au style, je laisse ma plume glisser sur le papier sans me faire de soucis. Les points d'interrogation habituels se sont métamorphosés en certitudes.

Vers quatre heures de l'après-midi, je suis exténué alors qu'Élise qui n'a cessé de parler pendant près de dix heures semble, elle, requinquée. Deux ou trois fois, elle a quitté notre chambre pour la salle de bains. À chaque réapparition, elle semblait reprendre vie. Son débit s'est accéléré au fil des heures.

En quittant la chambre, comme je le fais d'habitude, je jette un regard circulaire pour voir si je n'ai rien oublié. Trois feuillets traînent encore sur la moquette au pied du lit : sans doute m'ont-ils échappé quand Élise les a sortis de sa musette.

31

Élise

La scène n'avait duré que quelques minutes. Sous les regards morts des portraits des ancêtres Marcossay, les parents des jumelles se faisaient face dans la salle à manger du château. Des cris stridents venant de l'étage résonnaient dans le vestibule : Sabine et Élise se querellaient à qui mieux mieux. Hannah se leva de table.

– J'en ai assez. C'est la troisième fois qu'on leur dit que le dîner est prêt. J'irai les chercher moi-même. Résigné, Évrard haussa les yeux et saisit son verre de vin pour se donner une contenance.

– Voulez-vous que je m'en occupe ? tenta-t-il paresseusement. Affectant de se lever, il déposa sa serviette à côté de son assiette.

– Non, non laissez-moi faire.

Elle quitta la pièce. Deux minutes plus tard, Sabine et Élise étaient là, échevelées, les joues en feu, le regard noir, suivies par leur mère, le visage fermé. Les filles s'assirent de part et d'autre de leurs parents. Hannah agita nerveusement une sonnette en argent pour signifier au domestique qu'il pouvait servir le dîner.

Ils l'entamaient sous les pires auspices. Rivé à son assiette, Évrard jugea prudent d'éviter tout commentaire. Il savait qu'au moindre mot le feu pouvait reprendre. Pas d'étincelles dans une poudrière, pensa-t-il. Hannah observait Sabine d'un air inquisiteur. Elle n'avait pas compris d'emblée l'objet de la dispute. Dans la pénombre de la salle à manger éclairée d'un lustre à la clarté blafarde et de quelques bougies à la flamme vacillante, elle vit un petit point lumineux qui brillait sur l'aile gauche du nez de Sabine. Elle cligna des yeux pour mieux y voir. Sabine la fixait avec insolence comme si la scène l'amusait. Le père creusait avec obstination un avocat trop vert avec une cuillère en vermeil qui ployait sous ses efforts. Hannah focalisa son regard sur le point lumineux : un petit diamant ornait la narine de sa fille ! Elle se leva, s'approcha d'elle pour en avoir le cœur net. Pas d'erreur, c'était bien cela. Elle ne s'était pas trompée.

– Mais qu'est-ce que c'est que cela ? s'exclama-t-elle.

– Ça se voit, non, répondit Sabine avec son insolence coutumière.

Dans son coin, Élise savourait la séquence. Entre ses dents, elle siffla à l'intention de sa jumelle : « Tu vois, je te l'avais bien dit ! »

Hannah insista :

– Qu'est-ce que c'est que cette horreur ?

– Cela s'appelle un piercing et, moi, *je trouve cela joli, fit-elle en haussant le ton. Si vous voulez l'adresse… Hannah, ulcérée, leva les yeux au ciel, puis se tourna vers son mari qui finissait de s'escrimer sur son avocat.*

– Dites quelque chose, Évrard !

– Vrai que…

– Vrai que quoi ? L'interpella sa fille.

– Ce n'est pas très… élégant.

Hannah s'indigna.

– C'est tout ce que vous trouvez à dire ?

– Il faut que jeunesse se passe.

Hannah répliqua :

– Eh bien, moi je ne le vois pas de cet œil-là. Je ne veux pas que notre fille se trimballe avec cette chose ridicule plantée sur le nez.

– Notre fille *? s'exclama Sabine.*

Un silence stupéfait plana. Hannah piqua un fard, plissa les yeux, se pinça les lèvres. Elle sembla un instant perdre l'équilibre ; puis, s'enhardissant pour sortir de l'impasse, comme si de rien n'était, elle rugit :

– Vous pouvez garder vos insolences pour vous. Et maintenant, montez dans votre chambre et ne réapparaissez devant moi que quand vous aurez retiré cette horreur.

– Si je quitte cette table, vous ne me reverrez pas de sitôt.

– Voilà la bonne nouvelle de la soirée, conclut crânement sa mère.

Une heure plus tard, alors que tous étaient au lit, personne n'entendit la porte de service qui se refermait. S'il ne s'était agi que d'une querelle à propos d'un détail esthétique nasal comme il en existe dans toutes les familles un peu trop classiques confrontées au siècle, l'incident eût été vite oublié. Mais deux mots s'étaient invités dans la scène : notre fille. *Ils n'avaient rien d'innocent. Des quatre protagonistes de la bisbille, seules Sabine et sa mère en avaient compris l'importance.*

Après vingt-quatre heures d'absence, il avait bien fallu se rendre à l'évidence : Sabine avait fugué. Le lendemain soir, ce qui restait de la famille était réuni dans le même décor. À table, le couvert de Sabine était mis à sa place habituelle, mais elle était absente. Évrard de Marcossay n'arrivait pas à comprendre pour quelle raison un incident aussi anodin avait pu mener sa fille à une telle extrémité. Il tentait de minimiser les conséquences du geste de Sabine en faisant bonne figure, mais sa voix transpirait l'anxiété. « Un coup de tête, mais de grâce n'en faisons pas toute une affaire ! Elle réapparaîtra sous peu. » Il ne croyait pas un mot de ce qu'il disait.

Pour Élise, le départ de Sabine était une tragédie. Elle mesurait avec effroi le gouffre qui s'était creusé entre sa sœur, elle et ses parents. Même si elle n'avait pu expliquer le brusque changement d'attitude de Sabine après l'épisode de l'opéra, il y avait déjà longtemps de cela, elle avait acquis la certitude que la personnalité de sa jumelle s'était fêlée. Malgré une sollicitude de tous les instants, induite par leur gémellité fusionnelle, elle n'avait jamais pu lui arracher un mot sur ce qui causait son désarroi. Des années après l'incident, elle se sentait toujours coupable de n'avoir pu comprendre ce qui s'était passé. Elle savait seulement que ce départ était le point d'orgue de la déstructuration de sa jumelle. Elle craignait le pire pour la suite.

L'attitude d'Hannah étonna : sereine, calme et assurée, bref, le contraire de ce que l'on aurait pu imaginer d'une mère dont la fille venait de disparaître. Changeant de ton par rapport à la veille, elle rationalisait la situation avec une once de dureté dans la voix.

– Elle est majeure et vaccinée. Il est normal à son âge de vouloir se libérer d'une famille contraignante. C'est un peu brutal, je l'admets, mais, réflexion faite, je peux comprendre. Puis, feignant la contrition :

– Je n'aurais peut-être pas dû insister sur cette histoire de piercing et la traiter comme une enfant.

– Mais maman, est-ce tout l'effet que cela vous fait ? s'indigna Élise.

– Je vous le répète, Sabine est majeure et nous ne pouvons rien y faire. Rien ne l'empêche de s'en aller, rien ne nous permet de la forcer à revenir. Elle nous a causé assez de soucis comme cela, ponctua-t-elle.

Élise n'en croyait pas ses oreilles. Évrard de Marcossay tournait sa cuillère dans son potage.

– Mais, maman vous n'êtes pas triste ou, au moins, inquiète ? insista Élise.

– Qu'elle prenne ses responsabilités. Peut-être qu'acculée à devoir se débrouiller toute seule, elle regrettera le confort familial.

– Est-ce la colère qui vous dicte des paroles aussi dures ?

– Ai-je l'air d'être en colère ? Je vous dis seulement que j'en ai assez de ses attitudes.

– Ne vous êtes-vous jamais interrogée sur la cause de ces comportements ? Ne révèlent-ils pas un malaise ?

– De grâce, Élise, ne m'infligez pas votre psychologie à deux francs six sous.

Élise n'insista pas. Sans pouvoir en expliquer les raisons, elle eut l'intuition que ce départ arrangeait sa mère. Comme un criminel qui voit disparaître avec soulagement un témoin gênant.

32

Élise était bouleversée par la disparition de Sabine et s'était sentie trahie de n'avoir pas été mise dans la confidence du départ qu'elle avait préparé en douce. Elle aurait pu comprendre que, par cette rupture, Sabine souhaitait punir ses parents de leur attitude trop rigide et de leur éducation démodée, mais qu'elle lui infligeât à elle, sa jumelle si proche, les mêmes angoisses, elle ne pouvait l'accepter. Elle n'avait pourtant pas démérité en la protégeant avec douceur et patience. Bien sûr, elles avaient eu des disputes, mais elle avait avalé beaucoup de couleuvres pour ne pas briser le lien qui les unissait.

Élise vivait cette séparation comme une blessure douloureuse. La pusillanimité de son père qui s'était rangé dans le camp de sa mère en adoptant une posture résignée, voire indifférente, l'indignait. Le rapport de confiance avec ses parents avait fait place à une méfiance distante. Le sujet du départ de Sabine n'avait pas été abordé. Pas un instant, pas une minute sans qu'elle pensât à sa jumelle en se posant mille questions : où était-elle ? Pourquoi ne donnait-elle pas de nouvelles ? De quoi vivait-elle ? Que faisait-elle ? Avait-elle rejoint quelqu'un ? Un garçon ? Une fille ? Et, parfois aussi, la question la plus effrayante s'immisçait dans ses angoisses et la torturait : était-elle encore en vie ? N'avait-elle pas fait une bêtise ? Ces questions sans réponse la minaient autant que l'attitude glaciale de ses parents. Un vide s'était creusé en elle. Pour le combler, elle n'avait qu'une option : retrouver Sabine coûte que coûte.

Son départ subit fut sismique. L'édifice familial se fissura à tel point qu'il fallut en modifier les fondements pour qu'il ne s'écroulât pas complètement. Au grand étonnement d'Élise, ses parents la laissèrent s'installer à Bruxelles pour y entamer des études universitaires. « De la philosophie, cela ne sert à rien, mais donne de la conversation », précisa son père. Déboussolée, Élise n'avait pas la tête à former des projets, mais elle accepta la proposition qui lui permettrait de mener ses recherches à sa guise. Sans retrouver sa sœur, elle ne pourrait plus avancer d'un pouce dans sa vie, car il était au-delà de ses forces de s'en dissocier. Pour se séparer, il faut être deux. L'intuition tenace que sa jumelle était en péril et qu'elle avait besoin de son aide ne la quittait pas une seconde.

Élise grimpe sans entrain les six volées d'escaliers qui mènent à son studio. Un petit loft sous le toit d'un bâtiment d'arrière-cour, place du Châtelain, dans le quartier bobo d'Ixelles. Ce qui avait été, il y a quelques mois à peine, l'appartement joliment décoré, meublé et bien rangé d'une étudiante gâtée, s'est transformé en souk de junkie : vêtements, linge et souliers éparpillés sur le sol, lit défait, palmier Areca en stress hydrique, amoncellement de vaisselle souillée, amas de vidanges, poubelle pleine. L'état de l'appartement en dit long sur le mental de la locataire. Les velux crasseux laissent à peine passer une lumière grise et une odeur âcre sature la pièce.

Sur le bureau, entourant son ordinateur portable, des piles de papiers, des livres de cours encore vierges, des journaux et magazines périmés. Comme autant de suppliques, des liasses de lettres destinées à sa sœur s'y accumulent : elle n'a pu découvrir son adresse. S'y trouve aussi une petite pierre ronde d'un centimètre à peine qui ne la quitte jamais. Un jour, les jumelles en avaient ramassé deux semblables sur un chemin de promenade et se les étaient tirées au sort. Chacune la sienne, en gage d'une indéfectible union. « Garde-la toujours sur toi et, quoi qu'il arrive, tu resteras près de moi à chaque instant de ta vie. »

Élise jette son sac sur le lit et s'attable devant son ordinateur. Son regard se pose sur la liste des lectures obligatoires distribuées en début d'année. Délai : Noël. Elle amorce une moue désespérée. Comment se familiariser avec Spinoza, Kant, Leibniz, Hegel, Husserl, Heidegger et Kierkegaard, tellement compliqués, alors qu'en filigrane l'image de sa sœur absente la taraude sans cesse ? Bonne élève, elle a bien sûr essayé de déchiffrer ces textes byzantins, mais elle n'y a vu que des phrases alambiquées. À la fin d'une page, elle se rend compte que sa pensée est restée figée sur ce qui la préoccupe : elle n'a pas enregistré une ligne de ce qu'elle a lu. Son regard a glissé sur la feuille comme une goutte d'eau sur une vitre. Elle ne pense qu'à sa sœur dont le sort inconnu l'obsède.

Elle détaille sa boîte mail où s'égrènent des messages sans intérêt. Pas la moindre réponse de Sabine. A-t-elle changé d'adresse mail ? Elle va gratter dans les indésirables. Là, rien non plus. Elle sait que cette quête n'a pas de sens : elle n'a reçu aucun signal sur son portable qu'elle consulte sans cesse.

Pour en avoir le cœur net, elle se lève et cherche son *iPhone* dans son sac. Un écran vide, pas le moindre signe d'un appel. Elle a tenté mille fois de lui téléphoner et elle obtient obstinément la fin de non-recevoir d'une boîte vocale saturée. Elle interroge ensuite les messageries internet, *WhatsApp*, *Viber*, *Messenger* – tous ces fils qui les reliaient jadis –, muettes elles aussi. Elle sent l'angoisse monter. Dans ces moments-là, elle identifie les symptômes habituels d'un malaise qui s'aggrave de jour en jour : battements de cœur irréguliers, gorge nouée, dos crispé, tension au creux du ventre, estomac tordu jusqu'aux vomissements. Elle la supplie alors en son for intérieur.

... Mais pourquoi ne me fais-tu pas signe ? Ton silence me met en transe. Pas un jour depuis notre naissance, sans exception, où nous ne nous sommes parlé. Et maintenant, tu m'imposes un mutisme si angoissant. De quoi veux-tu me punir ? Je ne t'ai rien fait. Ce n'est pas cette stupide dispute à propos d'un piercing qui peut justifier cela. Sabine, je t'en supplie, donne-moi de tes nouvelles. Le fais-tu exprès ? Es-tu empêchée de me parler ? Ton silence me fait mal, ma sœur chérie. Je souffre. Tout me rappelle ton absence. J'ai mal, Sabine, très mal...

Élise traîne un douloureux vague à l'âme. Elle est déprimée et n'a envie de rien. Désirs morts. Désintérêt total pour tout. Épuisement chronique. L'obsession de Sabine revient sans cesse. Elle connait pourtant bien le phénomène de ces idées fixes qui la poursuivent parfois à longueur de journée. Quand ses règles ne viennent pas : enceinte, enceinte, enceinte... Lorsqu'elle n'a pas utilisé de préservatif : V.I.H, V.I.H, V.I.H... Mais, dans ces cas-là, la ritournelle disparaît dès que le problème est résolu. Dans ce cas-ci, elle ne peut pas s'en débarrasser. La petite chanson folle lui colle aux basques. Tant qu'elle n'aura pas retrouvé sa jumelle, ce sera comme cela.

Elle se sent seulement capable d'aller traîner sur Facebook, de s'y abrutir en y déroulant des flots de pensées courtes et de bêtises. Là aussi, le profil de Sabine a été effacé depuis son départ : son avatar a disparu d'internet. En a-t-elle créé un autre ? Elle tente quelques manipulations dans la barre des recherches. Elle essaie Sabine. Elle en découvre plus de dix mille. Elle teste Sabine Mar. Elle rencontre les profils de Sabine Marchal, Sabine Marchese, Sabine Martin, Sabine Marianne. Sabine de Marcossay est absente au régiment. Elle fait une tentative sur les Marcossay de Facebook. Il n'y a rien de pertinent. Elle désespère. Autant trouver une abeille dans un champ de fleurs.

Élise abandonne ses recherches et relève la tête, pensive, les yeux dans le vague. Des souvenirs de leur jeunesse si proche lui reviennent à l'esprit comme une éclaircie furtive, un rayon de lumière au bout du tunnel, puis l'angoisse réapparaît, dévorante et épuisante. Elle se ronge les ongles jusqu'au sang. Sensible, le bout de ses doigts la fait souffrir, tant elle manipule son clavier avec la frénésie du désespoir.

Par lassitude, elle déroule son fil d'actualité de Facebook d'un œil distrait. Des dizaines de *posts* de ses nombreux *amis*. Selfies de nanas pleines d'elles-mêmes, assortis de commentaires flagorneurs : « T'es trop belle, une vraie star, quelle biche ! » Des petits mots aussi de dragueurs patentés à l'orthographe défaillante. « Tu sor avec moi ce soir ? J'arrive quan tu veu... T'es bonne ? » Des vidéos de *YouTube,* montrant des malheureux clébards chinois dépecés, prêts à farcir des rouleaux de printemps ou à se faire embrocher, sous-titrées d'injures de défenseurs des animaux, des stars du loft s'épanchant sur leur libido, plus encore, des exploits insensés de grimpeurs de façades de gratte-ciel. Des messages de politiciens à la recherche d'électeurs, des publicités pour des produits qui guérissent le cancer en dix jours, garantis sur facture. Une multitude de bannières « Je suis Charlie », « je suis Paris », « je suis Bruxelles ». Des images de racailles de banlieue en train de brûler des voitures en faisant le V de la victoire. Des copeaux d'actualités sensationnelles, postées par des quotidiens en quête de lectorat, racolage flattant des curiosités malsaines. Entre des publicités infiltrées, des photos insolites : un chien jouant du piano, un tigre léchant un lapin pas trop farouche. Les nouvelles de *Buzzdays* : « Filmée nue dans son hôtel sans qu'elle le sache, elle gagne 55 millions de dollars de dommages et intérêts », « Un équilibriste en train de vaciller à 150 mètres de haut entre deux tours de New York. » Des proverbes et sentences d'une banalité effarante. Certains *posts* dignes des couvertures de *Voici*. Bref, tout un fatras d'images et de pensées courtes, assorties de commentaires débiles.

De temps à autre surgissent des questions posées par ses amis au sujet de la disparition de sa sœur sur différents modes : « T'as perdu ta sœur ? » « Une jumelle sans jumelle, ça s'appelle comment ? » « Te dis si j'ai des nouvelles ». Elle les efface systématiquement de sa page. Elle leur en veut d'afficher ainsi sa préoccupation majeure : c'était d'autant plus frustrant qu'elle n'a pas de réponses à leur donner.

Vissés à la lumière bleutée de l'écran dont elle ne peut se détacher, ses yeux commencent à picoter. Elle continue de dérouler le fil des insanités de Facebook. Dans leur florilège, surgit parfois une pensée profonde : « Tu fais quoi, dans la vie ? », assortie d'une répartie des plus élaborées : « Je fais de mon mieux. » Le sommet de la bêtise, s'indigne-t-elle. Elle s'arrête sur un cliché de la rubrique « Connaissez-vous ? ». Elle emprunte un chemin vers la droite de son écran où défile une armée d'amis potentiels. Des photos de quidams proposés comme relations virtuelles. Elle parcourt les suggestions d'un œil indifférent : de jolis garçons dans des poses avantageuses, quelques filles dans des tenues sexy, sourires charmeurs à vendre ou à louer. Il n'est pas dans ses habitudes de solliciter des contacts sur internet. Dans le lot, elle reconnaît quelques personnes que la vie a mises sur son chemin : des connaissances d'amis, des amis d'amis, des amis de connaissances. Elle n'en a rien à faire, mais, machinalement, elle continue à dérouler ces profils.

Comme un oiseau embusqué dans un taillis, un mot noyé dans la typographie touffue d'un journal ou une plaque de voiture repérée dans un embouteillage, une image subliminale se détache et s'impose à son inconscient aux aguets. Elle écarquille ses yeux fatigués devant un avatar qui s'impose.

Le mouvement de ce corps, le tombant des cheveux, la courbure de la colonne vertébrale, la souplesse du bras plié, le bracelet esclave de Cartier, le hâle de la peau et surtout ce grain de beauté sur l'épaule viennent se superposer à ses souvenirs : Sabine vue de dos sur la plage à Étretat, admirant un coucher de soleil rougeoyant. Le double de sa jumelle s'est projeté sur son écran. Il ne manque que son parfum. De deux doigts écartés sur le *trackpad,* elle agrandit la photo : c'est elle ! Sous l'image, une confirmation : *Sa Binne*, un pseudo peu imaginatif, emprunté à la va-vite. Sabine ! En apnée, comme remontant de vingt mètres de fond, elle clique sur le portrait. La page s'ouvre. Si elle avait voulu disparaître, sa sœur aurait pris la précaution de masquer ses informations et de cacher ses amis. Comme couverture, un paysage de montagne ensoleillé, des sommets enneigés, un ciel bleu foncé et l'ondulation régulière de traces parallèles dans la poudreuse. Les souvenirs surgissent : c'était en février l'an dernier à Courchevel. Elle a droit au résumé des vacances : l'hiver au ski et l'été sur la plage. Aucun doute n'est permis. Elle en est sûre maintenant, elle l'a retrouvée. Virtuellement du moins. Soulagée, elle pompe de l'oxygène en s'ouvrant profondément les poumons.

La consultation de la liste d'amis de *Sa Binne* lui confirme son intuition. Sa photo d'avatar n'a pas été usurpée. Elle reconnait certains de ses amis : des condisciples de son pensionnat, quelques filles de son milieu, des cousins et de nouvelles têtes, inconnues celles-là.

Peu de publications s'étalent sur le mur de sa sœur ; cela ne l'aidera pas à en savoir plus. Une maxime, imprimée en majuscules blanches sur fond noir, comme si elle avait voulu la hurler : « L'enfant naturel, l'orphelin est malheureux et je le plains. Mais du moins, n'est-il pas tenu au respect d'un père inconnu. » Signé Georges Brassens. Pas de commentaires. Quelques *like* seulement. Élise est perplexe : que signifie cette phrase brandie comme un étendard ?

Elle quitte l'écran des yeux. Elle doit réfléchir, prendre du recul par rapport aux émotions qui la submergent, élaborer une stratégie efficace pour la retrouver, non plus virtuellement, mais pour l'avoir en face d'elle en chair et en os. Elle évite les messages privés sur *Messenger* : se sentant découverte, Sabine risque de s'évaporer dans la nature. Elle devra s'embusquer et jouer finement. Se cacher et l'observer, comme un chasseur à l'affût. D'abord la suivre sur son mur *Facebook* pour voir avec qui elle reste en relation et correspond, puis trouver le contact pour la circonvenir sans l'effaroucher.

Elle maintient quelques instants son regard sur l'avatar de sa jumelle. Une certitude la rassérène : elle est en vie. Elle a imaginé le pire, mais le message sur l'enfant naturel et l'orphelin, posté il y a quelques jours à peine, lui confirme qu'elle est encore de ce monde.

Elle sent se dissoudre l'angoisse qui la tenaille depuis son départ. Elle se détend. La découverte de sa sœur, même virtuelle, n'a pas été sans son lot d'émotions. Dans un réflexe de décompensation dont elle ne peut s'échapper, elle ne parvient plus à contraindre ses émotions et se laisse tomber en pleurs sur son lit.

33

Le récit d'Élise ne s'arrête pas là, mais je dois reprendre mon souffle. En le transcrivant, je ressens un malaise : le film de ma vie s'estompe derrière celui de mes personnages. Je ne peux plus échapper à cette perte de contrôle de mon existence. En se rapprochant de moi, ils m'encerclent.

Mes soucis quotidiens – survie, argent, organisation pratique, travail, relations avec mon éditeur qui, il y a peu, me préoccupaient encore, ont été remplacés par l'impression plus inquiétante que je ne m'appartiens plus et que mon sort dépend désormais des personnages du roman que je suis en train d'écrire. Je suis convaincu que je ne pourrai me libérer de cette dépossession de moi qu'en dénouant l'énigme de la mort de Sabine. Il faut qu'Élise me dise sa vérité. En attendant, je me nourris mal, fume trop, bois trop d'alcool, dors à peine et me néglige.

Heureusement, l'existence réserve parfois de bonnes surprises, même à des paumés dans mon genre. Cela s'appelle la providence. Le cours de la vie n'est jamais linéaire et lorsque la chute semble vertigineuse, un palier peut à l'occasion générer une rémission. Cela m'était arrivé ce matin-là.

L'arrivée sur l'écran de mon portable d'un message de mon notaire matérialise ce hasard. Laconique, il me demande de le joindre sans tarder.

Pour moi, notaire rime avec grimoires, textes compliqués, papiers jaunis, dettes, hypothèques, histoire passée et documents administratifs à l'égard desquels j'ai toujours développé une allergie rédhibitoire, pire encore, une névrose phobique. Comme autant de freins à ma liberté, les contraintes bureaucratiques me révulsent. Me faisant violence, je n'attends pas qu'il me rappelle et le fais moi-même.

– Je dois vous voir le plus rapidement possible, me dit-il d'une voix grave où je crois percevoir une pointe d'inquiétude.

– De quoi s'agit-il ?

– Je préférerais vous en parler de vive voix, mais j'insiste, sans tarder.

Nous fixons un rendez-vous dans la journée. J'ai cédé à son impatience. Ma curiosité a fait le reste. L'après-midi même, je suis devant lui. Il m'accueille avec une mine renfrognée en me tendant une main blanche, molle et grasse. Il s'assure que la double porte capitonnée de son bureau est bien fermée, me prie de m'asseoir et s'installe en face de moi.

– Monsieur Maudit…

Le lapsus qui lui a échappé me fait craindre un entretien difficile. Je corrige :

– Maudet. Il lève un sourcil, ne rectifie pas et poursuit.

– J'ai des nouvelles pour vous : bonnes et moins bonnes. Je commence par…

Je l'interromps aussitôt.

– Commencez par le pire, dis-je avec un air résigné. Mon sourire forcé laisse transpirer mon malaise.

– Avez-vous entendu parler des *Panama Papers* dans l'actualité récente ?

– Oui, une histoire de plus de lanceurs d'alertes.

– De traîtres, de tricheurs, des balances, précise-t-il avec autorité. Je choisis de ne pas le contredire et le laisse poursuivre.

– Et bien, ces lanceurs d'alertes, comme vous les appelez, viennent de vous jouer un très mauvais tour.

– Comment cela ?

– Vous vous souviendrez qu'il y a longtemps, vous m'aviez demandé de vous élaborer une structure juridique pour percevoir les droits de certains de vos romans, dont j'ignore la nature. Vous ne vouliez à aucun prix en apparaître comme l'auteur. Un bureau d'avocats à Panama vous avait créé une société offshore pour les besoins de la cause. Ces avocats devaient aussi se charger de la gestion du contrat d'édition de ces œuvres, disons… dissimulées.

– Oui, je m'en souviens très bien.

J'avais commis, il y a quelques années, trois romans d'un genre particulier qui ne correspondaient en rien avec ma prose de l'époque : ils étaient à connotation érotique sadomasochiste. Mon éditeur habituel n'en aurait jamais voulu. Une maison spécialisée avait été emballée par ces manuscrits et les avait publiés sous un pseudonyme. Le succès, un grand succès, avait été au rendez-vous et, de ces ventes, je perçus d'importants revenus à travers cette société pendant quelques années. Avec le temps, la source s'était tarie. Aujourd'hui, les montants de ces droits ne représentent plus que quelques centaines d'euros par an.

Le notaire continue, l'air préoccupé :

– Votre nom est apparu dans la divulgation de ces *Panama Papers*, précise-t-il avec un visage consterné. Cela peut être fort ennuyeux, car vous risquez d'être rattrapé par le fisc sur ces revenus non déclarés. Les amendes et les intérêts de retard pourraient vous coûter cher, sans parler de votre réputation.

Je pousse un soupir de soulagement.

– Je n'ai aucune inquiétude à ce sujet : j'ai toujours déclaré ces droits d'auteurs et j'en ai payé tous les impôts. J'ai constitué cette société uniquement pour cloisonner cette activité littéraire, disons… particulière, mais pas pour éviter le fisc.

Le notaire se détend; déplissant son front, il pose sur moi un regard inquisiteur et s'enquiert:

– Par pure curiosité, pour quelles raisons vouliez-vous assurer votre anonymat?

– De vous à moi, ces œuvres ont une connotation érotique agrémentée d'un zeste de perversion sadomasochiste. Je les ai écrites au début de ma carrière. À l'époque, j'essayais de me faire embaucher par des journaux dits sérieux et il aurait été maladroit d'afficher l'image sulfureuse d'un auteur de littérature érotique. En outre, mes parents vivaient encore, vous les imaginez lisant cette prose? Ils n'auraient pas pu comprendre. Je fus étonné du succès qui suivit la publication de ces livres. Ils firent un malheur alors que les ventes de mes romans classiques étaient plutôt molles. Le mélange des genres était donc impossible.

Je viens visiblement de titiller son désir d'en savoir plus. Il se penche en avant et ne me quitte plus des yeux. Il essaie:

– Cela m'intéresserait de lire un de ces livres que vous tenez ainsi sous le boisseau.

– Je n'en ai jamais divulgué ni les titres ni le pseudonyme à qui que ce soit. Comme le dit bien l'adage: « Tout secret partagé n'est plus un secret. » Vous me pardonnerez de ne pas déroger à cette règle.

– Simple curiosité. Je respecte bien entendu votre point de vue. Il prend un air pincé et se renfrogne.

Il me semble inutile d'épiloguer sur mes motivations d'alors. Je me demande parfois si j'ai eu raison à l'époque de procéder de la sorte et de jouer masqué. Je trouvais ces romans trop personnels et ne voulais pas afficher sous mon nom l'intimité des fantasmes qu'ils recelaient. Dans mes autres romans, je me suis souvent caché derrière mes personnages pour ne pas me dévoiler. M'appuyant sur le succès de ces livres, j'aurais pu exploiter cette veine et, comme une prostituée qui fait aveu de son commerce à ses proches, persister dans cette voie en toute liberté, mais je n'en ai pas eu l'audace. Je suis donc resté inconnu au bataillon des écrivains à succès.

Paradoxalement, la réalité me rattrape. Le sort est ironique : la force des choses m'a embarqué sur le radeau du Medusa et je suis désormais contraint de me livrer dans un roman. Je suis forcé d'abandonner mes fausses pudeurs en me racontant dans cette histoire glauque.

À l'instar de Maupassant – dans *La maison Tellier* – ou encore du grand Flaubert, dont il a été le mentor, qui étalait ses visites de lupanars et ses prouesses érotiques dans son journal de voyage en Orient, j'éprouve de moins en moins de gêne à me décrire dans ce milieu fangeux et interlope, car il s'approche plus de la vie des êtres et de leurs âmes perdues que de la vision conventionnelle des bourgeois moralisateurs. Je n'ai même plus la tentation de me cacher derrière une soi-disant liberté romanesque. Certains écrivains se sont délectés dans cet exercice. Les Goncourt et Joris-Karl Huysmans avaient leurs habitudes au claque. Plus près de nous, le grand et sulfureux Céline qui emmenait Élisabeth Craig, une danseuse dont il était amoureux fou, dans un bordel muni de glaces sans tain afin de la voir dans les bras d'un autre pour y trouver une jouissance démultipliée. Pierre Louÿs aussi, un sodomite avéré, qui consignait méticuleusement ses sombres exercices dans un carnet, comme un philatéliste range ses timbres dans un album bien ordonné. Georges Simenon, l'homme aux dix mille femmes, un rien priapique, amateur de fleurs de trottoir dont il parle avec une candeur désarmante de sincérité. Complètement misogyne, ne cherchait-il pas désespérément chez toutes ces femmes l'amour d'une mère qui lui avait préféré son ordure de frère ? Ou bien confondait-il sexe et sentiments ?

Les intrusions répétées de ces écrivains dans le monde de la perversion, du vice et de l'érotisme ne les ont jamais fait descendre d'une seule marche au Panthéon de la littérature.

Je n'ai pas envie d'expliquer cela à ce notaire qui ne peut rien y entendre. Je le vois se gobergeant des pages les plus osées de *Voiles noirs* ou de *Salaces décrépitudes,* dont il m'a jadis annoncé les droits d'auteur astronomiques sans en comprendre l'origine. Je l'imagine les yeux plissés comme devant ses grimoires, le cœur battant, sentant son vit durcir en lisant les exploits de Maé, ma jeune héroïne sans défense, contrainte et offensée par des maîtres pervers et sans pitié. Je me figure ses mains bien manucurées feuilletant les épisodes brûlants de la vie de Maé, déroulant avec effroi le film de ses tétons dressés sous l'effet de pincettes douloureuses, les poignets liés dans le dos, le regard craintif devant le sexe démesuré d'un client inconnu exigeant des pratiques contre nature. Je l'imagine rêvant de se faire offrir la réciprocité d'un pétale de rose de mon personnage.

Je décide d'abréger.

– Et pour les bonnes nouvelles ?

Le notaire s'éclaircit la voix. Son visage se détend.

– Lorsque j'ai pris contact avec le bureau d'avocats de Panama pour ce vol de données, le juriste chargé de votre société cherchait justement à me joindre. Heureux concours de circonstances, un producteur de films emballé par la lecture d'un de vos titres souhaiterait obtenir une option sur ses droits cinématographiques. Il paraît que le sujet est à la mode aujourd'hui. Il avance un montant de cent mille dollars *up front*, assorti d'un généreux contrat de diffusion.

Je suis tellement habitué aux nouvelles catastrophiques que j'ai peine à comprendre ce qu'il me raconte. En bredouillant, je m'enquiers :

– Cela veut dire ?

– Cette société de production propose de vous payer une somme forfaitaire de cent mille dollars pour la cession de vos droits cinématographiques. Elle en aurait la jouissance pendant un an. Si, après un an, elle abandonnait ce projet, vous récupéreriez vos droits, mais vous aurez empoché les cent mille dollars. Si elle réalise le film, vous recevrez ensuite des montants proportionnels aux recettes de sa diffusion. Il faudra bien entendu négocier cela.

Je dois me pincer : je ne rêve pas, mais comme un chanceux qui gagne à l'*Euromillions*, je ne me rends pas compte de ce qui m'arrive. Tous ces mots barbares : *up front*, option, droits, réalisation, recettes, négociation, s'entremêlent. Cent mille dollars, ça représente combien au juste ? Presque autant que d'euros ! Ma vie de galère m'a fait oublier ce genre de miracles. Je reste bouche bée, vissé sur mon siège, tiraillé entre l'angoisse de l'inconnu et l'envie d'exprimer une joie sans retenue. La situation me paraît totalement irréelle.

Le notaire attend ma réaction comme une araignée épie une mouche engluée dans sa toile. Le front plissé, le regard par-dessus ses lunettes, il lâche son stylo et pose ses mains sur le bureau comme un professeur trépignant devant un cancre. Il me suggère un début de réponse.

– Je suppose que vous accepterez cette offre ?

– Oui, bien évidemment.

– Alors, il suffira que vous preniez langue avec cet avocat dont je vous donnerai les coordonnées. Si vous avez besoin d'aide pour négocier le contrat, je crois que cet avocat panaméen pourra efficacement défendre vos intérêts. Je peux, si vous le souhaitez, superviser cela. Il faudra bien entendu avertir votre éditeur, car il sera partie prenante si votre convention le prévoit. Généralement, ils conservent la moitié des droits dérivés.

– Non, je ne pense pas. Je me souviens que nous avions exclu cette éventualité. Même dans mes rêves les plus fous, je n'ai jamais imaginé une telle opportunité. Merci pour votre proposition, je vous tiens au courant.

Le notaire semble dubitatif. Il enchaîne.

– Je vous rappelle cependant que j'ignore tout de cette histoire. Je ne connais ni le titre de ce livre ni votre pseudonyme.

S'il savait ! me dis-je, souriant en coin.

Je suis saisi d'une sorte de frénésie : celle d'une liberté financière retrouvée. Le cadre rigide et luxueux du bureau du notaire – des reliures d'art, des gravures raffinées et du mobilier ancien de valeur, une moquette épaisse – n'incite pas à des comportements expansifs. J'aurais volontiers sauté sur mes pieds, hurlé de joie et dansé une sarabande, mais il m'aurait pris pour un fou. Je vais pouvoir faire un bras d'honneur à ma vie de galère pour quelque temps, oublier les factures et les lettres comminatoires, faire réparer ma guimbarde, m'offrir de petits luxes… Comme Perrette dans la fable, je m'imagine…

34

Le mélomane s'éponge le front avec son mouchoir. Il se tortille en geignant dans son fauteuil roulant pour s'extraire du veston qui lui colle à la peau tant il a transpiré. La manœuvre est impossible, il ne peut se débrouiller seul. Il tend le bras et décroche le combiné. Un voyant s'allume et éclaire la pénombre du bureau d'une lumière d'aurore boréale. Son index boudiné glisse avec fébrilité sur la touche du bar qu'il finit par trouver. On répond. Ça tombe bien : c'est Jérôme, son factotum. À travers le miroir sans tain, il aperçoit la main du nain embusqué derrière le comptoir qui saisit le combiné.

– Oui, monsieur…

– Veux-tu bien monter dans mon bureau ?

– J'arrive, monsieur.

Grabowski le voit réapparaître de l'autre côté du bar et s'avancer de sa démarche chaloupée si caractéristique – comme s'il roulait des mécaniques – vers l'escalier de son antre. Il pense : « Ce garçon est vraiment dévoué », mais ne s'étonne pas : il en connait les raisons.

Quelques secondes plus tard, Jérôme frappe à sa porte. Il lui crie d'entrer. Quand la porte s'ouvre, la musique d'en bas recouvre la voix de Nathalie Dessay qu'il écoute en sourdine. Un nuage de fumée s'engouffre dans la pièce. Suspendu à la poignée, le nain referme la porte derrière lui. Le calme revient. Bercé par le chant de la soprano, le vicomte se saisit de la télécommande et obture la fenêtre.

– Maintenant, tu peux allumer.

Jérôme s'exécute. Au premier coup d'œil, il voit que le vicomte est au bord de l'apoplexie. Sa figure cramoisie luit de transpiration. Il a son air des mauvais jours.

– Ça pue le tabac dans l'escalier, tu sais bien que c'est interdit, reproche-t-il, d'un ton rogue.

– Je sais monsieur, mais dans les *privés,* il est impossible de l'interdire et les filles fument aussi dans les toilettes et dans leur vestiaire.

– Mets-les à l'amende si elles s'obstinent, c'est la seule chose qu'elles comprennent.

– Bien monsieur, je m'en occuperai, mais je ne vous promets rien. Vous m'avez appelé pour…

– Je meurs de chaud. Aide-moi à retirer ma veste et diminue le thermostat, puis assied-toi, j'ai à te parler.

Jérôme s'exécute puis s'installe en face de lui.

Il n'est pas dupe et connaît déjà le sujet de leur conversation.

– La fille qui a disparu est-elle revenue ?

Le nain n'est pas étonné par sa question. Bien qu'il les voie par la fenêtre de son bureau, il sait que le vicomte ne peut pas reconnaître les entraîneuses.

– Non, monsieur, elle n'a pas réapparu depuis la bagarre de l'autre soir.

– Et José qui devait la surveiller ?

– Il était resté dans le bar pour prêter main-forte au portier et calmer les belligérants. Il ne l'a pas vue filer.

– Et elle s'est échappée comme cela, dans la rue, en vêtements de travail, si j'ose dire ?

– Faut croire.

– Et José, qu'est-ce qu'il raconte de tout cela ?

– Il est penaud, monsieur, et il prétend qu'il n'arrive plus à la joindre sur son portable et qu'elle a découché depuis deux jours. C'est un mauvais exemple pour les autres. Cela caquète grave dans le poulailler.

– Grave ?

– Oui, monsieur, dans le langage des filles, cela signifie beaucoup.

Le gros s'énerve. Les yeux injectés de sang, il balance la masse de son tronc de gauche à droite, comme un ours en cage. La structure métallique de son fauteuil roulant grince sous son poids.

– Je vais le virer, ce José. Le nain sursaute imperceptiblement, puis réagit :

– Ne faites surtout pas cela, monsieur.

– Et pourquoi pas ? s'enflamme Grabowski.

– Parce que, si vous le faites, vous ne retrouverez jamais Séréna.

Le vicomte reste pensif, puis il ordonne :

– Sers-moi une vodka.

– Vous ne devriez pas, monsieur, conseille Jérôme sur un ton paternel. L'obèse fait mine de s'énerver. Jérôme reste serein.

– Fous-moi la paix et sers-moi un verre.

– Cela ne vous vaut rien, monsieur, s'obstine le factotum. Vous avez déjà très chaud, vous êtes irrité, vos artères n'ont pas besoin de cela. Votre tension ! Vous savez très bien ce que votre docteur vous a dit. Essayons de parler calmement.

Le vicomte le regarde d'un air étonné : comment le nabot ose-t-il lui tenir tête ? Jérôme lui sourit, comme un fils indulgent juge les péchés de son père. Il a pitié du vicomte, engoncé dans sa corpulence, prisonnier de sa graisse.

– Je dis cela, je ne dis rien, mais je pense bien que…

– Tu as raison, ma tension… s'adoucit le Falstaff transpirant qui semble se calmer. Il cogite. L'impertinence inhabituelle du nain cache quelque chose.

– Reparlons de cette Séréna. Depuis qu'elle est là, la boîte ne désemplit plus. Il est vrai qu'elle travaille bien et rapporte gros, mais j'ai l'intuition qu'elle va nous amener des emmerdes.

– Vous ne croyez pas si bien dire ! Ça a déjà commencé, monsieur.

– Comment cela ?

– J'ai l'impression qu'elle ne bosse pas chez nous par hasard.

– Qu'insinues-tu ? questionne l'obèse d'un air suspicieux.

Jérôme observe quelques secondes de pause, le temps de rassembler ses idées et de les mettre en forme.

En arrière-fond, la voix de Nathalie Dessay tapisse le silence de vibrants trémolos. L'attention de Grabowski semble s'être évaporée de la conversation. Il se délecte des exercices de la soprano colorature dans des airs d'opéras italiens – Puccini, Verdi, Rossini. Jérôme reprend le dialogue. Le vicomte s'agace de se voir éjecté de sa rêverie.

– Si je ne me trompe, elle est arrivée ici avec José qui l'avait rabattue comme bien d'autres. Je dis bien, comme bien d'autres.

– Sous-entends-tu quelque chose ?

– Rien de particulier, monsieur, si ce n'est que je n'ai pas une entière confiance en ce garçon.

– Pourquoi donc ?

– Parce que José est un faible et que, dans le cas qui nous concerne, je me demande s'il n'est pas manipulé par cette Séréna. D'habitude, il séduit peu ou prou ces nanas un peu paumées, souvent idiotes et sans le sou, et leur fait miroiter un boulot chez nous, puis il les garde en main le temps qu'il faut.

– Ce n'est que normal. Il fait son travail avec un certain talent et je le paye grassement pour qu'il le fasse. Jusqu'à récemment, cette fille rapportait bien.

– Jusqu'à récemment, oui, mais elle s'est tirée, précise le nain.

– Une petite crise, comme elles en font toutes quand elles sont dans leurs mauvais jours, tente de se rassurer Grabowski.

Jérôme observe le vicomte avec inquiétude. Il est en nage. Il a de la peine à respirer ; comme un poisson sorti de l'eau, il pipe l'air avec des saccades qui soulèvent ses épaules massives. Il frise l'apoplexie. Sa chemise trempée lui moule la panse et dégage une forte odeur de linge mal séché.

Bien qu'il affecte de ne pas s'en faire, le nain n'est pas dupe, il sait que l'évocation de cette fille est risquée et mettra le patron en transe.

– Je ne crois pas qu'il s'agisse d'une petite crise, comme vous le supposez, monsieur. Cette Séréna est bien trop intelligente pour se comporter de la sorte. Elle doit avoir ses raisons et vous le savez parfaitement.

– Précise ta pensée, lui intime Grabowski.

– Croyez-vous vraiment que cela soit nécessaire ?

– Précise ta pensée, répète-t-il en haussant le ton.

– Vous m'avez pourtant dit de ne plus jamais aborder ce sujet.

– S'il te paraît que cela redevient indispensable, parle-moi librement. Tout ce qui se dira ici restera entre nous.

– Bon, si vous insistez… Mais, s'il vous plaît, ne vous énervez pas et ne m'agressez pas.

Le nain semble le supplier.

– Et alors ? crie le vicomte.

– Je pense que cette Élise sait beaucoup de choses et qu'elle a manipulé José pour entrer ici et en savoir plus encore. Une fille aussi belle, aussi intelligente et que l'on devine éduquée ne vient pas travailler dans un bar à champagne.

– On en a pourtant connu certaines. Besoins d'argent…

– Oui, mais dans son cas, il y a trop de coïncidences.

– Que veux-tu dire ?

– D'abord, elle ressemble à l'autre. Du charme, des traits assez similaires et une manière de se comporter qui n'est pas habituelle chez toutes ces putes. Même déguisée en poule, on voit qu'elle ne vient pas de la même basse-cour. Vous ne pouvez pas vous en rendre compte vous-même, mais je vous l'assure, elles se ressemblent comme deux gouttes d'eau.

– Évidemment, je ne peux pas le voir.

– Par contre, vous avez sans doute pu observer un détail de son anatomie : le tatouage d'un aigle à deux têtes qu'elle porte sur les reins.

– Un aigle bicéphale, veux-tu dire ?

– Oui, exactement.

– Je crois que tu te trompes, ce tatouage représentait deux aigles jumeaux, pas un aigle bicéphale, je m'en souviens parfaitement.

– N'est-ce pas la même chose ?

– Absolument pas. L'aigle bicéphale a plusieurs significations. Il est l'emblème du système des hauts grades maçonniques, le plus pratiqué dans le monde : le *Rite écossais ancien et accepté*. Il figure également sur le blason de la Russie. Enfin, c'est le titre d'une pièce mythique de Cocteau qui met aux prises une reine et un anarchiste. Je n'imagine pas que ces tatouages aient la moindre signification.

Jérôme est subjugué : il admire la culture du vicomte qui lui a tout appris.

– Et les aigles jumeaux ?

– Simple effet d'équilibre esthétique, je crois. L'aigle est aussi l'image de la Pologne.

Après avoir dit cela, Grabowski s'arrête, pensif. Puis il répète lentement :

– L'emblème de la Pologne…

Prudent, le nain ne relève pas. Mais il ajoute :

– L’autre était marquée d’un tatouage identique.

– De fait, je m’en souviens, acquiesce le vicomte qui semble se raidir. Il est à bout de souffle. Il tente de se rassurer.

– Ce n’est pas la première fois que deux filles qui travaillent ici portent le même tatouage. Les tatoueurs ont leurs spécialités et les filles se copient. L’aigle *polska* est bien connu, quand j’avais vingt ans, j’ai failli m’en faire dessiner un sur le torse. C’est sans doute un hasard, sans plus.

Jérôme insiste, irritant le vicomte.

– Pour les raisons que vous savez, l’autre a disparu depuis un bon bout de temps quand cette Séréna est arrivée, marquée de la sorte. Je suis certain de l’avoir aperçue à l’enterrement de Brandt. Vous ne pouviez évidemment pas la reconnaître.

Là, il sent qu’il a dépassé la ligne. Grabowski pique un fard et se met à gueuler.

– Écoute-moi bien, mon petit : tout cela n’a rien à voir. Fous-moi la paix avec ce délire qui ne tient pas debout. Dégage d’ici et n’oublie jamais qui tu es et ce que tu as fait, Jean-Pierre Vertongen.

Avant de quitter la pièce, le nain, se sentant menacé, se retourne, vengeur.

– Je sais qui je suis, je sais qui vous êtes, je sais ce que j’ai fait, mais je sais aussi que maître Brandt n’est plus là pour nous couvrir, ni l’un ni l’autre et je crains…

– Ta gueule, nabot !

Jérôme sort en claquant violemment la porte. Tremblant de tous ses membres, il reste figé quelques instants sur le palier. Son univers protégé est en train d’exploser. Il réfléchit.

… Il ne veut pas voir, car il ne peut *pas voir. C’est manifeste, mais il s’obstine à nier les évidences. Cela va lui péter à la gueule vite fait. Un*

aigle polonais ! Il n'aurait pas compris l'allusion ? Par ce détail, ce seul détail, cette Séréna espère qu'il l'identifie, comme l'autre. Elle l'a fait exprès. Et ce client qui la colle depuis quelque temps, ne l'aurait-il pas non plus reconnue ? Impossible qu'elle ne lui ait pas parlé. Il faut la retrouver à tout prix et neutraliser ce type qui lui file le train…

35

Le concert de sifflements des perruches ondulées qui ont envahi les arbres de la place du Châtelain a réveillé Élise. Une météo joyeuse s'est invitée : à travers les lucarnes, un ciel bleu foncé colorie le fond du décor. Elle est de bonne humeur. La certitude de pouvoir retrouver Sabine l'a ragaillardie, mais une ombre plane toujours : que signifie l'étrange message sur la page Facebook de sa sœur ?

« L'enfant naturel, l'orphelin est malheureux et je le plains. Mais du moins n'est-il pas tenu au respect d'un père inconnu. »

Le silence de sa jumelle persiste et elle ne retrouvera pas sa sérénité tant qu'elle ne l'aura pas revue. L'étrangeté de sa disparition ne s'explique pas. Malgré tout, elle se sent apaisée.

En ouvrant les yeux, elle constate le désordre de son appartement, comme si, revenant à la réalité, elle venait d'en découvrir les contours. Elle saute sur ses pieds, se douche, se vêt d'un jeans et d'un polo, se verse un *Nespresso* et entame un rangement général de sa tanière. Elle doit plusieurs fois résister à la tentation de s'asseoir devant son ordinateur pour y consulter la page *Facebook* de Sa-binne et s'assurer qu'elle n'a pas rêvé. C'est inutile. Elle a la certitude que ce n'est pas le cas : sa jumelle est vivante.

Celui qui veut demeurer incognito dans l'univers d'internet doit afficher la prudence d'un Sioux traqué se déplaçant sur un tapis de brindilles sèches. Y rester caché est aussi difficile que de dissimuler ses turpitudes dans un petit village isolé où, derrière des rideaux mi-clos, guettent des voisins curieux et mal intentionnés. Par l'effet des tours et détours des algorithmes du net, le monde est devenu minuscule. Les maîtres de cet univers se jouent de l'intimité de leurs utilisateurs écervelés et facilitent à dessein les regards indiscrets pour mieux les manipuler.

Sabine a été imprudente en se promenant sur les réseaux sociaux. Elle n'a pas érigé de barrières pour protéger sa vie privée. L'aimantation naturelle de sa gémellité a fait le reste : sa sœur l'a retrouvée sans peine. Élise a repéré ses amis, les événements auxquels elle participe, les lieux qu'elle fréquente ainsi que d'autres paramètres plus inquiétants d'une nouvelle existence qu'elle aurait préféré ignorer.

Elle a appris que Sabine assistera à la prestation très attendue d'un DJ à la mode, ce soir, à Flagey. Sur Facebook, elle a coché : « assistera ». Il suffira de simuler un hasard pour la retrouver. Posé comme un paquebot de briques jaunes au bout des étangs d'Ixelles, l'immeuble Flagey abrite le café Belga sur son étrave vitrée. Lieu de prédilection des bobos bruxellois, il rassemble un mélange des deux sexes d'étudiants, des oisifs et des cadres en goguette indifférents à l'inconfort absolu des chaises rouges de l'esplanade et à l'extrême lenteur d'un service toujours dépassé. À part quelques clichés de jeunes intellos aux cheveux longs, les yeux figés derrière des montures métalliques rétro et scotchés sur leur *laptop*, des soixante-huitards attardés ou des habitants prospères du quartier en recherche de *branchitude*, l'âge mûr y est peu représenté.

À l'heure de l'apéro, ces jeunes se pressent en groupes serrés sur la terrasse par beau temps et à l'intérieur quand la pluie les y contraint. Une promiscuité baignée de musique jazzy dépeint l'ambiance. La salle du café, dans le style des années trente, ne manque pas d'authenticité.

Après s'être frayé un chemin dans la foule agglutinée devant le bar, Élise repère une table au fond, le long des fenêtres s'ouvrant sur la terrasse. De cet observatoire, elle peut épier tout le café ainsi que l'extérieur. Elle a chaussé des lunettes noires et porte un chapeau mou qui lui masquent la moitié du visage. Sa tenue ne détonne pas parmi les accoutrements de la faune locale. Elle scrute les clients à la recherche de sa jumelle. Elle se sent fébrile, a les mains moites et le souffle court.

... Pourquoi suis-je si nerveuse ? Est-ce l'idée de la revoir ou le risque de me faire rembarrer qui signerait une rupture définitive ? Je ne peux pas croire qu'elle le fasse. Nous ne pouvons pas vivre l'une sans l'autre. Va-t-elle m'expliquer les raisons de son départ, ou refuser de me parler ? Je me sens mal. Envie de gerber ...

Dans la densité de la foule, Élise la repère du premier coup d'œil. Effet longue-vue sélective. Fagotée comme une tapineuse, elle est au bras d'un jeune gars, assez beau, gominé. Elle a vraiment mauvais genre avec son blouson de cuir très court, son petit haut qui dénude son ventre, son nombril décoré d'un piercing brillant, ses bas résille, sa mini-jupe, ses talons démesurés. Elle affiche une dégaine qu'Élise ne lui a jamais vue, un mélange de sans-gêne vulgaire et de provocation. Le nez un peu trop perché, aurait dit leur mère. Le couple a l'air de connaître les lieux. Sabine sourit et distribue des regards autour d'elle comme si elle était entourée d'amis. Le garçon lui tient la main. Il la dirige vers une table en terrasse où ils s'installent ; puis il se relève et se rend au bar pour commander des verres. On s'y bouscule. Comme d'habitude, la queue est longue.

Élise ronge son frein : doit-elle profiter de l'absence du jeune homme pour aller à la rencontre de sa jumelle ? Le moment est-il bien choisi ? N'y tenant plus, elle se décide. En se levant, elle se demande si ses jambes cotonneuses pourront la porter. En hyperventilation, elle sent sa bouche s'assécher, son ventre se tordre. En se faufilant dans la foule, elle se remet à hésiter. Que va-t-elle lui dire ? De quel droit justifiera-t-elle son intervention ? Après tout, Sabine fait ce qu'elle veut. Ses pensées se bousculent en désordre. Elle reprend son souffle. Elle se fera violence et l'abordera quand même. Du calme, se dit-elle, cette rencontre n'est que l'effet d'un heureux hasard.

Sabine n'a pas vu venir sa jumelle. Quelques secondes plus tard, elles sont nez à nez. L'une, debout, dominant l'autre, assise. Sabine sursaute en découvrant le visage d'Élise penché sur elle. L'effet de surprise est tel qu'elle met un instant avant de la reconnaître. Sabine la dévisage une seconde comme une étrangère, puis l'interroge sur un ton agressif.

– Mais qu'est-ce que tu fous ici ?

Heurtée par la brusquerie de sa sœur, Élise recule d'un pas en se passant la main dans les cheveux pour se donner une contenance. Elle s'attendait naïvement à une autre réaction de sa part : elle ne l'a plus vue depuis si longtemps. En quelques secondes, elle a pu observer la métamorphose de sa sœur, sa tenue, son maquillage, la brusquerie de son attitude et son intonation rauque, qui la vieillissent de dix ans. Elle a pris un mauvais genre. Un air de poule. Un air de pute. Ce n'est plus sa jumelle. Effarée, elle a une fois encore la tentation de fuir, mais résiste ; elle se justifie d'une voix qui tremble un peu.

– J'habite maintenant à Bruxelles. Je suis à l'université et je passais prendre un café, et puis, soudain, je t'ai vue. Je suis tellement contente. Quelle coïncidence !

Une moue aigre se dessine sur la figure de sa jumelle. Élise espérait qu'elle l'invite à s'asseoir à sa table, mais elle reste là, le visage fermé. Elle prend l'initiative.

– Je peux… ? fait-elle en se saisissant du dossier d'une chaise.

– Non, je suis désolée, mais ça tombe mal : je suis avec un ami et nous devons discuter. Une autre fois, peut-être. Elle a dit cela sur un ton trop détaché pour que cela sonne vrai. Élise voit un voile de peur, puis de tristesse obscurcir le regard de sa jumelle. Elle aurait voulu la prendre dans ses bras. Sabine poursuit nerveusement :

– Tu as toujours le même numéro de portable ?

– Oui.

– OK, alors je t'appellerai.

– Donne-moi plutôt le tien.

– Non, je ne peux pas, mais je te promets…

Le gominé surgit derrière Élise, chargé d'un plateau. Élise n'insiste pas, se penche vers sa sœur et l'embrasse. Sabine lui susurre :

– File, je t'appelle. En lui tournant le dos, Élise se retrouve nez à nez avec le garçon. Elle croise un regard glacial, dur et fixe.

Elle l'entend interroger Sabine.

– C'est qui cette nana, Pamela ?

En s'éloignant, elle perçoit sa réponse, d'une voix chevrotante :

– C'est une copine que je n'ai plus vue depuis longtemps.

Elle a clairement entendu : Pamela.

Élise quitte la terrasse du Belga comme une somnambule, par la place Sainte-Croix. Enfermée dans ses pensées, sonnée, le regard collé au pavé, elle va traverser l'avenue des Éperons d'or quand un crissement de freins, ponctué d'un coup de klaxon et de la gueulante d'un conducteur furieux, la rappelle à la réalité. « Connasse, t'as pas des yeux pour voir les bagnoles ? T'en as marre de la vie ou quoi ? »

Elle n'a même pas le temps de lui répondre que oui, vraiment, elle en a vraiment marre de la vie, que déjà la voiture a redémarré en faisant hurler ses pneus sur l'asphalte. Elle comprend qu'elle est passée à deux doigts d'un accident. Livide, elle traverse l'avenue en tremblant, puis prend la direction de l'Abbaye de la Cambre en longeant les étangs.

En rangs serrés, quelques oies d'Égypte au plumage miteux et à la démarche claudicante s'emploient à arracher systématiquement les racines de l'herbe des rives. Des canards poursuivis par les aboiements d'un basset arrogant se précipitent dans l'eau pour lui échapper. Ils déclenchent une longue vague irisée par les rayons du soleil couchant. Les cris impuissants du maître se perdent dans le vacarme du trafic. Plus loin, des pigeons se disputent un quignon moisi abandonné par un SDF qui chemine le long des berges. Sous un saule pleureur, des amoureux s'embrassent profondément, à la française. L'environnement romantique n'a pas l'heur d'apaiser les tourments d'Élise qui n'arrive pas à se remettre des retrouvailles avec sa jumelle. Des questions, toujours des questions…

… N'aurais-je pas mieux fait de ne pas l'aborder ? Que pouvait m'apporter cette rencontre ? Que s'est-il passé dans sa vie ? Qui est ce bellâtre qu'elle semble craindre ? Pourquoi Pamela ? J'ai pourtant bien entendu. Et cette tenue ! Elle a vraiment l'air d'une pouffiasse. Me rappellera-t-elle ? N'a-t-elle pas dit cela pour se débarrasser de moi ? Mon Dieu, si les parents savaient…

36

Parce qu'elle ne croit plus au père Noël, Élise est convaincue que Sabine ne l'appellera pas. Persuadée que les ponts sont définitivement coupés, elle se morfond. Elle souffre de cette séparation dont elle ignore les raisons. C'est plus fort qu'elle : elle est incapable de s'abstraire de ce lien qui structure son identité.

Déprimée, elle va à l'université d'un pas de plomb et assiste aux cours comme une étrangère qui ne conprend pas la langue qu'on lui parle, l'attention dissipée par son trouble. Elle erre dans son existence, se néglige et dort d'un sommeil léger. Elle s'est mise en quarantaine, évitant les contacts avec l'extérieur. Rien ne peut la distraire du sort de sa sœur. Affalée dans son canapé, elle passe des heures les yeux au plafond, le regard dans le vide, à rabâcher des hypothèses. De temps à autre, elle scrute l'écran de son téléphone à l'affut d'un message ou d'un appel manqué, mais il reste muet. Elle perd espoir.

Quelques jours plus tard, penchée sur son bureau, ramant à contre-courant dans le décryptage d'un texte de Kant, *Critique de la faculté de juger*, elle sursaute en entendant son portable qui vibre dans le fourbi de sa sacoche. Le signal d'un numéro masqué. D'abord inquiète, elle hésite un instant avant de l'écouter, puis elle a l'intuition, la certitude même, qu'il provient de Sabine. L'enregistrement est bref : moins de trente secondes. Elle l'ouvre. Une petite voix grêle, dont le ton contraste avec celui de la scène du Belga, lui confirme son pressentiment. Une vague d'émotions contradictoires déferle : stupeur, joie, angoisse, étonnement. Elle retrouve la sérénité quand elle entend : « Sœurette, c'est moi ! » Puis un blanc suspendu... Elle perçoit une respiration oppressée, suivie d'une saccade de mots inintelligibles. Aspiration, expiration d'une bouffée de cigarette et aussi un bruit d'arrière-fond : des grésillements à la mode Radio Londres. On dirait qu'elle est dans un café : de la musique, un brouhaha, des cris, des conversations, des voix haut perchées.

Le calme revient et elle entend distinctement : « Pardon, Élise, j'ai été trop sèche, l'autre jour, au Belga. Je ne pouvais pas faire autrement. Je sais, je n'aurais pas dû te parler comme cela. Tu ne pouvais pas comprendre. Il faut se voir et vite. Encore pardon. Je comprendrais que tu sois fâchée. Je t'expliquerai. Je te laisse, car je dois faire gaffe. J'ai pris une poste restante à Ixelles. BP 58, 1050 Ixelles. Laisse-moi un mot pour dire où et quand. Bisous et encore pardon. Je t'aime. »

Élise lui envoie un texto lui proposant de venir chez elle. Peu après, Sabine confirme son accord. Trois jours, elle devra patienter trois jours avant de la revoir. Pendant cette attente qui lui paraît interminable, Élise ressasse les questions qu'elle lui posera. Une seule lui importe : pourquoi ?

Elles ont convenu à deux heures chez Élise. Elle scrute sa montre. 13 h 58. Elle vérifie sur son portable. 13 h 59. Sabine est sur le point d'arriver. Élise a rangé son appartement, passé l'aspirateur, posé un bouquet de fleurs sur la table devant le canapé, allumé une bougie parfumée, mis en marche sa sono – un quatuor à cordes de Schubert – comme pour accueillir un prince charmant. Il faut que Sabine se sente à l'aise, lui montrer l'exemple de la sœur parfaite au risque de se voir reprocher une attitude condescendante. « Tu as le même âge que moi, ne l'oublie pas », lui répétait sans cesse Sabine. Pourquoi avait-elle toujours tendance à la traiter comme sa petite protégée, alors qu'elles sont jumelles ?

Elle parcourt son ouvrage d'un regard circulaire: tout est nickel. Un appartement de jeune fille rangée. Elle a entrouvert la porte du palier pour l'entendre arriver. En bas, à l'entrée de l'immeuble, elle perçoit du bruit: quelqu'un monte les escaliers. Élise referme la porte. Sabine grimpe les marches d'un pas léger. Elle sonne. En saisissant la poignée, Élise constate qu'elle a la main moite. Elles tombent dans les bras l'une de l'autre.

Sabine s'est métamorphosée: moulée dans un col roulé gris clair en cachemire, ficelée dans une doudoune ultralégère et serrée dans un jean *skinny* déchiré aux genoux et chaussée de *sneakers* de couleurs à la mode, elle porte l'uniforme des étudiantes qu'Élise fréquente à l'université. Rien de commun avec la poule grimée du Belga de l'autre soir. Sans maquillage, son visage chiffonné, ses yeux battus et sa pâleur ne lui laissent aucune illusion: Sabine file un coton de mauvaise qualité.

– Ma chérie, tu ne peux savoir comme je suis contente de te retrouver, fait banalement Élise, incapable de trouver des mots plus justes.

– Moi aussi.

Un silence gêné s'installe. Élise s'efforce d'éviter de lui poser d'emblée les questions qui la taraudent. Elle ne veut pas la fâcher et la voir rentrer dans sa coquille ou, pire, lui claquer la porte au nez. Il faut la laisser venir, l'apprivoiser avec douceur, patience et doigté.

Pour meubler le silence et rompre le malaise, Sabine tente:

– C'est mignon chez toi.

En ricanant intérieurement, elle pense: « Chambre de petite sœur parfaite, comme à la maison, ordonnée, appliquée, méthodique, chambre d'ado qui n'a pas commencé sa crise ». Élise cherche à son tour d'autres phrases anodines pour éviter ce qui pourrait heurter. Elle lui propose un café.

– Merci, tu es gentille, j'en ai bien besoin, répond Sabine en souriant timidement. Ses yeux anxieux balaient les lieux, scrutent, fouillent chaque recoin comme s'il pouvait receler un quelconque secret. Elle tournicote sans but autour de la pièce, soulevant un petit cadre qui contient une photo des parents, laissant glisser un doigt paresseux le long des rayonnages de la bibliothèque, extrayant un livre de philosophie, et l'interrogeant : « Pas trop chiant, ça ? » Élise lui répond avec une grimace. Elle s'affaire auprès de la machine à café qui fait des siennes.

Le regard de Sabine est celui d'un animal traqué qui cherche à s'échapper. Élise reconnait là la tension qui précédait les scènes familiales : un silence lourd, des yeux qui roulent en tous sens, des gestes nerveux, presque incontrôlables, des postures rigides. La mèche est allumée. Un mot de trop peut déclencher un drame. Ce n'est qu'une question de temps. « Insoutenable ! » pense Élise. Il vaut mieux percer l'abcès. Elle se lance.

– Pourquoi as-tu si brusquement quitté la famille ?

Famille : c'est le mot à éviter ! Sabine bondit et se plante devant sa jumelle. Élise recule de deux pas pour se préparer à l'affrontement qu'elle a provoqué sans le vouloir.

– *Famille*, hurle Sabine, comment oses-tu parler de ça ?

Élise, aussi pâle que Sabine est écarlate, effrayée par la violence de sa sœur, ne comprend pas ce qu'elle veut dire. Sabine continue à crier.

– Mais, petite naïve, nous n'avons pas de famille, c'est une vaste blague cette histoire : sache que papa n'est pas notre père.

– Qu'est-ce que tu me racontes là ? Tu es complètement cinglée !

– Non, absolument pas.

Le ton est descendu d'un cran : la perspective de pouvoir enfin évoquer ce qui la tourmente depuis des mois l'a calmée.

– Tu te souviens de cette soirée à la Monnaie où nous sommes allés écouter *La Flute enchantée* ?

– Parfaitement.

– Tu n'as donc pas oublié que maman est tombée dans les pommes à l'entracte ?

– Oui, mais je ne vois aucun rapport avec…

Sabine l'interrompt :

– Eh bien, ce soir-là, au foyer de la Monnaie, elle avait reconnu, dans la foule, celui qui est notre vrai père.

– Sabine, tu es complètement maboule ! D'où sors-tu cela ? Franchement, tu m'inquiètes.

Le ton est remonté de deux crans. Elle a jeté tout cela à la figure de sa jumelle.

– Arrête de gueuler ! lui intime Sabine. Écoute-moi au lieu de te mettre la tête dans le sable.

Élise se ressaisit et respecte une pause. La colère de sa sœur lui rappelle celle de l'entracte à la Monnaie. Dans son for intérieur, elle doit admettre que si cette scène à l'opéra a marqué une rupture dans la vie de Sabine, ce n'est pas par hasard. L'éclair soudain de cette soirée a déclenché la longue période orageuse. Depuis ce moment-là, son comportement a changé et ses rapports se sont brusquement compliqués tant avec elle qu'avec les parents. L'origine du grippage de la mécanique familiale, jadis si bien huilée, mérite que l'on s'y attarde. L'explication facile de la crise d'adolescence si souvent invoquée n'est plus si convaincante. Elle n'a peut-être pas tort, il faut l'écouter. Garder son sang-froid. Reprendre le dialogue.

– OK, on se calme.

– Tu te calmes, précise Sabine.

Élise lui tend une main et la dirige vers le canapé.

– Asseyons-nous que l'on cause un peu. Cela ne sert à rien de s'engueuler.

Après un instant d'hésitation, Sabine vient se blottir contre sa sœur.

– Avant tout, ne t'inquiète pas, une seule chose est sûre : nous sommes jumelles, fait Sabine, plus détendue. Pour le reste…

– Raconte-moi, lui demande Élise.

Et Sabine de lui décrire la scène du foyer de l'opéra. L'épisode des deux inconnus qui dialoguaient à propos de leur mère, Hannah, de leur *père* Marcossay et d'elles, les jumelles. Elle lui répète la phrase qui a tout chamboulé : « Marcossay ne s'est jamais douté qu'il n'était pas leur père. La reine de nos nuits s'en est bien tirée ! »

– Tu es sûre d'avoir entendu cela ?

– Certaine. J'étais à côté de ces deux types. Je ne pouvais pas me tromper. Il n'y a aucune autre interprétation possible de leurs propos. Aucun doute là-dessus.

Élise se sent vaciller. Elle doit croire la version de sa sœur. Elle s'éclaire soudain de souvenirs précis : le *bovarysme* de sa mère, son insatisfaction permanente, la distance entre ses *parents*, les bagarres avec Sabine et l'ombre des non-dits qui planent en permanence sur la famille.

Sabine reprend :

– Maman sait que j'ai compris. Je suis devenue le témoin qui dérange. Elle ne supportait plus mon regard, mais crois-moi bien, c'était réciproque. Comment peux-tu expliquer une telle indifférence de sa part lorsque j'ai quitté la maison ? Elle n'a rien fait pour me retrouver. Service minimum. Elle était aux abonnés absents, comme elle l'a toujours été.

Élise doit admettre qu'elle s'est posé la même question. Les choses s'éclairent, notamment le sens de la phrase sibylline sous son avatar de Facebook : « L'enfant naturel, l'orphelin est malheureux et je le plains. Mais, du moins, il n'est pas tenu au respect d'un homme inconnu. »

Un carillon qui semble dégouliner d'un beffroi médiéval égrène de joyeux tintements : le son digitalisé de cloches sur un iPhone SE, dernier modèle.

– Le tien ? questionne Élise.

– Drôle… Nous avons la même sonnerie, répond l'autre.

– Normal, on est jumelles.

L'ambiance se détend. Elles consultent simultanément leurs portables.

– C'est pour moi, fait Sabine.

Elle interroge son écran. L'ombre qui assombrit son regard n'échappe pas à sa sœur. Sabine coupe le carillon.

– Décroche si tu veux, concède Élise, ça ne me dérange pas.

– Non, ça n'a pas d'importance. Je peux rappeler plus tard. Son front s'est froncé. D'un geste vif qui trahit une irritation, elle pose son portable sur la table.

– Ça t'ennuie si je grille une clope ? Élise acquiesce, comme à regret. Sabine allume une Vogue bleue. Une petite cheminée pour lâcher la vapeur. Élise la sent sur la défensive. Les cloches digitales tintent à nouveau. D'un geste agacé, Sabine refuse l'appel et condamne l'intrus au silence.

– Jamais la paix, s'exclame-t-elle en levant les yeux au ciel avec un air faussement désinvolte qui n'arrive pas à masquer sa nervosité. Puis elle s'approche de sa sœur et lui dit :

– Je vais tout te raconter.

37

Les jumelles sont face à face dans le canapé. Sabine tient le crachoir.

– Ma fugue n'était pas un coup de tête. Pour l'avouer franchement, j'avais préparé mon affaire. Pendant des mois et des mois, au fond de moi-même, une voix me rappelait sans cesse que mon père ne l'était pas et je ressentais l'impératif d'aller fouiller dans notre passé. J'avais compris que l'atmosphère familiale était lestée par cette histoire : maman n'osait ni ne pouvait dire la vérité et papa ne la connaissait pas. Seule, terriblement seule, je souffrais de ce doute lancinant. J'étais en pleine détresse. Je ne pouvais pas partager la stupéfaction, puis la douleur qu'avait déclenchée cette découverte. Un tremblement de terre avait chamboulé ma vie. Je voulais t'épargner cela, car toi, je t'aimais, tu sais…

Il y a dans ce *toi* une densité affective qu'Élise ressent violemment, quelques larmes lui brouillent le regard. Sabine lui saisit la main.

– J'avais encore, à ce moment-là, l'espoir d'avoir mal compris les mots de ces deux hommes à l'opéra, mais je ne me faisais pas d'illusions : ce secret de famille éclairait nombre de dysfonctionnements qui me préoccupaient bien avant que je puisse prendre conscience de leur cause.

Le regard mouillé, Élise dévisage Sabine avec étonnement : elle s'est trompée en la prenant pour une écervelée. Elle qui posait toujours ses pieds dans mes traces avait cette fois-ci pris un chemin de traverse, se dit-elle. En quelques phrases, Sabine lui a fait comprendre que dorénavant ce sera elle qui mènera le jeu. Elle n'est plus l'oie blanche qu'elle a été. Ce qu'elle avait interprété comme le coup de tête d'une ado difficile et capricieuse était le révélateur d'un non-dit familial. Elle l'écoute sans pouvoir ajouter un mot.

– Comme j'avais prémédité mon départ ou ma fugue, si tu préfères, j'ai rassemblé assez d'économies pour pouvoir me retourner pendant quelques mois. Une amie a accepté de me loger chez elle – un studio minuscule – le temps de mener mon enquête. Mon but était de retrouver ces deux oiseaux de malheur et de leur faire cracher la vérité. Élise perçoit de la haine dans sa voix.

– Je n'ai pas perdu un mot de ce qu'ils se sont dit à l'entracte. Je me souviens même du rythme de leur respiration. Ces paroles se sont gravées dans ma mémoire. Un nom : Grabowski. Un lieu : le Medusa. Il ne me restait qu'à chercher. Avec internet, rien de plus facile ; en dix minutes, j'ai tout repéré. Le Medusa était un bar montant, rue de Livourne, et Grabowski en était le propriétaire et le patron.

Élise l'interrompt.

– C'est quoi un bar montant ?

– Pffft…, fait-elle, avec l'air de celle qui sait. Ce sont des boîtes de nuit pourries où traînent des putes qui s'efforcent de plumer des clients naïfs en les poussant à boire du champagne en échange de gâteries sexuelles tarifées. Parfois, elles montent à l'étage ou se rendent dans des petites alcôves – ils appellent cela des *privés* – avec les plus généreux ou les plus saouls. D'où l'expression : bars montants. Un spectacle de strip-tease émoustille le chaland avant qu'il se fasse piquer le contenu de son portefeuille. Après avoir compris, je suis allée en repérage dans le quartier. La rue de Livourne est infestée de ce type de commerces. J'ai découvert un café où les portiers et les poules avaient leurs habitudes avant leur travail. Quelques macs du coin, des Albanais qui font tapiner des filles sur l'avenue Louise toute proche y traînent également, plus quelques flics des mœurs qui ne veulent pas perdre la main. Ils y passent leurs soirées à glaner des informations. « Donnez du grain à moudre aux poulagas », disent les filles ! Pas vraiment le genre d'endroit où les parents nous auraient emmenées boire un chocolat chaud.

Elle glousse. Élise ne semble pas trouver cela aussi drôle qu'elle. Indifférente, Sabine poursuit :

– Je me pointais là vers vingt-deux heures avant l'ouverture des boîtes. Les filles viennent y croquer un en-cas avant d'aller louer leurs charmes aux pigeons qu'elles grugent dans la nuit. Jouant l'habituée, je m'installais au bar devant une bière ou un vin blanc sec pour donner le change. Moi qui ne buvais jamais d'alcool ! Ça me flanquait des nausées pas possibles. Le troisième soir, un type est venu s'asseoir à côté de moi. Un beau gars, une gueule d'ange, mais un air de chien fou. Un mélange de charme féminin et de sauvagerie. Quelque chose de grossier lui alourdissait le bas du visage. Gominé, le cheveu noir de jais. Rolex en or, ceinture Hermès, santiags en croco et jeans moulants. Au début, je l'ai regardé comme une petite frappe friquée qui trafique dans on ne sait quoi de suspect. Il s'est présenté : José. Il avait un accent espagnol prononcé. Je me suis présentée à mon tour. C'était la première fois de ma vie que je parlais à un inconnu dans un lieu public.

– C'est le type qui t'accompagnait à Flagey quand je t'ai rencontrée l'autre jour ?

– Oui, c'est lui.

Elle laisse passer un long silence.

– Bon, je continue ?

– D'accord.

– Alors ce José me questionne : « T'es nouvelle dans le coin ? Tu bosses par ici ? » Je me sentais godiche, incapable de dire un mot, puis je me force à lui répondre. Je lui explique que j'étais étudiante et que je venais prendre un verre pour me distraire après avoir révisé mes cours. Les examens approchaient. C'était plus ou moins crédible. Le dialogue s'est engagé. José m'a posé beaucoup de questions que j'ai esquivées. Il glissait dans la conversation des petits compliments *dragouilleurs* sur un ton paternaliste. « Une jolie nana comme toi devrait éviter de se promener seule dans ce quartier le soir. »

– Oh, je sais, mais j'habite tout près.

Il me propose de prendre un verre. J'accepte avec l'idée de prolonger le dialogue.

– Et vous, vous travaillez dans le coin ?

– Ben oui, je rends des petits services à gauche et à droite. Surtout à gauche, dit-il sur un ton rigolard.

Et il précise :

– Un peu plus loin à gauche sur le trottoir. Au Medusa. Un bar de nuit. *Table dance*, champagne, jolies poupées, clients friqués et tout le toutim.

Au mot Medusa, ça a fait tilt ! J'ai eu de la peine à masquer ma surprise. Je gardai un visage impassible. La chance me souriait ! J'approchais du but. Je le laissais venir.

– Je fais des courses pour les filles de la boîte : clopes, sandwiches, capotes, huile de massage, lubrifiant, un petit joint ou un rail de coke de temps en temps. Je les raccompagne chez elles quand le bar ferme et que les taxis sont rares. Je leur apprends à s'occuper des clients sans se faire niquer, façon de parler. Je rends aussi des services au vicomte.

– Au vicomte ?

– Oui, c'est le surnom du patron. Un sobriquet. Je ne pense pas qu'il soit au courant. On raconte que c'est un aristo polonais. Il faut vraiment avoir de l'imagination pour le croire, car il n'en a vraiment pas la touche : un pachyderme cinglé et surtout colérique. On a intérêt à le manier en douceur pour éviter ses gueulantes. Parfois, il demande qu'on lui présente des filles. Il apprécie particulièrement celles de l'Est, Pologne oblige… Il est fou de musique et surtout d'opéra et, à ce propos, on raconte de drôles d'histoires.

Sabine poursuit :

– Bien que très intéressée par ce que José me disait, je masquais ma curiosité pour prévenir sa méfiance. Il a posé sa main sur la mienne. Par réflexe, je l'ai retirée aussitôt. La sienne s'est écartée. Puis il s'est excusé.

– Oh ! c'est juste comme ça, en copains…

Je suis restée de glace et il n'a pas répondu. Mais il a poursuivi :

– Et tes examens, ça roule ?

– On ne le sait que quand c'est fini, mais je crois que ça va.

– Courage alors. Maintenant, je dois aller bosser. Content de t'avoir rencontrée.

– Moi aussi.

Là, en jouant la timide, je lui ai répondu que moi aussi, j'étais contente de l'avoir rencontré.

– On se reverra ?

– Si tu veux.

– Tu me donnes ton numéro de portable ?

– D'accord.

Élise regarde sa sœur comme si elle ne la connaissait plus. Elle est stupéfiée par son langage. Où a-t-elle appris à s'exprimer ainsi ? Sa liberté de ton, la vulgarité de ses propos et même sa gestuelle sont inédites. Qu'est devenue ma petite jumelle que je protégeais ? Elle comprend alors qu'elle ne la contrôle plus. Elle lui a échappé. Non seulement elle va s'accouder seule, la nuit, dans les bars d'un quartier louche, mais elle donne son numéro de portable à un voyou du coin. Elle observe le visage de Sabine : il a perdu son innocence. Les rôles ont changé. Élise est partagée entre sa curiosité et la crainte d'en apprendre plus. Sabine ne lui laisse pas le choix.

– Le lendemain, José m'a appelée pour me proposer de passer la soirée avec lui. « Un petit resto, puis une sortie en boîte, ça te dirait ? » Je n'ai pas hésité une seconde et j'ai accepté.

Ainsi, ma manœuvre gagnait des chances d'aboutir : m'introduire au Medusa et créer l'occasion de rencontrer le Polonais – ce devait être ce Grabowski – auquel j'avais tant des questions à poser. Tu imagines bien lesquelles…

Attentive, Élise ne perd pas un mot de ce que lui raconte sa sœur.

– Lors de cette première sortie, José s'est montré prévenant – un garçon comme il faut – comme diraient les parents. Il avait mis les petits plats dans les grands, choisi un bon restaurant et réservé une table aux Jeux d'Hiver. Il m'a fait la cour finement. Ce n'était pas du gringue de beauf, plutôt de la séduction soft pour jeune bourgeoise bien élevée. Quelques pas de danse, un sourire aguichant, des mains tranquilles et à leur place. Il me parlait peu de lui et me posait plein de questions sur ma vie, avec un air émerveillé, comme s'il côtoyait la Joconde sortie de son cadre. Il se répandait en compliments, chargeait un peu la barque. En fin de soirée, il m'a reconduite chez moi. Avant que j'ouvre la portière de sa voiture, il a tenté de me voler un baiser. J'ai esquivé, il s'est excusé. « Pardon, c'est un peu rapide, mais tu me plais vraiment. On se revoit ? – D'accord. »

Elle continue :

– Le poisson était ferré. Je suis sortie de cette rencontre surréaliste avec des sentiments contradictoires. Mon objectif était secret et le sien ne l'était probablement pas moins, mais j'étais troublée : je ressentais de l'attirance pour ce José. Je me demandais si j'allais cyniquement joindre l'utile à l'agréable. Nos rendez-vous se sont multipliés et finalement, c'est arrivé. J'étais in love : ce type me plaisait. Quand il ne m'appelait pas pendant deux jours, je devenais fébrile bien que rien ne se soit encore passé entre nous.

– Et ? fait Élise, la gorge nouée.

– Et il m'a ramenée après une sortie à mon studio et, ce soir-là, son baiser n'a plus dérapé sur ma joue. Je n'ai pas pu résister. Eh bien ! oui, ma cocotte, j'ai alors pris mon envol vers des horizons voluptueux. C'était la première fois que cela m'arrivait et je ne regrette rien. Son côté voyou ne me déplaisait pas. Il n'avait pas trop le genre bal des débutantes, mais c'était ça qui m'attirait. Il compensait ses airs machos avec une attention et une gentillesse craquantes. Un drôle de mélange, ce type. Quand il a remarqué que je n'avais plus un rond, il m'a proposé de m'aider, de me prêter de l'argent et si je le voulais, de me trouver du boulot. Il m'a précisé : « Une belle fille comme toi, ça ne reste pas en rade. Si tu veux, tu peux venir danser au Medusa. Ça rapporte gros et ça ne t'engage à rien. »

– Quand il m'a décrit le boulot, je me suis dit que je n'en serais pas capable.

– Ça consistait en quoi exactement ?

– Oh, pas grand-chose.

La voix de Sabine faiblit.

– Mais encore ?

– Il fallait faire un petit numéro sur un podium. Ils appellent cela *table dance*. Danser sur scène, s'enrouler à moitié à poil autour d'une barre et faire son show.

Élise frissonne. Elle se demande si sa jumelle est aussi gênée qu'elle. Elle a l'intuition qu'elle n'ose pas tout lui dire. Sabine regarde ses pieds, puis se redresse, ses yeux glissent de côté pour éviter ceux de sa sœur.

Elle hésite, puis :

– Bien entendu, s'exhiber devant des mecs qui te reluquent avec les globes qui leur sortent de la tête n'est pas évident, mais, au début, José m'avait fait fumer un pétard ou deux pour que la pilule passe. On m'avait rebaptisée Pamela, un nom de scène un peu con, je te le concède. Ça m'a facilité la tâche, car en jouant un rôle, on a l'impression d'être une autre personne et les barrières s'effacent. Imagine-toi que j'y trouvais même un certain plaisir, surtout quand il était dans la salle. Être réduite à l'état d'objet de désir m'excitait plus qu'un peu et lui aussi. Parfois, après mon numéro, il m'emmenait dans un petit salon et me faisait l'amour. Élise n'en croit pas ses oreilles. Elle est médusée. Ma sœur est devenue folle, complètement timbrée, pense-t-elle en évitant de lui montrer sa colère. Elle ne veut pas perdre un mot de la suite du récit. Sabine continue.

– À voir la tête que tu tires, tu n'as pas l'air de bien me comprendre, mais rassure-toi, ce n'est pas parce qu'on est jumelles que l'on doit nécessairement partager les mêmes fantasmes. Bref, après, cela s'est compliqué : José m'a demandé de me présenter aux clients, de leur faire boire du champagne et de les accompagner dans les *privés* pour les émoustiller. Là, je devais, ou plutôt, Pamela devait leur exécuter un strip-tease, supporter leurs conversations graveleuses, se laisser tripoter les nibards et les fesses en évitant les dérapages. Plus ils patientaient pour leur branlette plus ils éclusaient des bouteilles à quatre cents balles dont la moitié me revenait. Quand ils allaient pisser, je vidais le champagne dans le seau à glace pour ne pas être complètement bourrée. Ils étaient parfois tellement saouls que cela n'en finissait pas. Toutes les heures, la tenancière ouvrait le rideau et exigeait qu'ils commandent une autre bouteille. De vrais pigeons. J'avais beaucoup de succès et cela énervait les autres filles à qui je piquais tous les clients. José était enchanté : Pamela faisait marcher les affaires. J'en étais presque fière.

Un soir, il me dit que le patron, le Polonais, était très content de mon travail et qu'il voulait me rencontrer. Alors je me suis dit que j'allais enfin toucher au but. J'avais dû ramer, mais j'y étais presque. Il a ajouté qu'il aurait aimé que je me fasse tatouer à ses frais un signe distinctif pour que le vicomte puisse me reconnaître facilement. Je n'ai pas compris cette exigence un peu bizarre, mais j'ai accepté. Si c'était le prix à payer pour rencontrer le bonhomme... Le lendemain, je me suis fait tatouer un aigle à deux têtes sur les reins chez un tatoueur de la chaussée de Charleroi. José m'avait donné le modèle avec une seule tête, mais j'avais demandé de dessiner un aigle à deux têtes, petit clin d'œil à notre gémellité. Tu veux voir ? Ça fait un peu pute, mais ne le suis-je pas un peu devenue ?

C'est plus qu'Élise ne peut supporter. Elle explose :

– Tu es complètement folle, Sabine. Tu t'es laissé embobiner par un mac, tu as joué les roulures et tu me racontes cela comme si c'était banal.

– Je disais cela pour rire. Mais je ne baise pas avec les clients. Une pute, ça se fait mettre. Moi pas. Qu'est-ce que tu peux être rigide !

– Ça n'a rien à voir...

– Mais si, précisément, tu es engoncée dans ton schéma de bas bleu, on croirait entendre maman. Mais, Bon Dieu, regarde où les conventions l'ont conduite. Prisonnières de vos principes à la con, vous êtes des mortes vivantes. Retranchées derrière le mur des usages, vous avez capitulé. Moi, je veux mener ma vie.

– Belle vie, en effet !

– Et si je te disais que ça me plaît.

– Moi, ça ne me plaît pas, hurle Élise.

– Eh bien tant pis pour toi si tu ne peux pas comprendre. C'est notre famille qui nous a rendues folles. Et maintenant, va te faire foutre. Moi, je me barre d'ici, je n'ai plus rien à ajouter.

Joignant le geste à la parole, Sabine se lève d'un bond, saisit son sac à main et sort de l'appartement en claquant violemment la porte.

Une idée s'impose à Élise : après cette scène, elle ne reverra plus sa sœur.

38

Le récit que m'a fait Élise de sa dernière conversation avec sa sœur me laisse une sensation de déjà-vu, cet épiphénomène de notre conscience qui nous interpelle parfois. En l'éprouvant, on croit reconnaître une scène que l'on aurait pu vivre antérieurement. Sabine a imprudemment accédé à l'univers du Medusa et cela l'a transformée en victime d'un crime brutal et inexplicable.

Le récit des sœurs se rejoignait. Leur gémellité les ramenait à une évolution parallèle où le passé se confondait avec le présent et le début se rapprochait inéluctablement de la fin. Le même destin serait-il réservé à Élise ? Elle avait endossé le même rôle que Sabine pour s'infiltrer dans l'antre délétère de Grabowski et en percer les secrets. En reproduisant sa partition à la perfection, elle ne pouvait pas ignorer les risques qu'elle prenait. Pourquoi se jetait-elle ainsi dans la gueule du loup ? Qu'elle m'ait impliqué dans son entreprise ne me rassurait pas. J'étais tiraillé entre ma fonction de narrateur et celle de protecteur d'une tête brûlée.

Depuis le début de cette histoire, j'ai eu de nombreuses occasions de faire un pas de côté et d'échapper à cet univers morbide, mais chaque fois, que ce soit par l'étrange attirance qu'Élise exerce sur moi ou par le souci de trouver le fin mot de cette affaire, je suis retombé dans le piège que Brandt m'a tendu. Je suis de plus en plus convaincu que ses problèmes d'édition ne sont qu'un prétexte. On ne m'a pas donné les pages manquantes du récit du Medusa par hasard, mais je ne comprends pas pourquoi.

La perspective de palper mon magot panaméen a temporairement calmé mes angoisses, mais elle n'a rien arrangé aux difficultés qui s'amoncelaient quand je m'installais à ma table de travail. Si mes tics s'étaient évaporés, l'écriture du drame du Medusa me paraissait néanmoins impossible.

J'en étais là, la plume en suspension devant mon cahier, hésitant sur la façon d'écrire cette histoire dont j'avais complètement perdu le contrôle. Mes personnages décidaient de manière autonome ce qu'il leur advenait. Je devais les laisser agir. La réalité dominait la fiction et j'étais contraint de me reposer sur le récit d'Élise pour en finir. Je n'avais pas d'autre choix. Je subissais mon roman plus que je ne le créais.

À l'heure du déjeuner, je sors prendre un café à l'Archiduc. J'y rencontre mon libraire préféré qui me demande où en est mon travail. Je lui fais part des doutes et des difficultés qu'il implique. Il observe mon air dépité, avec un sourire qui laisse apparaître ses incisives un peu écartées.

– Beaucoup d'écrivains ont ce problème, me dit-il, tentant de me rassurer. Cela me fait penser à une phrase de Julien Green : « Notre vie est un livre qui s'écrit tout seul. Nous sommes des personnages de roman qui ne comprennent pas toujours ce que veut l'auteur. »

– Je dois cesser de penser à cela sinon je vais devenir schizo.

– Laisse vivre tes personnages, me répond-il.

– Ils me tirent irrésistiblement vers le bas dans une chute fatale.

– La chute d'un livre en fait sa qualité.

Je change de sujet. Je n'ai pas envie de m'épancher sur mes problèmes.

Je rentre chez moi déprimé. L'idée que la suite de mon roman dépende de mes personnages me rend fou : mon imagination est bridée par leur évolution tout à fait imprévisible. J'en ai assez de tous ces gens qui parlent par énigme sans se livrer. Je me demande anxieusement comment préserver Élise du sort qui la menace.

Le hasard facilite parfois la tâche du chanceux. Aujourd'hui, en rentrant, je trouve une autre enveloppe de papier kraft glissée dans ma boîte aux lettres. Quelques pages manquantes du manuscrit. Peu m'importe leur origine : j'ai ma petite idée sur la question. Certaines sources me veulent probablement du bien. C'est le témoignage de José.

39

José – 1

José Turia, je m'appelle José Turia. Vingt-sept ans. Cinquième et dernier enfant de la famille Turia. Mes parents ont fui le régime de Franco en 1960 et sont venus bosser en Belgique. Ils ont d'abord été larbins chez des gens friqués à Bruxelles, puis ils ont ouvert une épicerie espagnole dans le bas de la ville près de la place Sainte-Catherine. Un commerce qui leur rapporte pas mal de blé. Deux de mes frères et sœurs, les aînés, y turbinent en tablier gris comme eux. Les deux autres ont de bons boulots et portent des costumes : un dans une banque, le second dans l'administration. Des planques bien payées avec plein d'extras : bagnoles, portable gratos, et tout le toutim. Des vrais bourges qui s'engraissent.

Perso, j'ai jamais manqué de rien. Au départ, une famille plutôt sympa et une éducation catho. Un peu trop peut-être. À l'école, ça s'est bien passé jusqu'à mes seize ans. Puis j'ai commencé à déconner. Et pas qu'un peu. Il y avait deux ou trois petits dealers dans la cour de récré, facile donc de trouver des pétards. Au début, je fumais de temps en temps avec mes potes à la sortie des classes. Pour me financer, je piquais dans la caisse du magasin des parents sans me faire pincer.

On s'éclatait en rigolant bien sans trop savoir pourquoi. On se branlait en regardant des films pornos. On se sentait relax, on kiffait tout le monde, on oubliait les emmerdes de l'école, les profs chiants, les révisions et les examens. Pas de stress. Cool Raoul. Puis, à force d'éviter les emmerdes, elles m'ont rattrapé au grand galop. Comme je n'en fichais plus une, mes notes ont commencé à virer à l'écarlate. Papa Turia aimait le gros rouge dans son verre, mais pas sur mes bulletins. Il n'avait pas bossé toute sa vie pour recevoir ce genre de cadeaux du petit dernier. Je pouvais le comprendre, mais j'en avais rien à cirer.

Jusque-là, mon histoire est banale. Pareil que chez mes potes. L'ado qui se cherche et croit se trouver un horizon dégagé dans les fumettes, qui accumule les mauvais points, les gueulantes des viocs, la mater dolorosa qui pleure toutes les larmes de son corps, c'était dans l'ordre des choses. Parfois, on avait droit à un psy qui disait que c'était normal, que tout allait se calmer, que les ados sont toujours chiants et qu'ils rendent tous leurs parents dingues. Dans deux cas sur trois, grosso modo, ça passait assez vite. Il suffisait d'une meuf qu'on rencontre et qui baise bien. Pour moi, ça s'est pas arrangé. Pas du tout. J'ai commencé à déconner un peu et puis plus grave. Après, je suis entré dans l'enfer de la drogue.

Le beau petit José qui jouait peinard de la guitare devant ses vieux s'était transformé rapidos en junkie. Chaque marche de ma dégringolade a été marquée par l'usage et le commerce de dope de plus en plus hard. *Des pétards, je suis passé au crack des boîtes de nuit sans presque m'en rendre compte. La bulle familiale ayant explosé, du moins pour moi, je l'avais remplacée par un groupe de toxicos soudé par le partage de pilules et de seringues. Extasy puis héroïne. J'avais raté la case coke. Là, ce n'était plus dans la cour de l'école puisque je n'y allais plus ni dans les boîtes de nuit, mais dans des squats du quartier nord qui puaient les poubelles, l'urine, le vomi et le rat crevé. C'était dégueulasse, mais on y était peinards.*

Je ne vous parle pas de la déglingue dans ma tête : ça déconnait ferme. Ça n'ajouterait rien à mon témoignage de la raconter en détail. Comme tout cela coûtait une blinde, je faisais du deal, puis du vrai bizness de ces médocs pour tarés. Ma morale ne me poussait pas à respecter les règlements de mes fournisseurs. Une lame de couteau dans le thorax qui m'avait frôlé le cœur solda nos comptes. Grâce (si j'ose dire) à cette bagarre, je me suis retrouvé victime et témoin au tribunal. C'est là que j'ai rencontré cet avocat, maître Brandt, qui en connaissait encore plus que moi sur le milieu bruxellois de la drogue et qui, surtout, savait, lui, causer en super bonimenteur qu'il était.

Lorsqu'il m'a abordé, je me suis senti minuscule dans le hall du palais de justice. Faut dire que le plafond est à plus de cent mètres au-dessus du niveau de la mer. La taille de l'avocat renforçait aussi mon sentiment d'infériorité : un colosse, un géant, une bête. Il me regardait de haut. J'ai vite compris qu'il devinait mes pensées avec une précision incroyable. Il me foudroyait du regard. Cela me foutait la trouille.

Le juge avait envoyé mes agresseurs directement au trou et cela n'avait pas plu à Brandt, leur défenseur. Le type n'aimait pas perdre. Il m'avait précisé : « Vous avez bien de la chance que le procureur ne se soit pas interrogé sur les raisons pour lesquelles vous vous êtes fait poignarder par mes clients. » Alors je m'étais dit : « La partie n'est pas finie », en me tenant à carreau devant le balaise aux cheveux blancs. Puis il a continué à me causer : « Par contre, je vous sais gré de ne pas avoir dévoilé leurs petites magouilles, sans quoi ils prenaient trois ans de plus. »

« Sais gré » ? Moi pas capito, j'avais pensé. À décoder sa tronche, ça voulait peut-être dire qu'il était content que je n'aie pas balancé les salades des salauds qui m'avaient lardé. J'en avais le sifflet coupé.

Il m'observait avec pitié : « Qu'est-ce qu'on peut espérer d'une épave comme toi ? » Je me zieutais dans un miroir : un moins que rien qui va mal finir, une petite frappe. C'était douloureux. Je baissais la tête, visant le sol de marbre de la salle des pas perdus. Il était dégueulasse comme tout ce Palais de justice qui tombait en ruine. Que me voulait cette grande gueule ? Il était le contraire de mon paternel. Mais il avait un regard que j'aurais aimé voir chez lui, un regard qui essaye de piger le pourquoi du comment des choses. Pas une vision d'épicier catholique espagnol qui rêve de garder le bénéfice de son petit commerce quitte à emmerder la terre entière. Pas un type qui t'injurie : « voyou, vaurien, racaille, crapule, c'est tout ce que tu es. » Pfff... Même pas triste, connard de paternel.

Pour toutes ces raisons, je ne me suis pas pris de bec avec cet avocat : j'avais envie de lui gueuler dessus, mais l'idée qu'il pouvait me donner une chance me la bouclait bien serrée, comme cousue. Banco ! Je ne m'étais pas trompé. J'avais misé sur le bon cheval. Le colosse aux cheveux blancs m'a ensuite dit : « Bon, maintenant que vous vous en êtes tiré sans trop de casse, il vaudrait mieux vous tenir tranquille et arrêter vos tripots, car on finit toujours mal dans ce commerce, croyez-en mon expérience. Vous n'êtes pas passé loin cette fois-ci. La chance ne repasse pas les plats, ne l'ignorez pas. »

Je ne demandais qu'à le croire, mais je ne voyais pas très bien dans quel taf je pourrais gagner du pognon. Je lui ai dit : « D'accord avec vous, mais je ne sais pas faire grand-chose d'autre. » Il m'a répondu aussi sec : « Je m'en serais douté. » Il avait l'air de se foutre de ma gueule, puis il rajouta : « J'ai un client qui pourrait avoir besoin d'un gaillard dans votre genre. »

C'est ainsi qu'il m'a présenté au vicomte. L'affaire a été vite réglée.

J'ai commencé à bosser au Medusa. J'avais dû jurer que je ne toucherais plus à aucune substance, comme le vicomte les appelait. Au début, ça m'a vraiment fait chier, mais, à quelques petits écarts près, j'ai tenu. J'ai eu droit à tous les symptômes du manque – la tremblote, la fièvre, les délires, la confusion, les maux de tête, les hallucinations, les suées, les nuits sans sommeil –, bref l'enfer, mais les avantages de mon nouveau boulot en compensaient les emmerdements. Faut dire que c'était pas mal : je devais draguer des nanas pour les amener à bosser dans la boîte. Ça marchait plutôt bien. Le vicomte me donnait les moyens de le faire : du fric, des vêtements chicos, des baskets de luxe et, pour le reste, mon charme opérait naturellement. À chaque poule qui venait percher au Medusa, j'avais droit à un joli jackpot. Ce n'était pas le genre de taf qui aurait plu à papa Turia, mais voilà… Perso, je trouvais ça plus excitant que de débiter du chorizo ou de réchauffer des paellas maison à longueur de journée en l'entendant bêler comme un mouton qu'on égorge à la fête de l'Aïd.

Quand j'ai hameçonné la petite Pamela, j'ai eu un léger doute sur sa sincérité : l'approche était apparemment trop facile, rapport à mon expérience. Les autres filles avaient été plus dures à la détente, mais celle-là était vite tombée amoureuse de moi. Je ne crois pas me tromper. Y avait pas mieux pour lui faire avaler la pilule. Elle s'était pliée sans discuter à tous ses devoirs en bonne élève obéissante. Un peu fastoche, mais comme j'encaissais mon pognon, cela ne m'inquiétait pas trop. Tout le monde était content. Elle était soumise et tout baignait. Il y a des filles comme ça. Elle avait découvert avec moi ce qu'était l'incendie de son entrejambe et j'adorais y jouer les pompiers. Elle avait même accepté de se faire décorer le bas du dos pour satisfaire les délires de Grabowski que ça excitait. Grâce à cela, il pouvait la reconnaître facilement. Sinon, il l'aurait confondue avec les autres.

Puis ça a commencé à merder : le Polonais s'était fait tout un cinéma à propos de ma relation avec elle. Moi, je pigeais que dalle à son film de pervers. Il me parlait de sa passion pour Carmen, de sa jalousie de José (José, c'était bibi). Il disait que cela pourrait mal finir, comme dans l'opéra de Bizet. Son truc me paraissait délirant. J'ignorais pas qu'il était cinglé, alors j'insistais pas. On n'est jamais trop prudent avec des piqués comme ça. J'en pinçais quand même un peu pour Pamela et je voulais pas d'histoires. Je sais pas quel cinéma elle jouait avec lui, mais il la faisait souvent venir dans son bureau, ce qui était moins habituel avec les autres filles. Elle y allait sans résister, même sans hésiter, je dirais. Elle ne racontait rien de ses visites là-haut. Ça m'énervait. J'imaginais les trucs dégueulasses que ce gros porc lui faisait et cela me faisait flipper. Avec les clients, je m'en foutais parce que je pouvais la contrôler et stopper les choses si ça dérapait; avec lui, c'était pas pareil. Je connaissais le bonhomme: un vrai salaud. J'avais bien essayé d'en parler à Jérôme, mais il m'avait répondu aussi sec que ce qui se passait dans le bureau du vicomte ne nous regardait pas. J'avais pas osé insister, mais cela me faisait chier des barres de plomb en fusion.

Un soir, avant le début du show, il l'avait une fois de plus convoquée là-haut. La grosse Cléo était absente et Jérôme aussi. Comme d'hab, les filles jacassaient entre elles en attendant de se mettre à bosser. À travers ce rideau de bêtises, j'ai entendu une gueulante dans le bureau du vicomte. Comme si on égorgeait un animal. Comme elle était seule avec lui, j'ai eu la tentation de foncer pour voir ce qui se passait, mais le vicomte interdisait qu'on monte chez lui. À regret, J'ai tiré sur le frein à main, car je ne voulais pas me faire virer. J'enrageais, mais l'argument pognon prenait le dessus. Fallait bien vivre.

Quelques minutes plus tard, Pamela est redescendue: elle avait complètement changé. Comme si elle avait été brutalisée. Son visage s'était décomposé. On aurait dit un tableau de Picasso. Elle avait pleuré et deux traces de rimmel lui dégoulinaient sur la figure. Comme un masque de clown terrorisé. Paniquée, elle tremblait de tout son corps. J'avais essayé de l'interroger, mais je perdais mon temps: en état de choc, elle était devenue muette, les dents serrées et le regard égaré. Je n'avais pas insisté. Je l'ai vue alors filer vers le vestiaire des filles. Puis, elle a disparu. Je ne pouvais pas la suivre, car j'étais responsable du bar cette nuit-là.

Ce n'était pas la première fois qu'une nana de la boîte descendait aussi cassée du bureau du gros porc. D'habitude, j'en avais rien à cirer, mais là, j'avais la haine contre le vieux vicelard. J'aimais bien cette petite et je ne voulais pas qu'il lui fasse du mal. Je me serais bien soulagé en allant écraser mon poing sur son pif d'ivrogne, mais je ne pouvais pas le faire.

Je m'étais juré de lui faire payer cela cher. Il fallait surgeler ma colère, mais je me disais que le dégel serait terrible.

J'ai grillé deux ou trois clopes avec le portier sur le trottoir pour me calmer, puis j'ai discuté de tout et de rien avec lui. Une demi-heure plus tard, j'ai vu un taxi s'arrêter devant la boîte. Le portier s'était précipité pour aider un grand bonhomme. Il s'appuyait sur une canne à pommeau métallique. Dans la lumière rouge de l'enseigne, j'avais reconnu l'avocat Brandt. Le souffle court, il transpirait la rage. Nos regards s'étaient croisés. Ça sentait l'embrouille, mais à ce moment-là, je ne me doutais pas que son arrivée avait un rapport avec l'état de Pamela. Il n'avait pas réagi et ne m'avait pas salué. J'avais trouvé cela bizarre. Je l'avais suivi à quelques pas sans qu'il puisse me voir. Il avait pris l'escalier du bureau du vicomte qu'il montait avec peine. Il me faisait penser à un éléphant de cirque qui grimpe sur un tabouret. Caché dans un recoin de l'entrée de la boîte, j'ai entendu la porte de Grabowski qui s'ouvrait, puis se rabattait. J'avais suivi l'avocat.

L'oreille collée contre la porte, je pouvais entendre ce qui se passait dans le bureau : dans sa précipitation, l'avocat ne l'avait pas bien refermée. La musique s'est arrêtée. Le silence n'allait pas durer.

40

José – 2

C'était comme un ring de boxe au début d'un match. Un silence lourdingue, avant l'ouverture du premier round et le gnon inaugural. L'entame s'était passée dans la méfiance, à poings mouchetés. En coulisses, je devais tendre l'oreille. Difficile de distinguer les voix des deux hommes : rois de la gueulante, ils l'avaient mise en sourdine pour l'occase. En me tordant le cou contre l'ouverture de la porte capitonnée, j'essayais de piger ce qu'ils racontaient.

Brandt s'était annoncé, comme si l'autre ne pouvait pas le reconnaître. Normal, il ne le pouvait pas : son infirmité l'empêchait.

J'entendais à l'aveugle ce qui se passait dans le bureau du vicomte, mais j'imaginais facilement la scène : le Polonais figé, impuissant dans son fauteuil, sans doute bourré comme d'habitude, déjà presque au tapis, et Brandt, menaçant, ivre lui aussi, mais de rage, le dominant de sa taille de colosse. Le vicomte avait frappé le premier.

– Qu'est-ce que tu viens foutre ici sans prévenir ?

– La petite sait. Elle a compris.

– De qui parles-tu ?

– La fille qui est sortie il y a à peine une heure de ton bureau.

– Je ne vois toujours pas.

– Si, la fille tatouée d'un aigle à double tête qui t'interprète Carmen.

– De fait, elle monte de temps à autre. Elle est plus intelligente que les autres. De bonne compagnie, de la conversation. Elle apprécie la musique. Elle est aussi mieux élevée que toutes ces poules.

– Et pour cause... Je t'avais pourtant bien dit de te méfier de tes petites camarades de jeux.

Un long silence s'était installé : les insinuations de Brandt faisaient lentement leur chemin, se mêlant à la perfusion de vodka dans le cerveau embrumé du vicomte. La tension était montée d'un cran. La voix de l'avocat s'était détachée distinctement. Excédé, il avait juré, comme à regret.

– Mais nom de Dieu, ne pouvais-tu pas faire attention et l'éviter ?

Avec le débit traînant d'un escargot, Grabowski avait essayé :

– Tu sais bien que je ne reconnais personne. Je voudrais bien t'y voir.

– C'est le cas de le dire.

Brandt n'avait pu s'empêcher de plaisanter sur le handicap de son ami. À part l'avocat, seuls le nain et moi connaissions la maladie du vicomte, mais comme nous lui étions tous deux redevables, la loi du silence s'imposait. On devait la boucler, point barre. Une indiscrétion et il nous aurait virés à la seconde. Perso, j'en tremblais, mais Brandt n'en avait rien à foutre. C'était pas son problème.

– Qui est cette fille ? Que sait-elle ? avait demandé Grabowski.

– Jusqu'ici, c'était ta fille ou la mienne.

– Comment, ma fille ou la tienne ?

– Je ne pourrais être plus précis, répliqua Brandt.

J'avais senti de la gêne dans la conversation. Dur de piger quand on ne veut pas. Grabowski semblait réfléchir, je ne l'entendais plus. J'imaginais ce qu'il pouvait bien penser.

... Ta fille ou la mienne ? Que veut-il dire par là ? La tatouée qui endosse parfois le rôle de Carmen ici. Qu'est-ce qu'elle cache ? Trop bien élevée pour faire un boulot de pute. Je savais bien qu'il y avait quelque

chose qui clochait. Ça sentait l'embrouille. Elle insistait trop auprès de Jérôme pour monter dans son bureau, alors qu'après leur première expérience, les autres se planquaient derrière le bar pour ne pas devoir y aller tellement elles avaient la pétoche. Elle avait accepté de se faire tatouer sans discuter. Ne m'aurait-elle pas parlé de Brandt ? Je crois m'en souvenir maintenant. D'une sœur aussi. Voudriez-vous la connaître ? m'avait-elle demandé. Elle ne cessait de me poser des questions sur ma jeunesse, sur l'université. Et comme un con…

Le Polonais était sérieusement bourré, mais les idées se mettaient peu à peu en place dans sa tête. Ça commençait à se préciser : les jumelles, Brandt, sa jeunesse, ta fille, Hannah. Ça moulinait ferme pour que tout se range dans l'ordre. Puis, après avoir pigé, il avait juré.

– Nom de Dieu, nos filles les jumelles ! Comment a-t-elle pu deviner ? Comment est-elle arrivée jusqu'ici ?

– Ce n'est déjà plus la question : elle sait et elle est là. Quant à l'autre, j'ignore si elle est au courant.

– Je t'avais pourtant prévenu, avait dit Brandt, si…

– Oui, j'admets, avait-il répondu, gêné.

J'avais pas perdu un mot du dialogue qui, j'en étais sûr, allait tourner à la castagne. Sans tout entendre, j'avais senti une menace dans la dernière phrase de Brandt. Je comprenais que Grabowski était sérieusement emmerdé et que ça le rendrait mauvais.

La tête penchée sur le côté, j'avais des crampes dans la nuque. De temps en temps, en bas, la porte du bar s'ouvrait, la musique montait dans l'escalier et brouillait les paroles des deux vieux. Un courant d'air glacé soufflait jusqu'à l'étage. Je m'étais massé le cou et j'avais repris position contre la porte en râlant. Ça me faisait chier, mais je ne voulais rien louper de ce qui se disait dans le bureau. J'avais pigé que c'était important.

– Comment sais-tu ? s'était inquiété Grabowski.

– Ma fille est venue me voir.

– Comment ça, ta fille ?

– Faut-il que je te fasse un dessin ? Tu n'as pas encore compris qu'une des jumelles Marcossay…

– Merde alors, jura Grabowski. Mais comment est-ce possible ?

– Elle est intelligente. Elle a dû apprendre qu'elle n'était pas l'enfant de Marcossay. Elle a découvert nos noms. J'ignore comment. Elle n'a rien voulu me dire. Cela ne vient certainement pas d'Hannah qui n'aurait jamais pris le risque que les filles le racontent à leur père. Ont-elles déniché des lettres ? Entendu leur mère en parler ? Impossible de savoir. Tu t'es fait piéger par cette gamine. Tes jeux pervers laissent des traces, mon vieux. Pas très compliqué de les utiliser dans un test ADN. Cela se trouve sur internet, ne coûte pas très cher et le résultat est indiscutable. On étudie le profil génétique de deux échantillons et on les compare. Il ne faut pas dix jours pour connaître la vérité. Et c'est probablement ce qu'elle a fait.

– Et ?

– Et tu n'es pas son père ! Si tu n'es pas son père, c'est moi qui le suis.

– Qu'en sais-tu ? Nous avons tous les deux couché avec Hannah. Tu ne peux le nier, mais elle avait aussi d'autres amants. Maudet, par exemple.

– Impossible, Hannah s'est jetée dans les bras de Maudet par dépit quand je l'ai quittée, mais là n'est pas la question. Une seule chose est certaine : tu n'es pas le père des jumelles. Quant à moi, ce sera facile à vérifier, mais si c'était le cas, ce serait une très mauvaise nouvelle pour toi. Te souviens-tu de nos accords ?

Grabowski n'avait pas répondu.

– Aurais-tu perdu la mémoire ? Relis ceci, c'est notre convention.

Je ne pouvais pas comprendre tout ce qui se passait dans le bureau, mais j'avais senti que Brandt était furieux. Ça puait le gros pétard. Grabowski avait traîné pour lire le document. Puis j'ai entendu le bruit d'un papier qu'on déchirait.

– Voilà ce que j'en fais de ta convention.

– Pas la peine, fit Brandt, si tu crois que cela change quoi que ce soit à notre affaire. Il ne s'agissait que d'une photocopie de mon exemplaire et je doute que tu n'aies plus le tien. De toute manière, il suffit que j'aille voir mon notaire pour modifier mes dispositions.

Et là, ça avait pété.

– Tu n'es qu'une crapule, hurla Grabowski.

D'instinct, j'avais fait un bond en arrière.

Brandt avait réagi assez calmos :

– N'anticipons pas : tant que je n'ai pas la preuve que j'en suis le père, je ne changerai rien, mais un accord est un accord. Tu étais prévenu.

Essayant de se tenir tranquille, Grabowski lui avait demandé :

– Comment aurais-je pu savoir ?

– Quand on réfléchit avec son sexe, on ne mesure pas forcément les conséquences de ses actes.

Grabowski transpirait la haine, sa voix tremblait de colère.

– Te crois-tu si bien placé pour me faire la morale, n'oublie surtout pas que j'ai gardé de belles images, des films de nos séances. Les filles n'étaient pas toutes majeures... Nous n'avons pas signé ce pacte sans raison. J'ai toujours dit que je la bouclerais, que je laisserais tout cela de côté ; mais, évidemment, si tu ne respectes pas nos accords, je pourrais...

– Des menaces ? Tu me fais du chantage ?

– Tu sais bien que tu as aussi des choses à te reprocher, et pas des moindres. N'oublie pas les mises en scène de nos parties fines. Je n'étais pas le seul à apprécier nos séances d'opéras avec ces demoiselles.

– Tes menaces ne serviront à rien. Je n'en ai plus pour très longtemps : porter plainte contre un mort ne t'avancera à rien. Si ça te plaît, tu pourras venir cracher sur ma tombe. De toute façon, notre convention est claire : si les filles se manifestent comme mes héritières, tu seras exclu de ma succession. Je m'en tiendrai au droit. Ni plus ni moins. Tu n'as rien

à contester. Tu n'avais qu'à être plus prudent et ne pas te laisser entôler par cette petite.

– Salaud, ça ne se passera pas comme cela !

Là, j'avais pigé à la seconde que la discussion allait s'arrêter pile et que j'avais intérêt à me barrer vite fait. Au pied de l'escalier, j'ai encore entendu le vicomte qui beuglait.

– Ordure.

La porte avait claqué.

Brandt m'avait frôlé dans l'entrée en m'ignorant, comme si j'étais un zombi.

Après, je suis rentré dans le bar et me suis versé un whisky derrière le comptoir pour me retaper. J'étais groggy. Le patron avait compris qui était Pamela. Moi aussi. J'avais rembobiné le film des dernières semaines.

Pamela s'était foutue de ma gueule. Elle s'était servie de moi pour approcher le vicomte. Elle m'avait manipulé. C'était son seul but. Je m'étais bien dit qu'il y avait quelque chose qui clochait dans sa soumission. L'ouverture avait été trop facile. Une nana comme ça ne tombe pas si vite dans le plumard d'un type dans mon genre. L'oie blanche n'était pas si blanche que ça. C'était pas normal. Elle m'avait fait tourner en bourrique. Je m'étais fait niquer grave par cette petite garce. J'avais pas bien pigé cette histoire de filles. Retrouver la lettre déchirée ? La demander à Jérôme qui fait le ménage dans le bureau ? Il risquait de me le faire payer cher. Je me méfiais de lui : il ne s'opposerait jamais au vicomte. J'aurais qu'à fouiller les poubelles après la fermeture. De toute façon, j'étais de piquet et Jérôme irait se coucher avant moi, comme d'habitude…

J'avais vu juste : dans un des sacs-poubelle à l'entrée de la boîte, j'avais retrouvé les morceaux du document : y en avait plein ; dans sa rage, Grabowski s'était acharné dessus pour le faire disparaître. Perte de temps.

J'avais allumé le plafonnier. Un tube de néon s'était mis à clignoter quelques secondes, puis il avait enfin éclairé le bar d'une lumière glauque.

Je m'étais accoudé au comptoir et j'y avais déposé les restes de la lettre. Un puzzle de mille pièces. Souvenir de jeunesse, j'adorais cela. J'avais éparpillé le petit tas sur le zinc. Le taf ne serait pas facile, le texte était imprimé en caractères minuscules.

Ma main tremblait. J'étais serré comme un cul de guêpe. J'avais commencé à pétocher : dans la discussion embrouillée entre les deux qui ne pouvaient plus se blairer, j'avais compris que le document était une menace pour Pamela. Ça me foutait les boules.

J'ai mis près d'une heure pour recomposer une feuille A4. Un titre est apparu et, plus bas, un texte aligné entre deux marges parallèles. Elles m'avaient facilité l'assemblage. J'ai attaqué la lecture. Je pigeais que dalle.

Que des mots inconnus, reliés par des phrases trop compliquées pour moi. Convention, confidentialité, parties, for de droit, conditionnalité, réciprocité, legs, légataire universel, adultérin, mandat général, invalidation, codicille… Ce charabia ne me disait rien, strictement rien. Nada. Les seuls mots que j'avais reconnus et que je pouvais rattacher à la dispute entre Brandt et Grabowski étaient : héritage, fortune, tous mes biens. Il y avait derrière le texte déchiré par Grabowski en rogne une affaire de pognon que Pamela risquait de payer cher. J'avais compris que ça la menaçait. En bref, sa vie ou le fric.

41

Distillés dans le désordre des pages qui m'arrivent, les témoignages des acteurs de l'affaire du Medusa convergent tous vers l'irrémédiable. Leur fil conducteur semble se concentrer sur les saynètes perverses mises en scène par le propriétaire du bar de nuit. Le vieillard impotent y décalque les souffrances de sa vie sur des livrets d'opéra comme s'il tentait de s'en affranchir. Cela aurait été innocent et salvateur s'il n'y avait pas eu un crime en point d'orgue. Fantasmer un souvenir douloureux en le sublimant pour s'en libérer n'en efface pas pour autant la meurtrissure.

La dramaturgie des œuvres lyriques, quels qu'en soient les auteurs ou les compositeurs, contient presque toujours, sur un schéma assez simple, des histoires d'amour contrariées, des affaires d'intérêts divergents, de la démence, des passions irrépressibles et des haines tenaces qui métamorphosent des amants, des amis, des parents, des frères et sœurs en ennemis jurés. Ces tragédies s'achèvent inévitablement par la mort d'un ou plusieurs protagonistes. Des trépas mènent à des agonies interminables scandées par un baryton exténué d'avoir tant souffert ou par une soprano éprise dont le souffle s'éteint dans des trilles désespérés jusqu'à la chute, espérée parfois, du rideau.

Qu'il s'agisse de Puccini, Wagner, Verdi, Mozart, Bellini, Donizetti, Richard Strauss ou Bizet, aucun de ces maîtres n'a dérogé à ces funestes scénarios. Il y avait dans l'érudition musicale de Grabowski suffisamment de schémas qui coïncidaient avec ses drames intimes pour qu'il puisse secrètement les mettre en scène, en tirer satisfaction et peut-être aussi – mais cela me semblait nouveau – les faire partager à d'autres, de gré ou de force.

Plus d'une fois, mon attention a été attirée par des allusions à *Carmen* de Bizet. Lors de la crémation de Brandt, la sonnerie intempestive d'un téléphone au son d'une mélodie de cet opéra a été le premier indice. Pour quelle raison un détail si anodin a-t-il pu intriguer mademoiselle Nijs ? Plus tard, l'œuvre de Bizet a été évoquée dans le témoignage de José. Il y rappelle la jalousie de Grabowski à son égard : José, qui porte le même prénom que l'antihéros de Carmen, finit par la poignarder pour se venger de son dépit amoureux. Plus frappant encore, il apparaît aussi dans le dialogue houleux entre Grabowski et Brandt, lorsqu'il évoque la fille tatouée d'un aigle à double tête à qui Grabowski fait interpréter le rôle de Carmen, il ne s'agit probablement pas d'un hasard. La piste se rapproche de la mort de Sabine.

J'ai trouvé ce fil conducteur. Il est éclairant, mais inquiétant, car la passion du vieux fou pour la musique ne peut pas être l'unique explication de l'assassinat de Sabine ; elle n'en a été que le décor opportun.

Le témoignage de José illustre un mobile plus prosaïque : une sordide histoire d'argent, d'énormément d'argent, si j'en crois ce que la secrétaire de Brandt m'a confié à propos de la fortune du célèbre plaideur. Les deux hypothèses coïncident. Si cela se confirme, le rôle de José dans *Carmen* peut également le désigner comme coupable, mais cette probabilité est invraisemblable pour plusieurs raisons. Est-il d'abord imaginable que ce jeune homme qui dit *en pincer un peu* pour Sabine soit le bras armé de celui qu'il qualifie de vieux fou ? C'est peu crédible, aussi, à moins d'une duplicité contre nature, qu'Élise puisse côtoyer avec tant d'empathie celui qu'elle aurait pu soupçonner de l'assassinat de sa jumelle chérie. Enfin, Blanche Nijs m'a raconté que le loubard avait été mis hors de cause dans l'instruction de l'affaire. Fausse piste donc : José Turia est un témoin précieux, mais sans doute pas le meurtrier de Sabine. Il est impossible d'accréditer l'hypothèse de sa culpabilité.

Dans l'univers crapuleux, l'argent est un puissant mobile. Je dois tourner mon regard de ce côté-là. La seule personne qui puisse m'éclairer à ce sujet est la petite dame au chignon gris. Elle m'a semblé en connaître beaucoup plus que ce qu'elle ne veut dire. Pourquoi retient-elle ses informations ?

Une autre évidence s'impose : si le mobile du crime est la captation de l'héritage de Brandt, en sa qualité de jumelle de Sabine, Élise court le même danger que sa sœur. En se rapprochant du Medusa et de son entourage maléfique, elle copie sa démarche avec un souci du détail proche de l'obsession, sans comprendre qu'elle se jette peut-être aussi dans la gueule du loup. Heureusement, celle-ci ne s'est pas encore refermée. Je pense bien : *pas encore*… En imaginant ce qui l'attend, je revois la description du crime. J'en frissonne. Une voix intérieure me hurle : « Il faut la tirer de là ! »

Je crois avoir trouvé le mobile du crime, j'en connais la première victime, mais la question qui subsiste est celle de mon rôle : pourquoi Élise et José m'ont-ils embarqué dans cette histoire ? Qu'ai-je à voir là-dedans ? Pourquoi les informations ne me parviennent-elles qu'au compte-goutte.

En me levant chaque matin, j'ose espérer que toute cette affaire n'a été qu'un cauchemar et que je me réveille dans une autre réalité, mais je dois me rendre à l'évidence : je suis prisonnier des tentacules du Medusa.

Ma priorité est maintenant d'exfiltrer Élise de cet univers morbide. Il faut l'arracher des griffes du monstre même contre son gré.

Je sors mon portable de ma poche et compose son numéro. Après une sonnerie interminable, sa messagerie s'ouvre sur la voix sans âme du robot de l'opérateur m'annonçant que sa boîte vocale déborde.

Sombre présage. Pour la voir, il faut donc me rendre au Medusa. L'idée me tord le ventre et j'en conçois une violente nausée, moins de dégoût – ce que j'avais déjà ressenti en m'imaginant à cet endroit – que de peur. Ne vais-je pas, moi aussi, me jeter dans la gueule du loup ? Je renonce à ce projet. J'espère encore qu'Élise prendra l'initiative.

Pour confirmer l'hypothèse du crime crapuleux, une visite à Blanche Nijs s'impose. Bien qu'elle m'eût agacé par ses atermoiements et ses dérobades après la crémation de Brandt, j'ai éprouvé une certaine sympathie pour elle lorsqu'elle s'est effondrée en craignant trahir la mémoire de son patron. C'est tout à son honneur d'en respecter le souvenir. Blanche Nijs est une personne droite et estimable. Son attitude quasi maternelle à l'égard d'Élise est aussi un gage de bonne foi. Déstabilisée par la mort de Brandt et le brusque changement d'existence qu'elle induit, elle résistera sans doute moins aujourd'hui à me dire la vérité. Elle m'épargnera un nouveau dialogue de sourds. Je dois la retrouver coûte que coûte. Heureusement, je repère rapidement son adresse dans un annuaire internet. Il est fort peu probable qu'il existe deux Blanche Nijs à Bruxelles. Je décide de lui rendre une visite impromptue. En la prévenant, je risque de la voir m'échapper.

Une heure plus tard, je gare ma guimbarde devant une maison naine et pimpante, rue montagne de Saint Job, à deux pas du Repos de la montagne, un restaurant que je connais depuis toujours. Une ruelle typique du vieil Uccle où s'alignent de minuscules habitations ouvrières qui, au gré de la gentrification du quartier, ont été joliment rénovées. Façades blanchies à la chaux, recouvertes de glycine et de vigne vierge, portes et volets de couleurs vives, jardinets bien entretenus parsemés d'accessoires *Ikéa* à la mode écolo-bobo chic.

Celle de Blanche Nijs est à son image : vieille, mais bien léchée. Plus classique que les autres. La porte d'entrée du numéro 124, surmontée d'une lanterne en bronze, est sertie d'un petit judas et d'un heurtoir de cuivre brillant, orangé comme le soleil couchant. Je le soulève et le laisse retomber à plusieurs reprises. Je n'entends d'abord rien, puis un grincement : le judas s'ouvre discrètement. À travers la grille, un œil vert à la pupille dilatée m'épie silencieusement. Je prends l'initiative.

– Mademoiselle Nijs... Antoine Maudet. Je voudrais vous parler, c'est important.

Tout reste figé pendant quelques secondes, puis la porte s'entrouvre.

Le chignon de Blanche Nijs me frappe d'emblée : on peut imaginer une pomme piquée en équilibre instable sur le sommet de son crâne. La fixité de l'appendice contraste avec le délabrement de son visage. Ses traits se sont décomposés ; depuis notre dernière rencontre, elle a vieilli de dix ans. Ravagée. Ses yeux cernés ajoutent à la déglingue.

– Que me voulez-vous ?

Elle dit cela avec plus de lassitude que d'agressivité. Elle paraît épuisée. Je réponds sans la brusquer.

– Il faut sauver Élise. Nous pouvons l'aider, mais il est indispensable de faire vite. Elle ouvre alors plus franchement la porte et m'invite à entrer. Je lui serre la main : une petite griffe d'oiseau qui se meurt.

– Suivez-moi, monsieur, me souffle-t-elle faiblement. Je lui emboîte le pas dans l'étroit couloir qui mène à une pièce à vivre éclairée dans le fond par une baie qui donne sur un minuscule jardin de ville bien entretenu.

– Excusez-moi, j'étais en train de ranger.

Sur la table, un vase et des tulipes encore dans leur emballage, comme dans une nature morte hollandaise.

– Asseyez-vous, fait-elle, toujours aussi faiblement en me désignant une des chaises qui cernent la table. Je finis mon bouquet, les fleurs n'attendent pas… Que puis-je vous offrir ?

Aiguisée par le manque, ma perspicacité d'alcoolo repère une bouteille de vin sur le buffet. Un La Lagune 1999 – une bonne année – qui doit provenir de chez Brandt. Je lui montre le flacon du doigt.

– Et bien moi aussi, j'en prendrai un verre, s'enhardit-elle. J'en ai plus que besoin en ce moment. Puis comme pour s'excuser : généralement, je ne bois jamais seule. On en attrape vite l'habitude. J'acquiesce.

Elle nous verse deux verres généreux, puis se remet à sa tâche de bouquetière. Elle se saisit de la botte de tulipes et en tord avec force les extrémités pour les raccourcir. La vigueur de ce geste, presque rageur, contraste avec l'impression de faiblesse qu'elle m'a donnée jusque-là. La fermeté de sa poigne d'acier me surprend.

– Très peu d'eau pour les tulipes, fait-elle en les plantant dans leur vase. Puis, elle se tourne vers moi.

– Que me voulez-vous, au juste, monsieur Maudet ?

Je suis surpris qu'elle ait retenu mon nom.

– Comme vous ne pouvez l'ignorer, Élise est en danger, en grand danger. Il faut que je l'aide, mais pour le faire, j'ai besoin de vous.

– En quoi, puis-je…

– Vous pourriez me confirmer une hypothèse, après quoi, j'aurai peut-être les éléments pour agir efficacement. Allons droit au but ! Vous m'excuserez, mais nous n'avons pas beaucoup de temps. Sabine, sa jumelle, a été assassinée parce qu'elle était l'héritière de maître Brandt. Héritière comme Élise puisque Brandt se révèle être le père des jumelles, si je ne me trompe.

La vieille fille me laisse dire sans acquiescer. Je précise :

– Sabine est morte lorsque Grabowski a compris que la succession de son ami lui échappait. Il n'est pas certain qu'il soit personnellement coupable du meurtre, mais il en est l'instigateur ou le complice. Cette histoire d'héritage est vraisemblablement le mobile. Si ma supposition est pertinente, Élise risque aujourd'hui sa vie. Une chose cependant m'étonne : elle rôde autour de Grabowski depuis tout un temps, dans le but probable d'élucider le crime de sa sœur, sans qu'il la reconnaisse. Elles n'étaient pas jumelles monozygotes, mais vous admettrez que leur ressemblance ne devrait pas lui échapper. De plus, Élise arbore le même tatouage que Sabine au bas du dos. Pour un homme parano comme Grabowski, cela fait beaucoup… Qu'en pensez-vous ?

La vieille demoiselle fait mine de réfléchir, mais je comprends qu'elle cherche plus à formuler convenablement sa réponse qu'à lui trouver un contenu qu'elle a déjà en tête. Elle reste silencieuse un instant, puis croise ses doigts en faisant craquer ses phalanges. Je peux déceler l'intensité psychologique derrière son visage digne, triste et fatigué qui s'est subitement tendu.

– À un certain point de vue, votre hypothèse est la bonne, mais l'affaire est plus compliquée que vous ne le pensez. Une seule chose est évidente : Élise est en danger. Je n'ai aucun doute. Bien qu'elle soit solide et capable de se défendre, l'entourage de Grabowski est dangereux. Quant à Grabowski, j'admets qu'il puisse paraître étonnant qu'il n'ait pas identifié Élise, mais il y a une raison à cela : à la suite d'un AVC, il souffre d'une forme aigüe de prosopagnosie acquise…

– Là, je ne vous comprends pas. Proso… quoi ?

– La prosopagnosie est une maladie assez rare qui a pour effet un trouble de la reconnaissance des visages : une agnosie visuelle. Celui qui en est affecté est incapable de distinguer les visages. Aucun, même celui d'un proche. Il peut bien entendu ruser avec son handicap en discernant les personnes grâce à d'autres caractéristiques qui leur sont propres : par exemple, leur taille, des accessoires ou des détails de leurs vêtements. Si l'on ajoute cette maladie à l'alcoolisme rédhibitoire de l'individu, il n'est peut-être pas si étonnant que Grabowski n'ait pas identifié dès le départ Élise comme la jumelle de Sabine.

– Pourquoi dites-vous : dès le départ ?

– Parce que, pour une raison que j'ignore, Élise s'est fait tatouer le même motif que sa sœur sur le bas du dos. Ce n'est pas l'effet du hasard. Cette similitude aurait pu mettre la puce à l'oreille de Grabowski, mais elle n'a fait qu'introduire encore plus de confusion dans son esprit dérangé.

– Esprit dérangé ?

– Oui, Grabowski est un psychopathe, un psychopathe profond. Un dément, si vous préférez. Je ne sais comment qualifier sa folie, mais je suis certaine qu'il est capable du pire. Cela fait des années qu'il vit dans un univers imaginaire, cultivant ses perversions en vase clos avec la complicité d'un entourage à sa solde.

– Mais, dans ce cas, pourquoi n'avez-vous pas empêché Élise de s'approcher de cet endroit ou de l'avertir du danger qu'elle courait ?

– J'ai essayé, mais Élise est difficile à raisonner sur ce sujet. Elle est plus forte que vous pourriez le croire. Elle a un objectif, mais je ne sais pas lequel. Je persiste à croire que Grabowski est un fou furieux.

– Cela ne semble quand même pas l'empêcher d'avoir une conscience assez précise de son intérêt pécuniaire.

– Je vous l'accorde ; sur ce sujet, il a un incontestable sens de la réalité, mais être cinglé n'empêche pas d'être intelligent.

– Je l'avais bien compris, mais pourquoi maître Brandt avait-il couché Grabowski sur son testament alors qu'il le considérait comme un fou furieux ?

– Parce que Grabowski le faisait chanter.

– À quel propos ?

– Vous permettrez que je n'aille pas plus loin… Je m'arrêterai là. J'ai une promesse à tenir à l'égard de maître Brandt, comme je vous l'ai déjà dit. Il se passait des choses bizarres au Medusa, parfois en présence de maître Brandt. Bizarre n'est pas particulièrement bien choisi, mais vous me comprenez, je suppose ?

– Oui, oui, très bien, vous voulez dire louches, je suppose, mais pourquoi alors n'a-t-il pas hésité à le déshériter au risque de le voir se fâcher et tout balancer ?

– Parce qu'il n'avait plus rien à craindre de lui, il se savait mourant et la découverte de sa paternité lui avait rendu une certaine humanité. Il voulait partir en paix avec lui-même en gratifiant ses filles de la sorte. Maître Brandt était un homme de qualité, mais il avait ses défauts. Une part d'ombre, comme nous en avons tous. Il aimait les femmes, dans certaines circonstances. Sous son masque de rigueur, il cachait bien une sensibilité hors du commun. Comme certains d'entre nous aussi.

En prononçant ces mots, elle me fixe droit dans le regard avec un air insistant comme si j'étais concerné. Elle est tendue et doit avoir un peu chaud, car je sens son parfum se diffuser autour d'elle. Une douce odeur de chèvrefeuille pimentée d'une aigreur tiède. Son calme est feint. Elle vient de me confirmer que je ne me trompe pas, cela me suffit, j'ai assez perdu de temps, je dois agir.

– Il faut sauver le soldat Élise tant que c'est encore possible, dis-je en me levant. La vieille demoiselle me regarde d'un air étonné.

– Sauver le soldat ?

– Une manière imagée d'exprimer qu'il faut rapidement s'occuper d'Élise qui est en péril.

– Oui, oui, souffle-t-elle effrayée, je comprends, je comprends bien.

42

À plusieurs reprises, j'ai essayé de joindre Élise sur son portable. La voix métallique du robot s'obstine. Une sourde angoisse m'étreint. Je sens ma poitrine prise dans un étau. J'envisage le drame. Pas moyen d'arracher de mes pensées l'image du cadavre sanguinolent de Sabine. Je n'ai plus le choix. Je dois y aller : même risquée, une descente au Medusa s'impose. L'urgence est absolue. Ce n'est pas une question de courage, mais de survie.

Il n'est que dix heures du soir, la boîte ouvrira sous peu, mais il me paraît insensé d'y arriver trop tôt : je dois être discret en tentant de me fondre dans le public. Comme d'habitude, le spectacle de *table dance* commencera vers onze heures et demie pour peu qu'un minimum de pigeons soient installés au bar. Je passe et repasse en voiture dans la rue de Livourne dans l'espoir d'y croiser Élise se rendant à son travail. En vain. De guerre lasse, je me gare rue de Florence et attends que l'horloge avance, en écoutant des âneries à la radio : un dialogue de sourds à propos du réchauffement climatique entre deux politiciens opportunistes aussi bornés l'un que l'autre. À droite, pas de problème ; à gauche, la catastrophe ; au milieu, un journaliste qui vacille vers la gauche, comme d'habitude sur les ondes.

Vers onze heures, n'y tenant plus, je vais écluser une mousse au café du coin. J'y reconnais Sarah, une des entraîneuses maghrébines du Medusa, en conversation avec une Africaine gratifiée d'un très beau visage et d'un corps aux formes plus que pulpeuses. Elle aurait pu servir de modèle à Niki de Saint-Phalle : taille 50 avant la *moambe*, 52 après digestion.

Fixant le plafond, pour ne pas me faire remarquer, je tends l'oreille.

– Tu dois choisir un nom de scène pour bosser là, un nom d'artiste, précise Sarah.

L'autre rigole, émoustillée par son nouveau statut de danseuse étoile.

– Vrai que Louna, ça fait un peu femme de ménage marocaine, objecte l'Africaine noire. Toi, t'as pas une idée ?

– Nour, alors, comme une reine. En arabe, ça veut dire Lumière.

– Mais je suis pas arabe, je suis Congolaise.

– D'accord, mais au Congo, y a pas un prénom un peu spécial ?

– Sais pas moi. Elle fait mine de s'interroger, puis un éclair lui illumine le visage. Oui, Gloria, ça, c'est connu, fait l'Africaine.

– Bon, allons pour Gloria, mais il faudrait rajouter un petit truc pour faire un peu plus *glam*.

– Ça veut dire quoi *glam*, au juste ?

– Ben, *glam*, ça vient de glamour en anglais, ça signifie quelque chose comme le charme, la sensualité, l'attirance sexuelle comme Marylin Monroe ou Clara Diamant.

– Ah oui, voilà ! Alors on pourrait peut-être m'appeler Gloria Diamant ? Diamant, ça, c'est trop bien, ça fait distingué, luxe et pognon.

– Oui, ça me paraît bien, les clients devraient aimer. N'oublie pas que ce sont eux qui doivent être riches. Maintenant, il faut y aller, lui intime l'ancienne.

– D'accord, acquiesce Gloria Diamant qui semble un peu traîner les pieds chaussés de Louboutin de contrefaçon sur lesquels elle tangue comme une poivrote.

– Grouille, il est passé onze heures, tu vas te faire engueuler par monsieur Jérôme. Pour la première fois, c'est pas une bonne idée.

– Bon, bon j'arrive, mais tu dois comprendre, commencer par une soirée topless, ça craint un peu quand même…

– Avec des nibards comme les tiens, tu devrais pas être gênée, Gloria Diamant, tu auras ton petit succès, crois-moi.

L'autre émet un rire embarrassé en vacillant sur ses talons.

Elles quittent le café. J'ai appris deux choses : la soirée est topless et la présence de Jérôme assurée. L'absorption de ma bière et le dialogue surréaliste des deux putes m'ont un peu détendu les nerfs. Devant l'entrée de la boîte, j'ai l'impression que le portier me regarde de travers.

À l'intérieur, l'ambiance est déjà chaude : une quinzaine de joyeux drilles fêtent un enterrement de vie de garçon, un *brûlage de culotte* à la belge. Les bouchons de champagne canardent le plafond à intervalles rapprochés. La tenancière a des euros qui lui scintillent dans les pupilles.

Derrière le bar, Jérôme est en planque, il surveille l'assistance avec une mine préoccupée qui dénote. Il me voit. Sans prendre la peine de me saluer, il me dévisage lentement avec un air sombre, comme s'il se demandait ce que je faisais là. Je ne suis pas le bienvenu. Je me laisse distraire un moment par la collection de paires de seins qui est exposée. Il y en a de toutes sortes : des œufs au plat, des pamplemousses, des poires et des outres ; dans le lot, Gloria Diamant tient le pompon avec sa poitrine majestueuse. Encerclée par la bande de joyeux lurons en costumes cravate, elle n'aurait jamais pu rêver d'un tel succès. Elle est la star, la reine de la soirée. Émoustillée par le champagne, elle glousse en secouant ses énormes nibards sous le nez des fêtards. Ses tétons, pareils à deux mégots incandescents, se sont dressés d'excitation. Les billets s'accumulent dans l'élastique du string incrusté dans ses fesses à la peau granuleuse. En glissant leurs euros, les clients en profitent pour promener leurs mains sur son corps. Ils appuient leurs gestes de propos graveleux et de propositions salaces, oubliant au passage les menaces de *#Me Too* et *#balance ton porc* dont ils n'ont rien à faire. La plantureuse Africaine non plus. Elle rit en les encourageant. Normal, elle est là pour ça : accumuler des biftons dans l'élastique de son string. C'est la convention : s'ils mettent la main au portefeuille, ils ont le droit de la lui mettre aux fesses.

La musique s'est adaptée à l'événement : l'organisateur a exigé que le répertoire de gaudrioles du *Grand Jojo* – « Chef, on a soif », « Jules César » et « le Sergent Flagada » – rythme l'ambiance de la soirée, une *guindaille* à la belge. Des tangos absurdes aux textes surréalistes. Du lourd fuse, du bien pesant, de la rigolade bien grasse dont Gloria fait les frais sans rechigner.

Mon état d'esprit navigue à mille lieues de cette atmosphère de grossièreté lubrique, mais je dois feindre de participer à la farce conviviale, en me mêlant au public pour ne pas trop me faire remarquer. Cela me réussit : le nain ne semble plus s'intéresser à moi. Son regard s'est détaché de moi. Stressé, je rumine en sirotant un whisky, ouvrant l'œil, mine de rien. J'observe ce qui se passe dans le boxon, espérant voir apparaître Élise.

En point d'orgue des prestations du *Grand Jojo*, son chef-d'œuvre « Valencia » salue l'entrée de José dans la boîte.

... Valencia
Y a des guitares, des castagnettes, de belles filles et de la sangria.
Valencia...

C'est un clin d'œil de la tenancière à José qui a fait son entrée dans l'arène. Je garde le regard fixé sur la porte, certain de voir Élise suivre de près son chien de garde, mais elle tarde. Elle a dû aller se changer au vestiaire. José n'a pas remarqué ma présence. Je suis assis de côté au coin du bar, dissimulé derrière une colonne. De là, il lui est impossible de me repérer.

Je perçois un mouvement progressif et coordonné du public dans la salle, d'abord une vaguelette, puis une houle qui se fracasse en une *ola* déferlante. Répondant à un sifflement admiratif d'un des leurs, les fêtards se sont tous levés et tournés vers la porte d'entrée de la boîte où se détache Élise. On aurait dit des pèlerins en lévitation devant une apparition de la Vierge. Le moment de grâce semble éternel. La beauté est plus envoûtante que lors de ses précédentes prestations. Elle porte la même robe que d'habitude : le fourreau noir qui lui colle au corps, façon Marylin Monroe. Refusant ostensiblement le *dress code* de la soirée *topless,* elle s'avance d'une démarche chaloupée entre la haie des clients fascinés, comme si elle foulait le tapis rouge du Festival de Cannes. Elle va s'asseoir sur un tabouret du bar, l'air effronté et le regard planant sur la foule. Je reconnais la scène.

Les fêtards ont tourné le dos à Gloria Diamant. Médusée, elle observe Élise. Elle comprend qu'elle a perdu l'étape du jour. Face à la beauté hiératique de la nouvelle venue, elle se sent soudain un peu idiote avec ses nibards dénudés qui lui tombent sur la taille. Dépitée, elle a envie de pleurer. La star a démoli son numéro et l'entame de sa carrière. Son champagne se transforme en un acide vinaigré. La tristesse l'envahit. Je ne doute pas une seconde que l'entrée spectaculaire d'Élise – une comète dans un ciel d'été – et son effronterie n'ont d'autre but que d'afficher ostensiblement sa rébellion contre la règle du jour. Elle veut provoquer. La réaction ne tarde pas. Jérôme surgit comme un diable de derrière le bar, fait quelques pas en se dandinant et plante son corps difforme sous elle.

– T'es folle ou quoi ?

– De quoi s'agit-il, mon petit? répond-elle sur un ton méprisant.

Le nain n'apprécie pas. Il fulmine.

– Va te mettre en string et sans soutif comme les autres sinon…

– Sinon quoi? Elle le toise avec dédain.

À ce moment, le téléphone sonne derrière le comptoir. Cléo décroche. Elle se raidit, semble s'opposer à son interlocuteur, puis, de guerre lasse appelle Jérôme.

– Grouille-toi, le boss…

Dès qu'il a posé le combiné, il contourne le bar et avec un air triomphant:

– Je te l'avais dit que ça risquait de mal tourner pour toi, tu dois aller chez le vicomte et lui apporter une bouteille de vodka. Puis, il ajoute, en catimini: pétasse, tu vas voir ce qui t'attend.

– Aucun problème, mon petit, tu n'as qu'à monter la bouteille toi-même et tu me serviras une coupe de champagne plus tard.

Le nain doit se retenir pour ne pas réagir. Je la vois quitter la pièce d'un air hautain avec la démarche d'un mannequin sur un podium. Jérôme la suit, rageur.

Je suis sûr qu'Élise s'approche de ses derniers instants de vie. Comme dans un cauchemar dont on ne peut s'extraire, je suis d'abord pétrifié, les bras engourdis, le torse bloqué, cloîtré en moi-même, incapable de faire le moindre mouvement ou d'exprimer n'importe quel son. Je devrais l'empêcher de monter chez le dément et de tomber dans le piège qu'il lui tend, mais je suis victime d'une sorte de *lock in syndrome:* une forme d'impuissance, comme si j'étais inconsciemment convaincu que plus rien ne pouvait plus s'opposer au destin. Puis une force soudaine surgit en moi: je dois intervenir avant l'inévitable. Je vais intervenir.

43

Je ne veux plus quitter Élise d'une semelle et m'en rapproche discrètement. Elle devance le nain dans l'escalier qui mène au bureau du vicomte. Elle ne peut voir qu'il ricane sous cape, mais elle l'entend grincer des dents. Le nain ne voit pas que je les suis. Il marmonne.

… *Elle va le payer, elle va le payer cher, très cher…*

Avec la force d'un étrangleur, il serre à le briser le col de la bouteille de vodka. Ils arrivent devant le bureau, le nain lui intime :

– Frappe à la porte.

Elle s'exécute.

– Entrez !

Quand je les vois entrer dans l'antre du cinglé, je glisse en douce dans leur sillage, la porte capitonnée est restée ouverte, je peux me cacher derrière elle et observer ce qui se passe à travers la porte vitrée.

En entendant la gueulante du vicomte, elle comprend dans quel état il se trouve. Ce qu'elle découvre lui confirme ses craintes : affalé sur son fauteuil roulant, le col ouvert, l'obèse a le souffle saccadé, les yeux injectés, il est rubicond et semble oppressé. Il est ivre.

– La voilà, monsieur ! fait Jérôme, et je vous ai apporté ce que vous m'avez demandé. Il sort une petite fiole de sa poche et la montre en catimini au Polonais. Celui-ci grogne de satisfaction et éructe un bout de phrase incompréhensible noyé dans l'alcool.

– Viens près de moi, ma petite Séréna. C'est bien toi, n'est-ce pas ?

L'espace d'une seconde, elle semble résister, mais le nain la pousse en avant vers le fauteuil roulant du vieillard. Il la saisit par les hanches et promène ses mains boudinées sous sa robe. Elle sent qu'il les a moites. Sous ses attouchements, son corps se raidit, sa taille se cambre, puis, stoïquement, elle se laisse aller : elle a décidé d'endurer ses gestes abjects.

– Tu es une belle fille, divinement belle, une perle rare parmi toutes ces vulgarités. Tu mérites de jouer avec moi. Tu aimes la musique, n'est-ce pas ? Dis-moi que tu aimes la musique !

Élise reste muette, penche la tête vers lui, le toise d'un regard de mépris et finit par acquiescer mollement du chef.

– Réponds au patron quand il te parle, lui ordonne Jérôme.

Elle ne desserre pas les dents.

– Mets-moi un peu de musique, Jérôme, ça va nous la détendre, exige Grabowski en mâchouillant ses mots autour d'un Cohiba refroidi qui lui pourrit l'haleine.

– Que désirez-vous entendre, ce soir, monsieur ? demande le nain sur un ton mielleux.

Plus tôt, le vieux porc avait perçu dans le bar la rengaine ibérique du « Valencia » du *Grand Jojo*. Bien que ralenti, le circuit imbibé d'alcool de ses neurones fatigués avait trouvé une association banale entre « Valencia » et *Carmen*. Oui, c'est cela qu'il va exiger de Séréna, et vite : elle sera sa Carmen. Son imagination y cherchera tout ce dont il peut rêver. La taverne de Lilas Pastia figurera sa boîte ; « La fleur que tu m'avais jetée » : la rose que la fille tatouée avait donnée à l'inconnu qui la poursuivait depuis peu ; José, l'escorteur de cette Élise, qui en prendrait pour son grade à la fin de la pièce ; la danse ensorcelante que Carmen exécutait pour le même brigadier et qu'elle lui dédierait sur-le-champ ; le havane qu'il avait au coin du bec et qu'à son tour elle allait téter, elle aussi (il pensait à une tout autre chose). Le décor est en place. Dans ses mises en scène perverses, il n'a jamais atteint une telle précision, un tel souci du détail. Tout coïncide à la perfection. Ne manque plus que la musique de Bizet. Et le jeu des acteurs… Il sera Escamillo. Tant pis pour Don José, foutu d'avance, cocu comme dans le livret. L'autre José restera dans le bar à boire des whiskys en attendant la femme qu'il aime.

Émergeant de son abrutissement, l'obèse se redresse et intime au nain :

– Ce sera *Carmen*. Trouve-moi la version de Matthias Hartmann. Celle où les cigarières arrivent sur la place du village en caressant des gros *Presidentes* et des *Gran Corona* de vingt centimètres en érection. Un clin d'œil graveleux du metteur en scène à son régisseur. Il part d'un rire entendu.

Élise appréhende ce qui l'attend. Elle frissonne sous sa robe, puis se ressaisit. Il faut tenir bon et supporter le supplice : c'est sa seule chance. Elle doit le pousser à bout. Le nain n'a pas compris de quoi il s'agit. Il demande au vicomte de préciser.

– Avec quels chanteurs, monsieur ?

– Espèce d'imbécile, fait le vieillard impatient, je t'ai dit la mise en scène d'Hartmann, tu devrais savoir : l'opéra de Zurich avec la Bulgare Vesselina Kadarova dans le rôle de Carmen et Kaufmann dans celui de don José.

Penaud, le nain se dirige vers la discothèque, y trifouille quelques instants et en sort le DVD.

– C'est bien celui-là ? demande-t-il, en montrant la pochette à son patron.

Elle figure Kaufmann et la Kasarova étreints par la passion, prêts à s'embrasser et à se jeter l'un sur l'autre.

– Oui, mets la musique en marche, sers-nous à boire et casse-toi.

Le nain s'exécute.

Les instruments s'accordent. Des applaudissements de la salle. Le chef Franz Welser-Möst s'incline puis attaque le prélude, estompant ainsi le bruit de fond de la boîte de nuit que l'on entend en sourdine. Le vicomte semble se détendre. Il s'affaisse sous sa propre masse et ferme les yeux : il faut laisser infuser les premières mesures avant de jouer la pièce. Il se met à muser le prélude, un rien ordinaire : *Toréador*... Pénétré par la mélodie, il relâche son étreinte sur Élise. Elle se dégage prestement puis s'écarte du fauteuil roulant en lâchant un imperceptible soupir de liberté.

– Hé là, farceuse, je te rattraperai, ne te fais pas d'illusions, prévient Grabowski en riant grassement.

Jérôme est occupé à préparer les boissons. Il débouche la bouteille de vodka et en sert un verre au patron.

– Et pour la demoiselle ? s'enquiert le vicomte.

Jérôme serre les dents.

– Une flûte de pétillant, et du bon, s'il vous plaît, répond Élise, narguant le nabot.

– Va chercher du champagne au bar pour mademoiselle Séréna, mon petit Jérôme. Le nain se retourne vers Élise et lui fait un bras d'honneur. Elle lui tire la langue. Quinze partout. Plongé dans la musique, l'obèse n'a rien vu. Quand Jérôme revient dans le bureau, il observe que Grabowski a changé de couleur : de l'écarlate, il est passé au gris comme s'il s'était vidé de son sang. Un teint cendré qui n'augure rien de fameux. Il a les yeux soulignés de poches bleues et ses lèvres sont livides, comme talquées. Une carnation qu'il lui a déjà vue lorsque, quelques années plus tôt, il avait fait un infarctus. Jérôme fronce les sourcils, se rapproche du vicomte et tente, à voix basse :

– Monsieur, vous n'avez pas bonne mine, vous ne devriez peut-être pas, ce soir...

– Toi, je ne t'ai pas sonné ! Donne-moi encore un verre et une coupe pour mademoiselle Séréna, et disparais.

– Mais, croyez-vous vraiment ?

– Ça suffit maintenant ! Ferme-la et obéis !

Le nain étudie le positionnement d'Élise dans la pièce. Elle lui tourne le dos. Il passe la vodka à Grabowski, sort l'ampoule qu'il a en poche et en verse quelques gouttes dans une flûte, puis sert le champagne. Elle n'a rien vu.

– Et voilà, mademoiselle, à votre disposition…

Il pense en ricanant : un petit mélange aphrodisiaque.

– Maintenant, ferme le rideau, laisse-nous écouter notre opéra et dégage, ordonne le patron. Élise saisit la flûte de champagne et la pose sur le bureau à côté du seau à glace. Il sort vite de la pièce en jetant un dernier coup d'œil sur les protagonistes. Furieux d'être congédié comme un malpropre, il en oublie de refermer la porte capitonnée.

– À votre santé !

Là, je panique vraiment. Je me sens à nouveau comme pétrifié, incapable de réagir.

Pendant ce temps-là, Vesselina Kasarova, la mezzo-soprano, entame l'air de l'Enfant de bohème.

… L'amour est un oiseau rebelle
que nul ne peut apprivoiser
et c'est bien en vain qu'on l'appelle
s'il lui convient de refuser.
l'amour est enfant de bohème,
il n'a jamais connu de loi
si tu ne m'aimes pas, je t'aime
si je t'aime prends garde à toi…

Dès que le nain a fermé le rideau puis la première porte, elle vide sa coupe dans le seau à glace, en tournant le dos au vicomte. Réflexe de fille de bar au courant des trucs et ficelles des voyous. Elle s'en sert une autre pour donner le change. J'expire profondément en me détendant. Elle profite de la séquence pour saisir un glaçon et s'en masser les tétons : elle veut exciter Grabowski à le rendre fou.

Planant sur la musique, le patron feint de somnoler et de ne rien voir. L'œil mi-clos, aux aguets comme un fauve, il rêvasse en attendant que le venin agisse sur sa proie. La belle gazelle tatouée va sentir se dissoudre l'insoumission qui l'a amenée là pour être punie. Puis l'ivresse envahira peu à peu son esprit, lui jouant le tour d'affûter un désir qu'elle n'aurait jamais pu éprouver en temps normal pour un infect vieillard comme lui. Aux yeux de Séréna dopée par l'élixir d'amour, il ne puera plus la transpiration et l'alcool. Les résistances de la fille s'effondreront permettant au vicomte de lui faire subir les traitements les plus abjects que son aliénation peut imaginer. Elle se laissera caresser et pénétrer sans la moindre résistance. Elle finira par s'abandonner dans un orgasme qui, cette fois, ne sera pas feint. Ensuite, il pourra remettre le couvert avec son assentiment, tentant d'autres procédés plus pervers. Et si elle boit encore un peu de champagne, elle s'endormira et, au réveil, aura tout oublié de ce qui s'est passé entre eux. Le GHB efface les traces du crime.

Élise simule un étourdissement fugace qui n'échappe pas au vicomte. Il l'imagine déjà sous influence, c'est l'évidence. Il se réjouit : la bataille est presque gagnée.

En arrière-fond musical, on en est à l'acte deux quand Carmen danse pour don José énamouré.

– Bois encore une coupe, puis retire ta robe et fais-moi une séguedille. Élise lui fait répéter, comme si elle n'avait pas compris, mimant un air endormi.

– Oui, une danse andalouse, fais comme tu l'entends, mais déshabille-toi.

– Je peux garder mes chaussures ? s'enquiert-elle d'une voix pâteuse.

– Comme tu veux, mais ne te fous pas de moi. Dépêche-toi maintenant !

Elle obéit. Laissant glisser sa robe sur ses talons, elle s'affiche nue – à dessein, elle ne porte pas de dessous –, puis elle entame un mouvement souple, rythmé par la musique. Avec une mimique enjôleuse, elle se contorsionne lascivement autour de Grabowski qui bat la mesure d'un bras et tente de l'attraper de l'autre. Elle s'approche de lui, puis lui échappe en virevoltant près de son fauteuil roulant. À ce jeu du chat et de la souris, le vicomte a repris des couleurs. Il grommelle de plaisir. Jusque-là, il s'amuse, persuadé qu'il obtiendra tout ce qu'il veut de la fille qui le défie. La musique s'arrête brusquement. C'est l'entracte avant le troisième acte.

Élise s'assied sur le bord du bureau, hors de portée de Grabowski. Elle prend un air épuisé.

– J'en peux plus, je suis fatiguée. Je dois souffler un peu. Puis-je m'installer dans le canapé ?

– Fais, fais, je viens te rejoindre. Elle va s'y affaler, écartant ostensiblement ses jambes et laissant apparaître son sexe. Elle feint de s'assoupir. Le vieillard la regarde avec des yeux exorbités : il est ensorcelé. Jamais il n'aurait imaginé que l'effrontée si divinement belle serait une proie si facile. Il se penche en avant, agrippe de ses avant-bras les deux roues de son fauteuil pour la rejoindre. Élise observe l'impotent qui s'affaire pour s'approcher d'elle. La manœuvre est risquée. Il tente de s'extraire de son siège, mais n'y parvient pas. Il finit par pouvoir se lever, mais, comme un arbre scié à la base, avant de chuter, il vacille.

– Aide-moi, nom de Dieu ! exige Grabowski, à bout de souffle. Elle fait la sourde oreille, puis quand il répète son ordre, elle attire de ses bras la masse instable vers le canapé dans lequel il s'effondre.

– Doucement, nom de Dieu ! gueule Grabowski qui se redresse péniblement. Il tend la main vers Élise, mais d'un bond agile, elle s'est mise hors de sa portée.

– Viens me rejoindre, lui intime-t-il.

La musique reprend.

– Je danse d'abord, comme Carmen pour Don José, fait-elle d'une voix exagérément traînante.

– Ah ! Tu connais donc cela ? s'étonne-t-il.

– Je suis cultivée, vous devriez le savoir. Monsieur devrait être au fait.

– Insolente, va. Danse pour moi !

– Mais alors, si vous êtes Don José, vous allez souffrir. Il l'a dit lui- même : « *Prends garde à toi, Carmen, je suis las de souffrir !* »

– Ça suffit ! Danse, je t'ai dit, puis viens me rejoindre.

Feignant un air planant, elle virevolte nue devant Grabowski avec grâce et légèreté. Elle cambre les reins, noue et dénoue ses bras dans des contorsions originales, mime le jeu des castagnettes et des tambourins et, du bout des doigts, lui lance de loin des baisers qui lui semblent autant de promesses. Perchée sur ses *stilettos*, elle martèle le sol d'un talon provocant, comme un torero qui brave le taureau enragé. Elle ne le lâche pas des yeux.

Pathétique, le mastodonte rubicond tend les bras vers elle.

– Viens ! Maintenant, viens près de moi, supplie-t-il en se déboutonnant la braguette.

– Montre-moi d'abord ce dont tu es capable, lui répond-elle. Sors-moi ton oiseau pour que je voie cela.

Grabowski s'énerve.

– Aide-moi !

– Allons, vicomte, un effort, fait-elle en gardant ses distances, l'endiablant par là plus encore. En exécutant la séguedille, ses jolis seins espiègles aux tétons dressés et ses fesses sautillent au rythme de la musique. Elle ne cesse de lui envoyer des baisers du bout des doigts. Les yeux de l'obèse lui sortent de la tête et – oh miracle ! – fou de désir, il sent la petite nouille ridicule qui lui sert de vit prendre vigueur. Sur la liste de ses fantasmes, tous les feux passent au vert. Il rêve d'exercices osés : pétale de rose, douche dorée, fellation, cunnilingus qu'elle apprécierait sûrement. Il bande avec plus d'ardeur.

Il continue à la supplier de venir près de lui, alors, elle s'approche, puis, d'un bond, recule. À la vue du vieillard libidineux, elle est dégoûtée et son estomac se tord, mais ce n'est pas le moment de faiblir : elle doit tenir.

Fou de rage, Grabowski halète :

– Je te mets en garde, ma petite…

En arrière-fond musical, Carmen :

… Prends garde à toi, Carmen, je suis las de souffrir…

… Je ne suis pas femme à trembler devant lui… Jamais Carmen ne cédera : libre elle est née, et libre, elle mourra…

Cela se passe très vite. Élise s'est une fois de plus approchée de lui pour le braver. Lorsqu'il comprend que le regard charmeur de la fille lui crie : « Je vous hais », il sent la déchirure. Dans un effort désespéré, il tente en vain de s'extraire du canapé pour se saisir d'elle. En un instant dans son visage défait, elle voit le blanc de ses yeux révulsés, ses bras qui battent l'air, puis se replient sur son torse et sa tête tomber sur le côté entraînant dans sa chute son corps lourd comme une enclume. Prêt à rompre, le canapé grince. Elle entend un cri, peut-être même un hurlement de douleur, comme si un poignard lui avait été planté dans le thorax, puis un couinement plus discret qui s'efface et, enfin, un borborygme indistinct, comme l'apnée d'un poisson sorti de l'eau. Quelques spasmes ponctuent la scène. Puis plus rien, plus un bruit, plus un mouvement. Grabowski git inerte. Une masse figée. Elle pense haineusement : c'est fait.

Derrière, l'opéra s'achève. Là, c'est le contraire : Carmen succombe, poignardée par Don José. Le rideau tombe. Au Medusa, le féminicide de Carmen n'a pas eu lieu. Les rôles se sont inversés. Escamillo est mort. Don José attend Séréna dans la salle. La syntaxe perverse des délires de Grabowski n'a plus de sens puisqu'il a définitivement quitté son monde dystopique.

Ne demandant pas mon reste, je suis parti en douce et j'ai quitté la boîte sans me faire remarquer.

44

Attablé devant mon troisième café de la matinée, je me sens morose. Je suis en deuil, non pas de Grabowski pour la mort duquel je ne ressens pas plus de tristesse que pour celle de Brandt, mais de mon roman qui s'achève de manière inattendue. Cette issue littéraire coïncide avec la réalité qui m'a mené par le bout du nez depuis des mois. J'ai laissé tomber la plume et une sensation de vide s'est emparée de moi. Une sorte de *baby blues* m'étreint.

J'allume la énième cigarette depuis mon réveil. Son goût âcre m'envahit la bouche et me dégoûte. Il ne me semble pas nécessaire de décrire les moments de panique qui ont saisi les occupants du Medusa après qu'Élise a annoncé la mort du vicomte. Elle l'a fait avec style et talent, jouant la tragédie jusqu'à feindre une douleur dont je ne suis pas dupe.

La messe est dite et cela ne représente plus d'intérêt dans la narration. Je dois m'habituer à l'idée que l'histoire s'est brutalement achevée sans que je ne puisse rien y faire. Je me console en me rappelant que la réalité nous échappe et qu'il est vain de croire que nous contrôlons notre destin. Même si, dans l'esprit d'un écrivain, il peut exister l'illusion de diriger ses personnages vers un dénouement qu'il organise tel un deus ex machina, je sais qu'il ne s'agit que d'un leurre. Nos personnages nous mènent par le bout du nez.

L'histoire du Medusa m'a échappé du début à la fin. Je suis déprimé en constatant que mon récit s'achève si subitement. Je suis abasourdi devant ce point final que je fixe comme l'étoile Polaire. Je n'ai pas vraiment compris ce que je suis venu faire dans cette galère qui s'éloigne enfin de la côte. Bien sûr, cette histoire m'a permis de finir un roman fort différent de ceux que j'ai écrits auparavant, mais je n'arrive pas à y voir quelque chose d'utile. Je n'ai plus d'éditeur et je n'imagine pas me rendre à Canossa, m'agenouiller devant lui et le supplier de publier ce roman. Je connais déjà sa réponse, j'imagine son regard arrogant et je ne veux à aucun prix me soumettre à cette humiliation. À cette déprime s'ajoute une frustration : même si j'ai posé le mot fin sur la dernière page, je n'ai pas le fin mot de l'histoire et je continue à m'interroger sur les raisons pour lesquelles j'ai été mêlé à cette affaire. Pourquoi Élise, à travers ses manœuvres de séduction, m'a-t-elle attiré dans ce guêpier ? Qu'est-ce qui a motivé Brandt à me mener dans cette tragédie sans me donner d'autres raisons que fallacieuses ? Qui m'a systématiquement distillé les parties manquantes du livre de Brandt ? Qui a tué Sabine ?

J'ai quelques ébauches de réponses à ces questions, mais aucune ne me satisfait.

La tête dans les nuages, je feuillette mon manuscrit avec lassitude. Ces mois passés à suivre ces péripéties en nageant à contre-courant m'ont épuisé. Une tristesse rampante s'est infiltrée en moi à l'idée que ce mot FIN signifie qu'Élise disparaîtra de ma vie. Même si mes sentiments à son égard sont équivoques, son absence me pèse. J'ai eu des difficultés à synthétiser en un personnage la complexité de ses multiples facettes. Je tente de retrouver une certaine quiétude en attendant que le contenu de mon manuscrit remisé dans le tiroir de mon bureau s'écarte peu à peu de moi.

45

Il y a dans la vie des jours de poisse. Des jours où, dès le lever, les emmerdes s'empilent comme si on les cherchait : une tache de café sur le pyjama, un pommeau de douche qui vous envoie une giclée dans l'œil à peine ouvert, une clé qui casse dans la serrure, un recommandé du ministère des Finances dans la boîte aux lettres, un parapluie qui se retourne dans une bourrasque, une prune collée sur le pare-brise de votre bagnole qui refuse de démarrer, un crétin qui vous bouscule et vous engueule dans la rue et j'en passe. Certains prétendent que la loi de Murphy ressort plus de la psychologie que d'une science exacte ; cependant, ce jour-là, elle se vérifia une fois de plus, systématique et implacable, mais à l'inverse du pire : un jour de grâce s'était levé.

On est samedi. Un rayon de soleil vient de se poser sur mon oreiller sans m'électrocuter la pupille ; juste un doux balayage discret et tiède. Dans l'appartement d'à côté, la radio diffuse le Concerto italien de Bach en sourdine. Il m'effleure le tympan avec délicatesse m'incitant à entamer la journée avec bonheur. Petit miracle : mes voisins du dessous qui avaient une engueulade à se faire pardonner ont déposé des croissants devant ma porte. Le pot de confiture ne colle pas aux doigts et un sublime goût de framboise me flatte les papilles. Celui du café itou. Je rêvasse en observant le mouvement de rares nuages dans le ciel en sifflotant le refrain de Bach quand mon portable se met à vibrer sur la table et me fait sursauter. Je le saisis avec appréhension. Un texto provenant d'un numéro inconnu s'inscrit :

« Viendriez-vous déjeuner demain dimanche chez moi, cela nous ferait vraiment plaisir ? Blanche Nijs ».

Je suis perplexe. Ce « nous » m'intrigue. Depuis quelques jours, je suis arrivé tant bien que mal à me distancier des noirceurs du Medusa et voilà qu'elles réapparaissent. Je veux effacer le message, puis le souvenir de la gentille vieille dame m'arrête. J'accepte son invitation. Elle n'a pas fait cela sans raison.

Chargé d'un bouquet de fleurs, je soulève le heurtoir de la jolie maison de Blanche Nijs. Contrairement à ma visite précédente, elle n'utilise pas le judas et la porte s'ouvre largement sans questions. Mademoiselle Nijs est pimpante : tailleur rose-fuchsia, chemisier à jabot de dentelle, escarpins grenat ; elle est apprêtée comme pour un jour de fête. Le visage poudré de frais, le chignon impeccablement tiré, un rouge à lèvres discret colore son sourire et un zeste de rimmel surligne un regard joyeux. Un doux parfum de chèvrefeuille flotte autour d'elle. La souris grise au masque défait de ma dernière visite s'est métamorphosée. Elle arbore un air enjoué comme celui d'un facétieux qui s'apprête à vous jouer un bon tour.

Avant de la saluer, je lui tends mon bouquet de tulipes bigarré comme un perroquet des îles.

– Cela tombe bien, j'adore les tulipes. Bienvenue Antoine.

Habitué à des relations plus formelles avec elle, je suis étonné qu'elle m'appelle par mon prénom. Alors, sans hésiter, parce que l'ambiance est légère, parce que mon humeur est joyeuse, parce que mon hôtesse est gentille et confiante, j'ose.

– C'est tellement aimable à vous, Blanche, de m'inviter à déjeuner.

Je garde pour moi : « pour mettre un point final à cette affaire », bien que je ne doute pas que ce soit son intention. Un repas d'adieu à la fin d'une aventure partagée en quelque sorte. Son regard mutin persiste. Je lui tends la main, elle la saisit presque affectueusement. La petite griffe d'oiseau affolé que j'ai connue précédemment s'est transformée en une main tendre et détendue à la peau soyeuse.

– Entrez, entrez, je vous prie, fait-elle avec empressement.

Elle me guide à travers le corridor obscur et traverse la pièce principale de la maison jusqu'à son jardin ensoleillé. J'ai une étrange impression : passer de la pénombre de ce couloir à l'éclat printanier d'une pelouse fleurie m'allège d'un poids dont je n'arrive pas à me soulager depuis des mois, comme si j'avais enfin atteint la lumière au bout d'un interminable tunnel.

En traversant la salle à manger, je suis étonné de voir que la table est dressée pour trois personnes. Elle surprend mon regard et me dit avec espièglerie :

– J'espère que vous ne vous étiez pas mépris sur mes intentions !

Cela me fait sourire. Je lui réponds.

– L'aurais-je pu ? fais-je timidement.

– Allons, allons, Antoine, nous attendons quelqu'un.

Je l'avais déjà pressenti dans le texto de son invitation : « Cela *nous* ferait plaisir. » Je ne lui pose pas de questions à ce sujet ; Blanche Nijs est une acrobate de l'esquive. Elle a manigancé ce mystère à dessein.

Nous arrivons dans le petit jardin. Elle m'installe dans un fauteuil en rotin.

– Je vais mettre vos fleurs dans un vase et je reviens. Aimez-vous le champagne ?

– Il ne faut surtout pas…

– Certaines occasions le justifient, fait-elle avec un air énigmatique.

Je ne sais que lui répondre.

Il fait très doux. Le jardinet respire le printemps. Un parterre de tulipes et quelques jonquilles éparses égaient une pelouse tondue à la perfection. De l'autre côté de la haie, on entend un poupon qui babille. Sa mère lui chantonne une comptine. Dans une maison voisine, un pianiste amateur déchiffre en hésitant les premières mesures d'une valse de Chopin. Quelques oisillons saluent le printemps en pépiant. Sans pouvoir m'expliquer mon état, je me sens béat comme si j'avais fumé un joint : calme, bienveillant et prêt à rire pour un rien. Si je ne m'étais pas posé de questions au sujet du convive manquant, j'aurais été parfaitement serein. Je suis intrigué, mais pas inquiet : je suis trop détendu pour me perdre en conjectures.

Mademoiselle Nijs revient les bras chargés d'un plateau portant une bouteille de champagne et trois flûtes.

– Et voilà, puis-je vous demander de faire sauter le bouchon ?

Je m'exécute, tout en cherchant un sujet de conversation pour meubler le silence.

– Votre jardin printanier est bien joli, il ne manque que les œufs de Pâques, quelques poules et un lapin blanc. J'ai dit ça comme ça, sans réfléchir, sans intention : une simple association d'idées.

Le heurtoir de bronze de la porte d'entrée résonne par trois fois, comme au théâtre quand une pièce va commencer. Lorsque je vois arriver Élise, bien que je l'aie pressenti, je me demande si je ne rêve pas. Elle se fige en me découvrant. L'instant me paraît durer une éternité. Blanche Nijs est à côté d'elle, silencieuse. Perplexe, Élise se tourne vers elle pour solliciter une explication. Elle semble aussi étonnée de se trouver en ma présence.

– Assieds-toi là, lui intime gentiment la vieille dame, en servant le champagne. Levons nos verres. Nous aurons besoin de boire un petit coup. Attendez deux minutes, je vais chercher quelque chose. Elle quitte le jardin, rentre dans la maison et revient presque aussitôt chargée de deux paquets.

– Chacun le sien, déclare-t-elle avec un air mystérieux en nous les donnant. Vous imaginez bien, sans doute, ce que c'est.

Un point d'interrogation s'inscrit dans le regard d'Élise. Je suis aussi curieux qu'elle : je ne comprends pas de quoi il peut s'agir.

– Ouvrez-les s'il vous plaît, insiste-t-elle, on ne va quand même pas attendre la fin du déjeuner.

Je déchire le papier d'emballage et, avant d'en sortir le livre, j'ai compris. C'est l'ouvrage d'Edgard Brandt : *Justice, paroles et convictions. Mémoires d'un bâtonnier.* En couverture, l'affreux portrait de Brandt qui était accroché dans son bureau. Il vient d'être publié chez mon ancien éditeur. L'encre est à peine sèche. En deuxième page figure une brève dédicace.

« À mon ami, Antoine. Il valait mieux que je m'en aille. Amicalement, Edgard. »

Je remercie Blanche.

– Merci beaucoup, cela me fait vraiment plaisir, je sais combien Edgard tenait à la parution de ce livre, mais quelque chose m'intrigue : comment a-t-il pu nous le dédicacer puisqu'il n'était déjà plus là ? Blanche Nijs me répond :

– Bien observé ! Maître Brandt m'a laissé ses volontés, c'est moi qui ai écrit et signé cette dédicace. Il m'a aussi demandé de vous remercier de lui avoir donné l'occasion d'être publié. Il vous en était très reconnaissant. Levons nos verres à la sortie de ses mémoires.

Joignant le geste à la parole, imitée par Élise, puis par moi, elle lève sa flûte et en avale une gorgée. Un silence apaisé s'installe, troublé uniquement par le bruit des pages qu'on tourne. Élise et moi feuilletons déjà nos exemplaires avec attention.

– Vous vérifiez probablement la pagination ? observe Blanche avec un sourire en coin.

– Je n'en doute pas une seconde, rajoute Élise.

J'objecte :

– Détrompez-vous, je crois savoir que les gens intelligents ne commettent jamais deux fois la même erreur.

– Dois-je prendre cela pour un compliment ? fait la secrétaire.

– Vous pouvez le prendre comme ça. À propos de ces pages manquantes, je me pose encore beaucoup de questions.

– Nous sommes ici pour y répondre, dit sereinement la vieille dame, je suis tout ouïe.

Commence un dialogue entre Blanche, Élise et moi. Blanche Nijs se lance :

– Maître Brandt n'a pas eu longtemps l'intention de parler du Medusa dans ses mémoires. Au départ, il souhaitait illustrer, par le cas de José, l'immense difficulté que peut rencontrer un avocat à devoir défendre un prévenu lorsqu'il ne saisit pas le rôle qu'il aurait pu jouer dans une affaire. Le sujet était très intéressant. Il était l'objet de ce chapitre fantôme. Dès que maître Brandt a compris la tournure de cette enquête dont il ne soupçonnait pas qu'elle puisse se rapprocher de son entourage et donc de lui-même, il a décidé évidemment de supprimer ces pages de ses mémoires.

– Mais plusieurs témoignages me sont parvenus, ce qui semble prouver que maître Brandt les avait écrits et avait l'intention de les publier, dis-je.

– Oui, mais qui vous dit que c'est maître Brandt qui a rédigé tous les témoignages ? rétorque Blanche.

– Je n'imaginais pas qu'il puisse en être autrement.

– Vous avez devant vous les coauteurs des pages que maître Brandt ne souhaitait plus faire figurer dans son livre, explique Élise. Tant mademoiselle Nijs que moi-même voulions que vous soyez au courant de toute cette histoire, précise Élise.

– Oui, mais pour quelles raisons n'ai-je reçu ces pages qu'au compte-gouttes ?

Élise répond.

– Parce que si vous aviez reçu tous les éléments de l'histoire en une fois, vous m'auriez empêchée de venger ma sœur.

– C'est donc à dessein que vous avez poussé Grabowski à bout, dans la scène de *Carmen*. Jusqu'à…

– Oui, jusqu'à ce qu'il en claque.

– Comment pouviez-vous être sûre « qu'il en claque », comme vous dites ?

– José m'avait dit que son cœur ne tenait plus qu'à un fil, il tenait l'information de Jérôme qui lui administrait ses médicaments. Il le savait très fragile. J'en ai profité.

Puis, je m'adresse à Blanche.

– Pourquoi ne m'avez-vous pas raconté toute l'histoire dès le départ, à la sortie de la crémation de maître Brandt ?

– Je vous l'ai déjà dit, mais à mots couverts, je vous le concède : je voulais préserver la mémoire de maître Brandt. Il participait parfois aux orgies du vicomte, avec des jeunes filles, très jeunes parfois, je crois que vous l'avez compris maintenant. C'est comme cela que Grabowski le tenait. En bref, il le faisait chanter. Cela explique le testament. Mais ce n'est pas l'essentiel.

Blanche Nijs prend alors un ton plus solennel.

– Antoine, je serai franche avec vous et j'irai droit au but. Il faut que vous le sachiez : Élise est votre fille.

Une quinte de toux subite me prend : stupéfié, je m'étrangle en avalant mon champagne. J'avale ma langue.

– Je comprends tout à fait votre surprise, c'est bien normal, mais cela mérite des explications.

– Inutile, Blanche, c'est impossible, dis-je, agrippé à mes certitudes : si Sabine était la fille de maître Brandt et la jumelle d'Élise, il est impossible…

Élise m'interrompt :

– C'est ce que nous pensions, mais lorsque Sabine a fait comparer son ADN avec celui de Grabowski, j'ai eu un doute. Était-elle en plein délire ? Vous admettrez qu'il y avait de quoi se poser des questions. Dès lors, j'ai voulu moi aussi confronter mon ADN avec celui de maître Brandt et, surprise, il n'était pas compatible. Y avait-il eu erreur dans les tests de Sabine ? Invraisemblable : vu l'enjeu, maître Brandt les avait fait vérifier plutôt deux fois qu'une. C'est là qu'intervint mademoiselle Blanche. Maître Brandt ne lui cachait rien et il lui avait raconté sa relation avec ma mère, parallèle à la vôtre.

– Oui, mais vous êtes jumelles et Brandt était le père de Sabine, donc il ne se peut… Blanche m'interrompt à son tour.

– Détrompez-vous, il se peut.

– Que voulez-vous dire ?

– Voulez-vous entrer dans des détails techniques, si cela vous intéresse ?

– Je préférerais comprendre.

– Cela s'appelle la fécondation hétéropaternelle. Deux ovocytes sont fécondés par deux spermatozoïdes différents. C'est rare, mais tout à fait possible et plus fréquent que l'on pense. Et c'est ce qui est arrivé : à deux jours près, ça joue, si j'ose dire.

– Mais alors, vous avez testé votre ADN avec le mien ?

– Bien entendu.

Élise se lève, s'approche de moi et passe sa main sur les épaules de mon veston.

– Vous voyez, il vous arrive de perdre des cheveux.

Même si, dès le début de cette histoire, j'avais ressenti pour Élise des sentiments étranges qui ne s'apparentaient à rien de ce que j'avais pu connaître dans ma vie, pas un instant, je ne me serais douté de leur nature. La distance qu'Élise avait toujours maintenue entre nous, ses demandes pressantes de protection, ses propos équivoques, sa détermination à me voir l'accompagner jusqu'au bout et à me mêler à ce drame avaient une raison. Elle était simple, mais l'explication ne l'était pas tellement. Maintenant, je comprends. Je n'en reviens pas, mais je n'ai aucun argument à lui opposer.

Blanche Nijs ajoute :

– Il n'y a pas de doute possible, vous êtes incontestablement le père d'Élise.

Il n'y a pas d'effusions : je suis sous le choc de ces révélations et je ne suis pas prêt à encaisser ce choc. Du temps, beaucoup de temps, sera nécessaire. Blanche Nijs conclut :

– Il faudra taire la fin de cette histoire sans quoi vous pourriez priver Élise de la succession de maître Brandt.

Je me suis tu.

Remerciements

Je voudrais ici remercier quelques personnes sans lesquelles ce livre ne serait pas ce qu'il est.

D'abord, Philippe Comeliau, mon éditeur, qui a pris le risque de publier ce livre et de m'accompagner dans sa gestation.

Anne Sophie Monglon dont les conseils avisés m'ont été utiles pour la structuration de mon intrigue.

L'auteure française Cécile Balavoine qui s'est penchée avec compétence sur les corrections et la mise au point de mon manuscrit.

Mise en page Jacques Motllo
66 470 – Sainte-Marie-la-Mer

Achevé d'imprimer sur les presses
de Normandie Roto Impression s.a.s
en septembre 2023
N° d'impression : 2303773
ISBN 978-2-39001-058-6
DL : D/2023/13.463/1

Imprimé en France